Beltz Taschenbuch 913

W0173955

Über dieses Buch:

Die Zahl der Kinder mit vermuteten oder tatsächlichen Lernstörungen nimmt ständig zu. Verzögerungen in der Entwicklung von Bewegung, Wahrnehmung und Sprache, Klagen über Aufmerksamkeitsdefizite oder Hyperaktivität häufen sich. In der Schule werden immer mehr Lese- und Schreibstörungen sowie Rechenstörungen festgestellt. Und auch im Umgang der Kinder untereinander ist vermehrt aggressives und egozentrisches Verhalten zu beobachten.

Sind deshalb die Kinder «schlechter» geworden? Die beiden Autoren zeichnen ein differenziertes Bild und geben konkrete Hilfestellungen. Sie wollen mit ihrem Buch betroffene Kinder, Eltern und Pädagogen beraten und fördern. Sie bieten alternative Lernstrategien an, die auch helfen, mit Belastungen besser umzugehen und den Kindern ein neues Selbstwertgefühl zu geben.

Die Autoren:

Dr. Jochen Klein, Lerntherapeut und Elternberater, leitet in Hamburg die Praxis «Lesen und Schreiben» für Kinder mit Lernstörungen und deren Eltern. Er bietet eine bundesweite Ausbildung zum Lerntherapeuten sowie ständige Fortbildungsveranstaltungen im eigenen Institut «Kreisel e.V.» an.

Detlef Träbert, Diplom-Pädagoge, ist Vorsitzender der «Aktion Humane Schule» und bietet über den Schulberatungsservice «Schubs» vor allem Elternberatung und Elternschulung durch Vorträge und Workshops sowie Fortbildung für Lehrer und Therapeuten an.

Dr. Jochen Klein ■ *Detlef Träbert*

Wenn es mit dem Lernen nicht klappt

Schluss mit Schulproblemen und Familienstress

Besuchen Sie uns im Internet
www.beltz.de

Beltz Taschenbuch 913
© 2009 Beltz Verlag, Weinheim und Basel

Umschlaggestaltung: Büro Hamburg
Umschlagabbildung: © Jürco Börner/Picture Press und
©panthermedia/Willi Z.
Druck und Bindung: DruckPartner Rübelmann, Hemsbach
Printed in Germany

ISBN 978-3-407-22913-7

Inhalt

Ermutigung
von Prof. Wulf Wallrabenstein 11

Vorwort 13

Einführung 17

Störungen beim Lernen 17
Voraussetzungen zum Schreibenlernen verbessern 19 / Beratung
mit Eltern 19 / Wie gezielte Unterstützung am Beispiel Lautgebärden
aussehen kann 20 / Wie lerntherapeutische Orthographiearbeit in
der Gruppe wirken kann 21

**1 Wie Lern- und Leistungsstörungen
entstehen können** 23

Das alles gehört zum Lesen- und Schreibenlernen 26
Ein Kind entwickelt sich 27
Wahrnehmung und Bewegung = Sensomotorik ▲1–6 30
Gesprochene = verbale Sprache ▲7–13 39
Lesen und Schreiben = Schriftsprache ▲14–18 44

Wenn Sinne beeinträchtigt sind 52
Taktil-kinästhetische und vestibuläre Belastungen 53
Hörprobleme und auditive Verarbeitungsstörungen 54
Augen und visuelle Verarbeitung 57 / Krankheiten 60

Wenn Vertrauen und Zutrauen verloren gehen 61
Wenn Eltern nicht mehr weiterwissen 62
Wenn soziale Kontakte fehlen 63

Der «Ernst des Lebens» beginnt 65
Die «Schulfähigkeit» der Eltern 67
Eltern als Lernbegleiter ihres Kindes 68

So können Lernen und Lehren schlecht gut gehen 71
Die «Kinderfähigkeit» von Schule 71 / Systembedingte Störungen
des Lernprozesses 72 / Personale Störungen des Lernprozesses 76

Zusammenfassung und systemische Sicht 78
Erziehung unter erschwerten Bedingungen 78
Eltern und Lehrkräfte 79 / Lernen im Teufelskreis 80

2 Entlastung für zu Hause 81

Die Hausaufgabensituation 84
Selbständigkeit des Kindes erhalten 85 / Ein festes Ablaufschema 87
Eigen-Rückmeldung 89 / Das Hausaufgabenheft 90

Förderung der Konzentration 93
Konzentrationsschwäche – Konzentrationsstörungen 94
Vorbedingungen zur Förderung der Konzentrationsfähigkeit 95
Anregungen zur Konzentrationsförderung 98

Schwierigkeiten mit dem Rechtschreiben 103
Wann macht häusliches Üben Sinn? 104
Wie sieht sinnvolles Üben aus? 106

Schwierigkeiten im Rechnen 109
Ursachen von Rechenschwäche 111 / Tipps für Eltern 114
Umgang mit rechenschwachen Kindern im Alltag 115

Von Impulsivität zu Reflexivität 119
Aufbau einer reflexiven Rechtschreibstrategie 119

3 Hilfestellungen außerhalb der Familie 125

Mit der Schule ins Gespräch kommen 126
Eine gute Eltern-Lehrer-Beziehung aufbauen und pflegen 126
Bei Lernproblemen das Gespräch suchen 129 / Gespräche planen
und führen 130 / Wenn Eltern etwas durchsetzen wollen 132
Unterstützung suchen 134

Nachhilfe 136
Wann ist Nachhilfe sinnvoll? 136
Kriterien für die richtige Entscheidung 139

4 Anregungen für den Umgang der Schule mit Lernstörungen 145

«Gehirngerechtes» Lernen 147
Mehrkanaliges Lernen 147 / Bewegung, Sauerstoff- und
Wasserzufuhr 149 / Förderung von Bewegungskoordination
und Wahrnehmung 151 / Elternschulung 152

Den diagnostischen Blick schärfen 153
Beurteilungsfehler 154 / Pädagogische Diagnostik 156
Konzertierte Förderbemühungen 161

Pädagogisch-soziale Kompetenz stärken 163
Kommunikationstraining 164 / Erziehungsstil 165
Sich als Lehrer wohl fühlen 167

5 Wann und wie Lerntherapie helfen kann 171

Wann Lerntherapie? 173

Was Sie und Ihr Kind erwartet 176
Erstkontakt, Erstgespräch, Diagnostik, Anamnese und
Auswertungsgespräch 178 / Wie Eltern sich vorbereiten können 184

Kriterien für seriöse Lerntherapie und Kosten 187

6 Wie Integrative Lerntherapie aussehen kann 191

Eingangsphase 191

Kompetenzen und Grenzen der Familie 194
Die Umfeldkarte 194

Förderarbeit mit Jan und seinem Umfeld 200

7 Wer und was bei Lernstörungen helfen kann 209

Anlaufstellen und Finanzierungsmöglichkeiten von Lerntherapie 209

Benachbarte Berufe für Diagnostik und Therapie 211
Ergotherapie 211 / Psychomotorik 213 / Unterstützung für
ältere Kinder 214 / Logopädie, Sprachtherapie 214 / Fehlhörigkeit und
Hörverarbeitung 215 / Familientherapie 217

Alternative pädagogische und therapeutische Ansätze 219
Suggestopädie 219 / Neuro-Linguistisches Programmieren
(NLP) 221 / Brain-Gym 223 / Computer 224

Schul- und alternativmedizinische Unterstützung in der Lerntherapie 226

Klassische Homöopathie 226 / Bach-Blüten-Therapie 228 / Ernährung und diätetische Behandlung 229 / Medikamente 232

Adressen und Literatur 235

Anlaufstellen für Beratung, Unterstützung und Weiterbildung 235

Literaturhinweise 239

Bezugsquelle für kindgerechtes Schulmobiliar 241

Register 242

Ermutigung

Kindernot, Lernprobleme, Verunsicherungen: Eltern, Lehrerinnen und Lehrer und vor allem lernende Schüler und Schülerinnen sind heute im Bildungsdschungel von Leistungsdruck und Schulversagen zunehmend orientierungslos. Zu widersprüchlich und verwirrend sind die öffentlichen Diskussionen, wissenschaftlichen Befunde und der Schlingerkurs der Schule(n) zwischen «Effizienzpädagogik» und «Kuschelpädagogik». Und da kommt dieses Buch mit Orientierungshilfe und Handlungsperspektiven genau richtig!

«Hilf mir, es selbst zu tun!» (Montessori) ist die herausragende Botschaft für den ermutigten Leser, denn das Buch überzeugt nachhaltig: Es ist praktisch und zugleich anspruchsvoll in der Erklärung von Hintergrundtheorien, grundlegenden Einstellungen und Verhaltensweisen bei den bekannten Alltagsnöten im Umgang mit Lernschwierigkeiten. Spontan habe ich gedacht: Das ist ein Stück praktizierte Chancengleichheit angesichts wachsender ungleicher Chancen, denn hier können sich alle Hilfe holen für Jutta und Carlotta, für Dennis und Adi.

Die Botschaft des Buches ist klar: Für die Lösung von Lernproblemen müssen wir uns auch den Lebensproblemen der Kinder stellen! Diese ganzheitliche, systemische Sicht ist der rote Faden des Konzepts, die Leistung liegt – wissenschaftlich formuliert – in der praktischen Umsetzung von Fördermöglichkeiten bei der Entwicklung von sozialen, emotionalen, kognitiven und kommunikativen Fähigkeiten: Es soll wieder ein Gleichgewicht hergestellt werden zwischen den inneren Vorstellungen, Bedürfnissen, Selbstwertgefühlen des Kindes und den Erwartungen des Umfeldes (Eltern, Lehrern u. a.).

Besonders hat mir gefallen, wie das Buch zur Genauigkeit in der Erfassung der Förderperspektive helfen kann bei der Entwicklung der

Wahrnehmung, der Bewegung, der Motorik u. a. Die Förderung der Konzentration und die Hilfe für ein gehirngerechtes Lernen sind beispielsweise Brennpunkte heutiger Lernarbeit und überzeugen hier durch die Einbettung in ein fundiertes theoretisches und praktisches Konzept.

Die Haltung, die vom Rat suchenden Erwachsenen letztlich erwartet wird und positive Entwicklungen fördert, ist nicht leicht zu beschreiben – ich habe sie auf eine ganz andere Weise in einer kleinen Alltagsgeschichte von Charles Dickens zu den Verhaltensweisen zum Einfangen verloren gegangener Kopfbedeckungen entdeckt:

«Es gehört keine geringe Kaltblütigkeit und ein besonderer Grad von Beurteilungskraft dazu, einen fortrollenden Hut wieder einzufangen. Man darf nicht zu sehr eilen, sonst stürmt man über ihn hinaus; man darf nicht zu langsam sein, sonst verliert man ihn. Die beste Art, ihn einzufangen, ist, möglichst zu gleicher Linie mit dem verfolgten Gegenstand zu bleiben, behutsam und vorsichtig zu sein, die Gelegenheit hübsch abzuwarten, ihm allmählich zuvorzukommen, dann plötzlich die Hand auszustrecken, ihn bei der Krempe zu ergreifen und fest auf den Kopf zu drücken...»

Wulf Wallrabenstein
Professor am Fachbereich Erziehungswissenschaften der Universität Hamburg

Vorwort

Liebe Leserin, lieber Leser,

wahrscheinlich fühlen Sie sich von diesem Buch angesprochen, *weil es bei einem Kind* aus Ihrer Familie oder aus Ihrer Klasse *mit dem Lernen nicht so klappt,* was immer das im Einzelnen heißen mag. Am deutlichsten sind anfangs Lesen, Schreiben und Rechnen betroffen, später auch andere Schulfächer.

Sicher werden Sie sich daher bei der einen oder anderen berichteten Situation an Ihr Kind oder an eines Ihrer Kinder erinnert fühlen – und an Ihre eigenen Reaktionen, Verunsicherungen und an Ihren Ärger.

Wir möchten mit diesem Buch einige Anregungen geben, solch schwierige Situationen für alle Beteiligten zufrieden stellend aufzulösen.

In der *Einführung* (S. 17 ff.) erhalten Sie einen ersten Eindruck, was Sie von diesem Buch erwarten können, wie wir uns Unterstützung für Sie und Ihr Kind vorstellen: mit allen Sinnen, unter Zuhilfenahme Ihrer Möglichkeiten, der Möglichkeiten Ihres Kindes und anderer Beteiligter, wie z. B. der Lehrkräfte; kurz gesagt: «integrativ, ressourcenorientiert, mit Kind und Umfeld».

Im *ersten* Kapitel (S. 23 ff.) möchten wir zeigen, wie *Schwierigkeiten und Störungen beim Lernen* entstehen können.

– Beeinträchtigte Wahrnehmung und / oder Bewegung können die erforderlichen feinsten Bewegungen beim Lesen, Schreiben, Rechnen oder beim Sprechen erschweren.

– Seelische Nöte können die Aufmerksamkeit auf alles andere als gerade auf schulisches Lernen lenken: Krankheiten, Sorgen, Umzüge und Trennungen von Freunden, eventuell von einem Elternteil.

- Die Angebote der Schule, *diese* Art zu lehren bzw. zu lernen, passt vielleicht nicht zu *diesem* Kind.
- Elterliche Erwartungen oder auch schulische Rahmenbedingungen beeinträchtigen möglicherweise die Lernfähigkeit des Kindes.

Im *zweiten* Kapitel (S. 81 ff.) beschreiben wir Möglichkeiten für eine *Entlastung in der häuslichen Situation*. Sie wird in erster Linie durch die Hausaufgaben von der Schule beeinflusst, weshalb wir Hilfestellung geben, wie sie selbständig von den Schülern erledigt werden können. Und es geht um Möglichkeiten, im häuslichen Rahmen die Konzentrationsfähigkeit, das Üben des Rechtschreibens und Rechnens sowie das bewusste Lernen und Arbeiten zu fördern.

Das *dritte* Kapitel (S. 125 ff.) stellt zwei Ansätze außerhalb des unmittelbaren häuslichen Bereichs dar, die Eltern verfolgen können, wenn es mit dem Lernen ihres Kindes nicht so recht klappt. Der erste Ansatz beschreibt, wie Lehrer und Eltern miteinander ins Gespräch kommen. Nachhilfe ist der zweite Ansatz – viel gesucht und praktiziert, aber nur selten wirklich hilfreich. Wir beschreiben Formen von und Kriterien für Nachhilfe, die ihr Geld wert ist.

Das *vierte* Kapitel (S. 145 ff.) gibt *Anregungen für den schulischen Umgang mit Lernstörungen*. Im Prinzip ist es für Schulen nicht schwierig, kleine Veränderungen einzuführen, die große Wirkungen entfalten können. Seit Jahrzehnten sind aus der Gehirnforschung die Bedingungen für eine optimale Funktion unseres Gehirns bekannt, sodass «gehirngerechtes Lehren und Lernen» praktiziert werden kann. Möglichkeiten der Diagnose von Lernproblemen sowie die Stärkung der Erziehungsfähigkeit («pädagogisch-soziale Kompetenz») von Lehrkräften sind zwei weitere Bereiche, in denen Veränderungen erforderlich und möglich sind.

In manchen Fällen reichen weder häusliche Unterstützung noch schulische Fördermöglichkeiten aus, um eine belastende Situation zu entwirren. Für mindestens 10 Prozent der Kinder und Jugendlichen ist individuelle Lernförderung durch Lerntherapie angebracht: Ganzheitlich, systemisch, ressourcenorientiert mit dem Kind und mit dem Umfeld – unter Einbezug des Wissens über Kindesentwicklung, das Zusammenspiel von Wahrnehmung und Bewegung, über die moderne Hirnforschung und zugleich über Bindung und Bildung entwickeln

LerntherapeutInnen ein spezifisch zugeschnittenes Unterstützungskonzept für alle Beteiligten. Der hoch qualifizierte Beruf integriert vielfältige Methoden aus der Didaktik des Lesen-, Schreiben-, Rechnen-Lernens, von den Fachkräften für Kindesentwicklung (Ergo- und Physiotherapie, Logopädie, Motopädie) und aus der Kindertherapie (Verhaltens-, Hypno-, Familientherapie). Kinderneurologen sowie Spezialisten für Ohren und Augen (Pädaudiologen, Orthoptistinnen) werden mit ihren besonderen diagnostischen Möglichkeiten einbezogen.

Im Kapitel *fünf* (S. 171 ff.) erfahren Sie, wie integrative Lerntherapie für Ihr Kind und Sie aussehen kann, wie Sie qualifizierte Fachkräfte finden und was konkret in solch einer Praxis gemacht wird. *Prüfkriterien für seriöse Angebote* werden ebenfalls aufgeführt.

Das *sechste* Kapitel (S. 191 ff.) zeigt an einem Beispiel, wie unterschiedlich, mühselig, kreativ, wirkungsvoll «Integrative Lerntherapie» verlaufen kann.

Im *siebten* Kapitel (S. 209 ff.) schließlich finden Sie Informationen über Finanzierungsmöglichkeiten (Krankenkassen, Kinder-Jugend-Hilfe-Gesetz / KJHG, Schulbehörde), benachbarte Berufe und über ergänzende Verfahren.

Wir möchten Ihnen einen möglichst umfassenden Überblick zu den Verfahren und Angeboten für Kinder mit Lernproblemen geben. Damit Sie «mitreden» können, haben wir deshalb auch an verschiedenen Stellen Fachbegriffe eingeführt und erläutert. Zum Auffinden dient das Stichwort-Verzeichnis (S. 243 ff.)

Der *Anhang* (S. 235 ff.) gibt Hinweise auf Institutionen für Unterstützung, Literatur für Eltern und pädagogische bzw. therapeutische Fachleute sowie Fort- und Weiterbildungsmöglichkeiten.

Einführung

Störungen beim Lernen

Die Zahl von Kindern mit Lernproblemen scheint ständig zu steigen. Nach Meinung von pädagogischen Praktikern und Wissenschaftlern bringen immer weniger Kinder ausgereifte Fähigkeiten bei Schuleintritt mit. Dies deckt sich mit den Einschätzungen von Ärzten und Frühförderstellen, die verstärkt Verzögerungen in der Entwicklung von Bewegung, Wahrnehmung und Sprache feststellen. Klagen über Aufmerksamkeitsdefizite, Hyperaktivität, Hörverarbeitungsstörungen u. a. häufen sich.

Auch im Umgang der Kinder untereinander ist vermehrt aggressives oder auch egozentrisches Verhalten zu beobachten. Im Lernbereich der Schule scheinen Lese- und Schreibstörungen sowie Rechenstörungen weiter zuzunehmen.

Die Klagen von verschiedenen Seiten könnten den Eindruck erwecken, dass die *Kinder* «schlechter» geworden sind. Aber wenn ein Kind nicht lernen kann, kann die «Lernstörung» durchaus auch von anderer Seite ausgehen: Schüler einer Klasse sind individuell extrem unterschiedlich, was soziale Kompetenzen, kognitive Fähigkeiten, motorische und sprachliche Entwicklung, Intelligenz und vieles andere angeht. Selbst ein sehr differenziert und sensibel angelegter Unterricht kann da kaum für jedes Kind passen.

Eine bestimmte Lernmethode kann für das eine Kind hilfreich, für das andere eher hinderlich sein. Zum Beispiel kommt manchen Kindern der so genannte frontale Unterricht entgegen, in dem eine Lehrkraft mit klaren Anweisungen für eine ruhige Arbeitsatmosphäre sorgt. Ein anderes Kind lernt besser, wenn es im geöffneten Unterricht über Inhalte und

Tempo selber entscheiden kann, sich kleine Arbeitspausen genehmigen oder mit einem zweiten Kind zusammen ein Thema bearbeiten darf. Es kann auch sein, dass Kind und Lehrer einfach nicht zueinander passen, z. B. was das Temperament angeht, oder der Schüler benötigt mehr emotionale Zuwendung, als der Erwachsene bieten kann. Ein ruhigeres Kind kann schnell übersehen werden und so in kürzester Zeit den emotionalen und dann auch den inhaltlichen Anschluss verlieren. Diese Sicht berücksichtigt das Zusammenspiel der Beteiligten. Mit diesem Verständnis werden Schuldzuweisungen, gegen wen auch immer, verhindert – nach vielfacher Erfahrung hilft Schelte am allerwenigsten weiter, weder gegenüber Kindern noch gegenüber Erwachsenen, Eltern wie Lehrkräften.

Dennoch dürfen angesichts einer für das Kind brisanten Lernsituation ungünstige Arbeitsbedingungen von Lehrern bzw. der Schule – und damit ungünstige Lernbedingungen des Kindes – nicht übersehen werden. Auch die Wirksamkeit einer weniger geeigneten Lehrkraft darf hinterfragt werden.

Gleichgültig, ob ein Kind irgendeine Belastung mitbringt oder der Unterricht bzw. die Lehrkraft nicht ausreichend gut für dieses Kind ist – erst einmal ist das Kind im wahrsten Sinne des Wortes *betroffen*. Wir haben allerdings die Erfahrung gemacht, dass ganz schnell die weiteren Betroffenen, nämlich Eltern, Geschwister, Lehrkräfte, eventuell Erzieherinnen, in alltägliche Konflikte geraten, selber überfordert werden und vielfältige Enttäuschungen verkraften müssen. Auch die Freundinnen und Freunde des Kindes werden unsicher, «ob sie denn mit so einem … dürfen».

Daher ist es uns wichtig, immer neben dem Kind auch alle anderen Beteiligten mit einzubeziehen. Wie solche Zusammenarbeit mit dem Kind *und* dem Umfeld aussehen kann, sollen die folgenden Beispiele veranschaulichen.

Voraussetzungen zum Schreibenlernen verbessern

Kai ist in der Schule an das Ende der Klasse gerutscht, was das Schreibenlernen angeht. Obwohl er sehr motiviert in die erste Klasse kam, sogar schon die meisten Buchstaben lesen konnte, gab es beinahe von Anfang an Unterstützung für das Lernen, viel Weinen und Streit bei den Hausaufgaben. Nach mehreren Wochen bemerkte die Mutter, dass Kai gerne und ohne Schwierigkeiten kleine Texte las und die Rechenaufgaben, die sie ihm stellte, ganz spontan beantworten konnte; aber als er einen Stift benutzen sollte, wurde er anfangs ungeduldig, später «sauer» bis untröstlich.

In diesem Fall hat die Mutter schnell und richtig reagiert: Sie suchte ihren Kinderarzt auf; dieser bestätigte, dass das sehr feine Zusammenspiel der Finger noch nicht gut genug entwickelt war. Kai spürte auch zu wenig, wie er den Stift zu halten und zu führen hatte. Seine Mutter und er setzten die Anregungen schön um: mit Knete und Salzteig spielen, Massagen für die Hände, die Finger und die Schultern.

Das schnelle Reagieren, das Verständnis von Mutter und Lehrerin verhinderten hier eine weitere Zuspitzung. Aber immer wieder erleben wir, wie Schwierigkeiten mit Teilaspekten des Lesens, Schreibens und Rechnens sich ausweiten, wie also auch kleine Belastungen erheblich negativ wirksam werden können.

Beratung mit Eltern

Peter galt als unkonzentriert, unruhig, ohne die Möglichkeit, länger als fünf Minuten bei einer Tätigkeit zu bleiben. Nach dem Mittagessen langweilte er sich oder träumte vor sich hin. Abends gab es häufig Streit und Tränen, wenn er dann, inzwischen müde geworden, endgültig die Hausaufgaben machen sollte.

Die Lehrerin sprach zuerst Peter an, dann die Eltern, ohne dass eine Besserung eintrat. Zu Beginn der zweiten Klasse war die Situation so verfahren, dass die Eltern sich mit mir als Lerntherapeuten beraten wollten. Es wurden verschiedene Möglichkeiten besprochen, weshalb der große Unwille entstanden sein könnte: Überforderung, Unterforderung, Sorgen ...

Ich untersuchte auch Peters Fähigkeiten und Leistungsmöglichkeiten, dabei gab es keinen Anhaltspunkt für irgendwelche «Schwächen». So sprach ich mit den Eltern und mit Peter über seinen Tagesablauf nach dem Mittagessen. Wir planten bestimmte, regelmäßige Abläufe: Spielpause, ein wenig Erzählen und eine kurze Absprache gemeinsam mit der Mutter, um die Arbeitsschritte für den Nachmittag festzulegen, eine Arbeitsphase alleine, eine gemeinsame Pause mit Keksen und Saft und danach eine zweite Runde Hausaufgaben.

Mutter und Vater unterstützten außerdem eine Zeit lang Peter darin, Verabredungen zu treffen und einzuhalten. Außerdem wechselten sie sich abends darin ab, mit kleinen Geschichten, Traumreisen oder Massagen ihrem Sohn beim Einschlafen zu helfen.

Der klare Rahmen nachmittags und die emotionale und körperliche Zuwendung abends haben hier entscheidend geholfen.

Wie gezielte Unterstützung am Beispiel Lautgebärden aussehen kann

Nicole kam mit zehn Jahren, Mitte der dritten Klasse, in die Therapieeinrichtung. Es stellte sich sehr schnell heraus, womit ihre Schreibschwäche zusammenhing: Sie hatte extreme Schwierigkeiten, die gehörten Laute dem dazugehörigen Buchstaben zuzuordnen. Aufgrund starker Hörschwierigkeiten konnte sie nur sehr wenige Laute identifizieren.

Wegen der schon ganz erheblichen Verzögerung in der Schullaufbahn kam dann Nicole für insgesamt eineinhalb Jahre in die lerntherapeutische Betreuung. Einen wesentlichen Fortschritt erzielte sie mit der Einführung von Gebärden für die Laute, in diesem Fall Gebärden mit den Händen. Verbunden mit kleinen logopädischen Übungen für die Stimme und den Atem gelang es Nicole, sich nach und nach die Grundlagen für Lesen und Schreiben sicher anzueignen.

Einführung und Gebrauch einer solchen Technik verlangen häufig die Anbahnung durch einen Lerntherapeuten. Zumal ja in aller Regel im Laufe der Zeit neben die Rückstände im Lernstoff weitere Beeinträchtigungen treten: Die Motivation zum Lernen sinkt, das Selbstwertgefühl nimmt Schaden («Ich bin doof», «Die mögen mich nicht»).

Wie lerntherapeutische Orthographiearbeit in der Gruppe wirken kann

Tim, Sven und Arne waren zu verschiedenen Zeitpunkten in die Einrichtung gekommen.

Sven war wegen seiner grundlegenden Unsicherheiten in der Hörverarbeitung mit etwas verwaschenem Sprechen für zwei Jahre einzeln betreut worden. Er hatte in der Wartezeit vor seiner Stunde Tim kennen gelernt und wollte gerne einmal «ausprobieren, ob wir nicht zusammen lernen können». Das war bis dahin ein undenkbarer Satz! Sven bekam in der Schule wenig mit, weil ihn der Lärm sehr störte, konnte in der Lerntherapie ca. 20 Minuten mitarbeiten und benötigte dann eine Spielpause. Inzwischen beherrschte er sämtliche Laute und Buchstaben und konnte Wörter sicher lautgetreu schreiben – mit den meisten Regeln der Rechtschreibung stand er allerdings auf Kriegsfuß.

Tim besuchte zuerst allein, dann mit Björn gemeinsam die Betreuung, allerdings vertrugen sich beide zu dem Zeitpunkt nicht so gut. Dass Björn besser war, konnte Tim nicht ertragen; schon in der Schule hatte er sehr unter seiner Rolle als Letzter und Klassenclown gelitten. Vor dem Unterricht konnte er nichts mehr essen, während der Pausen wäre er am liebsten im Klassenraum geblieben, einmal versteckte er sich im Schrank. Der Versuch gemeinsam mit Björn war gerade gescheitert, als er Sven im Warteraum traf.
In der Lerntherapie liebte er eingangs Entspannungsübungen. Danach verging seine Unruhe, und er war offen für alle inhaltlichen Lernangebote.

Arne war zwar der Älteste, aber auch der Langsamste von den dreien. Er war genügsam, in der Schule war er nicht aufgefallen – bzw. erst nach dreieinhalb Jahren, als seine Ruhe eher den Eindruck von Einsamkeit machte. Er hatte sich, auch zu Hause gegenüber dem älteren Bruder, völlig abgekapselt. Unterrichtsstoff hatte er, wie sich herausstellte, schon lange nicht mehr aufgenommen. Er war beliebt, machte auch in den Pausen die Spiele der anderen Kinder mit, aber er wurde immer dicker, weil er sehr viel aß.

Unruhe, Langsamkeit und vorlautes Verhalten waren die Wesensmerkmale der drei Jungen, die unterschiedlicher kaum sein konnten.

Arne wurde das Bindeglied in der neuen Gruppe, er vermittelte, er wurde für den genauso schwachen Tim eine Art Vorbild («Wir können das beide nicht so gut – na und!»). Sven konnte in dieser Zusammensetzung gut lernen. Das gemeinsame Thema waren lange Zeit die Endungen bei Wörtern mit -g / -k, -d / -t und -b / -p (z. B. Tag, Wind, Staub). Hier ging es darum, ausgehend von der Problemerkennung – «Hören» der Auslaute «t», «k», «p» – zur Regelanwendung zu kommen: Das Hören und Sprechen wurde noch eine Zeit lang unterstützt von einem heftigen Sprung vom Stuhl, eventuell griffen die Kinder auf die Gebärden zurück. Mit dem Sprung schafften sie sozusagen den Einstieg in die Regelschleife: «Wenn springen, dann verlängern». Mit viel Spaß wuchsen die drei zusammen.

Nach einem halben Jahr konnten Arne, Tim und Sven diese und andere Regelanwendungen auch mit Hilfe von Lernprogrammen am Computer vollziehen, mit Ausdruck, genauem Zählen der richtigen Lösungen u. a.

Diese kleinen Beispiele verdeutlichen schon, wie unterschiedlich eine schwierige Lernsituation sich darstellen, und erst recht, wie verschieden die mögliche Lösung dafür aussehen kann.

1 Wie Lern- und Leistungsstörungen entstehen können

Wir haben in unserer Arbeit folgende Erfahrung gemacht: Eltern, Lehrkräfte oder auch das Kind selber beschreiben eine schwierig gewordene Lernsituation eher schlicht: «Karola hat das Lesen nicht gelernt», «Ich habe null Bock auf Schreiben». Durch Nachfragen ergibt sich in aller Regel, dass das so kurz benannte Problem weiter reichende Zusammenhänge hat.

Nicht lesen, nicht schreiben oder nicht rechnen können hat meistens *Vorzeichen* und fast immer *Folgen*.

Vorzeichen: Meistens fielen schon vor der Schule bestimmte Teilaspekte schwer, wie ganz früh in der motorischen Entwicklung das Krabbeln, später Laufen oder Fahrradfahren oder feinmotorisches Hantieren z. B. beim Basteln, beim Ausschneiden mit der Schere. Oder es fehlte bei vielen Tätigkeiten an Aufmerksamkeit und Ausdauer, das Kind lernte verzögert sprechen, oder seine Sprache klang verwaschen. Nicht selten waren z. B. vom Kinderarzt die Bewegungs- und Wahrnehmungsfähigkeiten als «nicht altersentsprechend» bewertet worden.

Folgen: Sehr mühevolles Lesen führt schnell dazu, dass ein Kind kaum noch Arbeitsaufträge erliest – dadurch können falsche Antworten entstehen. Für das mühselige Rechnen von 13 + 2 wird der Taschenrechner benutzt, was Lernfortschritte weiter reduziert. «Fehler» und «Lern-Stillstand» sind die eine Folge, negative Zuschreibungen die andere. Dabei ist es am Ende gleichgültig, ob diese von innen («Ich bin ein Versager») oder von außen kommen («Du bist faul ...»). Meistens schaukeln sie sich gegenseitig hoch, ein Teufelskreis. Schnell sind aber auch Eltern, eventuell Geschwister und die Lehrer von den Folgen betroffen, wenn sie den Unwillen und Frust des Kindes aushalten müssen. Sie geraten selbst in Zweifel: Habe ich alles richtig gemacht? Lasse ich den Taschenrechner zu? Soll ich dem Kind die Textaufgabe vorlesen, also vorsagen? Unter Geschwisterkindern kommt es zu Streit, Neid, Hänseln ...

Mit solchen Zusammenhängen möchten wir uns in diesem Kapitel beschäftigen, denn wenn eine schwierige Lernsituation aufgetreten und eskaliert ist, empfiehlt es sich, die vielfältigen Zusammenhänge zu kennen und für eine Unterstützung zu berücksichtigen. Wir sind davon überzeugt, dass die Vermittlung von Lesen, Schreiben und Rechnen nicht nur eine Aufgabe der Schule ist. Vielmehr stellt der Erwerb dieser Kulturtechniken einen langen und komplizierten Prozess dar, der schon vor der Geburt beginnt. Nach der Geburt, in der Kleinkind- und Vorschulzeit, dann in der Schule: In jeder Lebensphase eignet sich ein Kind auf der Basis seiner Anlagen sowie angeregt von anderen Personen seine Umwelt an – es entwickelt sich, es lernt.

Um kindliche Lernprozesse und erst recht Schwierigkeiten verstehen bzw. erklären zu können, müssen wir verschiedene Sichtweisen aus der Medizin, Psychologie, Pädagogik berücksichtigen. Daher stellen wir sechs Erklärungsansätze für Lernprobleme vor:

1. Den komplexen Lerngegenstand: Lesen, Schreiben und Rechnen sind mit das Komplizierteste, was Sie je gelernt haben! Sie werden staunen, welch ein enges Zusammenspiel von sensomotorischen, sprachlichen und psychischen Fähigkeiten benötigt wird – *Das alles gehört zum Lesen- und Schreiben- und Rechnenlernen!* (S. 26)
2. Folgenreiche gesundheitliche Belastungen: Probleme mit dem Sehen, dem Hören, dem Bewegen und beim Wahrnehmen können Lernen und Verhalten erheblich beeinträchtigen – *Wenn Sinne beeinträchtigt sind.* (S. 52)
3. Besondere psychische Belastungen führen leicht «vom Versagen zum Verzagen»: Ohne dass Ursache und Wirkung eindeutig zu belegen sind, entstehen ganz schnell Teufelskreise von «einen Fehler machen» zu Selbstzweifeln wie: «Ich kann das nicht», «Ich lern das nie» und / oder zu Fremdzweifeln: «Du bist einfach zu ...!» Umgekehrt können unsichere Lebenssituationen oder bedrückende Erlebnisse das Lernen beeinträchtigen, also eine Lernstörung auslösen – *Wenn Vertrauen und Zutrauen verloren gehen.* (S. 62)

4. Schule als Herausforderung für die Familie: Wenn ein Kind in die Schule kommt, verändert dies das gesamte Familienleben. Die zeitweise Trennung muss von beiden Seiten verkraftet werden, neue erzieherische Herausforderungen verlangen Antworten und Lösungen. Der Umgang mit Pünktlichkeit, Aufstehzeiten, der Tagesgestaltung u. v. a. muss vielleicht grundlegend geändert werden. Eigene – womöglich negative – Schulerfahrungen leben wieder auf, Eltern und Lehrerin treten in einen gemeinsamen langjährigen Prozess ein – *Der «Ernst des Lebens» beginnt.* (S. 65)

5. Schulische Grenzen und Unzulänglichkeiten: Gesetzgebung, Durchführungsbestimmungen, Lehrpläne, eingefahrene Strukturen, die Zusammensetzung der Kinder u. v. a. tragen mitunter zu Lernschwierigkeiten bei bzw. verhindern effektive Unterstützung – *So können Lernen und Lehren schlecht gut gehen!* (S. 71)

6. Systemische Zusammenhänge: Bei Lernproblemen spielt das Zusammenwirken verschiedener Faktoren eine entscheidende Rolle. Es ist ja keinesfalls so, dass beispielsweise schlechtes Hören, ein Lehrerwechsel, ein Umzug automatisch zu Lernschwierigkeiten führen. Offensichtlich ist der Umgang mit einer belastenden Situation entscheidend. Wenn frühzeitig durch die Platzwahl in der Klasse («Mit dem besseren Ohr zur Lehrerin») oder z. B. durch einen entsprechend sensiblen Aufbau neuer Kontakte Unterstützung angeboten wird, können neue Herausforderungen ohne negative Folgen bleiben. Umgekehrt können kleine Belastungen eskalieren, wenn z. B. zum «Nicht-so-gut-Hören» zusätzlich eine lebhafte Klasse mit einer (zu) toleranten Lehrkraft, Unruhe bei den Hausaufgaben, Ungeduld, wenig Schlaf hinzukommen. (S. 78)

Das alles gehört zum Lesen- und Schreibenlernen

Anregung
Denken Sie doch einmal daran, wann und wie Sie lesen, schreiben und rechnen gelernt haben! Einige erinnern vielleicht die ein, zwei Jahre schulischen Unterrichts, bis alle Buchstaben eingeführt waren oder später dann das Einmaleins gesessen hat. Manche von Ihnen werden das Gefühl haben, einiges oder alles schon vor der Schule oder nach wenigen Wochen dort «gekonnt» zu haben. Andere sehen rückblickend – und das kommt vielleicht der Realität am nächsten –, dass es viele Jahre gedauert hat, bis Sie Rechen- und Rechtschreibregeln korrekt anwenden konnten. Einige von Ihnen sagen vielleicht über sich: «Ich hatte vergleichbare Schwierigkeiten wie jetzt mein Kind.»

Durch die therapeutische Arbeit mit Kindern, Jugendlichen und Erwachsenen sowie durch meine intensive Auseinandersetzung mit dem, was alles dazu erforderlich ist, weiß ich heute: Lesen, Schreiben und Rechnen gehören zum Kompliziertesten, was ein Mensch erlernt!

Über Jahre hinweg werden in der frühkindlichen und vorschulischen Entwicklung die Voraussetzungen geschaffen. Weil diese Prozesse so langfristig und hochkomplex sind, erklären sich daraus die vielen Schwierigkeiten und Stolpersteine und warum so vielfältige Hilfen notwendig sind. Daher kann, wenn das Lernen schwer fällt, in dem einen Fall elterliche Unterstützung oder Nachhilfe oder besondere schulische Förderung ausreichen und in einem anderen Fall lerntherapeutische Förderung notwendig sein.

Wir beschäftigen uns im Folgenden so ausführlich mit Lesen, Schreiben und Rechnen, weil diese Kompliziertheit

- von Eltern und selbst von Fachleuten häufig gar nicht (mehr) gesehen wird,
- mit erklären kann, dass Ihrem Kind das Lernen so schwer fällt,
- ein Grund für die Vielfalt der Hindernisse beim Lernen ist,
- das Vermitteln, also das Unterrichten so schwer machen kann,
- unterschiedliche Unterstützungsmaßnahmen bei Lernproblemen erfordert,
- die von uns vielfältig vorgeschlagenen und unterschiedlichen Hilfen bedingt.

Ein Kind entwickelt sich

Ein Kind be-greift seine Umgebung, lernt lallend, sprachspielend, singend die Laute, die Worte und die Grammatik der Muttersprache; es benutzt Mengen, z. B. beim Tischdecken, beim Basteln, beim Teilen mit einem Geschwisterkind; es verfeinert seine grobe und feinste Motorik beim Essen mit den Fingern, beim Malen, beim Krabbeln und Klettern. Es baut im Spielen Selbständigkeit auf, für sich alleine oder auch z. B. für Verabredungen, es lernt mehr und mehr Verantwortung für sein Spielzeug, rangelt körperlich und sprachlich mit anderen Kindern – und arrangiert sich mit ihnen. Über all dies findet es auch seelisch und körperlich seinen Platz in der Altersgruppe und bereitet sich so auf den Schulalltag vor.

Auf seinem Weg zum Erwachsenwerden benutzt, verknüpft und verfeinert ein Kind nach und nach alle seine Sinne und Sinneswahrnehmungen, es differenziert seine Bewegungen, entwickelt über weitere Jahre seine sprachliche Ausdrucksfähigkeit, um darauf die Schriftsprache aufzubauen bzw. schriftliche Rechen-Operationen wie plus und minus.

Ein Kind hat mit seinen Eltern kommuniziert, lange bevor es sprechen konnte, mit Hilfe von Mimik und Gestik (Bewegung) sowie mit seiner Stimme, mit Lallen, mit Lachen und Weinen. Es macht die gehörten Laute nach, lernt Namen und Worte, macht unzählige Erfahrungen, lernt Merk-Male und Eigenschaften von Tausenden von Gegenständen dieser Welt kennen, be-merkt diese, merkt sie sich, hört und be-hält die Bezeichnungen, die Begriffe dafür. Es be-greift durch Anfassen, wird berührt, d. h. angefasst und auch emotional angesprochen, be-wegt – über die Sinne kommt die Welt in seinen Kopf!

Im zweiten bis dritten Lebensjahr beginnen Kinder, sich mit «Schrift» zu beschäftigen. Überall finden sie Buchstaben: auf Bildern und Abbildungen, Logos oder Firmenzeichen auf Spielzeug, in Zeitungen. Sie sind umgeben von Straßenschildern, Piktogrammen, Werbung und Leuchtreklame an Geschäften. Irgendwann in dieser Zeit und in der Regel vor den gezielten Angeboten in der ersten Klasse machen die meisten Kinder in Form von Kritzeln oder «Krikel-Krakel» erste Schreibversuche, zumeist des eigenen Namens.

Solche Versuche sind stark beeinflusst und abhängig von vorangegangenen Wahrnehmungs- und Bewegungsmöglichkeiten, von Lese- und Schreibanlässen in der Umgebung, von elterlichen Anregungen, Vorbildern wie Geschwistern oder Freunden. Daher sind Schulanfänger extrem unterschiedlich entwickelt, wenn ihnen Lesen, Schreiben und Rechnen «richtig» beigebracht werden sollen.

So hat es seine Umgebung, Regeln, Werte, ihre Sprache mit Worten und Satzbau kennen gelernt, es hat geteilt und weggenommen, etwas dazu getan, kurz: Es beherrscht mehr oder weniger gut die Voraussetzungen für Lesen, Schreiben und Rechnen.

DREI WEGE DES KONTAKTS

Wenn Sie mit einem anderen Menschen kommunizieren, tun Sie das in der Regel über drei Wege, nämlich
- Wahrnehmung und Bewegung, d. h. Sensomotorik,
- Sprache und
- Schriftsprache.

Denn wenn Sie einen Bekannten treffen oder einem Geschäftspartner begegnen,
- nehmen Sie eine bestimmte Körperhaltung ein in Form von Mimik und Gestik, also Bewegung,
- Sie sprechen mit ihm.

Und können Sie eine Person gerade nicht sprechen, benutzen Sie Schrift-Sprache:
- Sie schreiben und greifen dabei automatisch auf Ihre Sensomotorik und Ihre Sprache zurück.

Immer wieder also können Sie das diesen Ausführungen zugrunde gelegte Zusammenspiel von Sensomotorik, Sprache und Schriftsprache erkennen: In der Entwicklung baut eines auf das andere auf – im Alltag wird immer alles gleichzeitig benutzt.

Was im Einzelnen dazugehört und wie das Zusammenspiel geschieht, möchte ich Ihnen an meinem «Dreiecks-Modell» veranschaulichen. Ich beziehe mich dabei besonders auf Lesen und Schreiben; vieles davon gilt genauso für das Rechnen, worauf ich einzelne Hinweise gebe.

Das Modell kann auf zwei Arten gelesen werden:
- von unten nach oben – Sensomotorik, Sprache und Schrift-Sprache bauen in der kindlichen Entwicklung aufeinander auf.
- Im zweiten Zugriff – und dies herauszuarbeiten, ist mein Anliegen in diesem Teil – werden Sie sehen, dass beim Gebrauch der Schrift-Sprache und der Rechenkompetenzen alle Teil-Aspekte *gleichzeitig und gleichwertig* verlangt werden!

Auf der linken Seite sind eine Reihe von psychischen Aspekten benannt. Diese entwickeln sich nicht nacheinander, sondern spielen in jeder Situation und für jede Wahrnehmung eine Rolle – ich werde immer wieder darauf hinweisen.

Die frühen Fähigkeiten und Zusammenhänge – mitunter irreführend als «niedere» Fähigkeiten bewertet – behalten ihren grundlegenden Stellenwert auch für die Auseinandersetzung mit den vermeintlich «höheren» Aufgaben wie Lesen, Schreiben, Rechnen. Der Grad der erreichten Automatisierung erleichtert oder erschwert dabei den Zugang zu neuen Lernstoffen. Solange ein Kind z. B. die Schreibbewegung oder das Heraushören eines Lautes mit viel Nachdenken durchführen muss, wird es eher «falsch» oder zu langsam reagieren. Diese Komplexität trägt erheblich dazu bei, dass manchen Kindern – aus ganz unterschiedlichen Gründen – das Lernen schwer fällt!

Wahrnehmung und Bewegung = Sensomotorik ▲1– 6

Jedes Dreieck des Modells enthält einzelne – in sich schon wieder komplexe – Teilleistungen, wie sie für das Leben im Allgemeinen und für das automatisierte Lesen, Schreiben und Rechnen im Besonderen erforderlich sind. Deren Entwicklung beginnt lange vor der Geburt und beschleunigt sich durch die Anregungen der Umwelt.

Alle diese Teilleistungen sind aufs engste miteinander verknüpft und verlaufen während des Lese- und Schreibaktes gleichzeitig. Sie müssen lediglich zum Zweck der Darstellung ein wenig getrennt werden, was, Sie werden es merken, gar nicht immer geht.

Im Text sind alle Fachbegriffe erläutert.

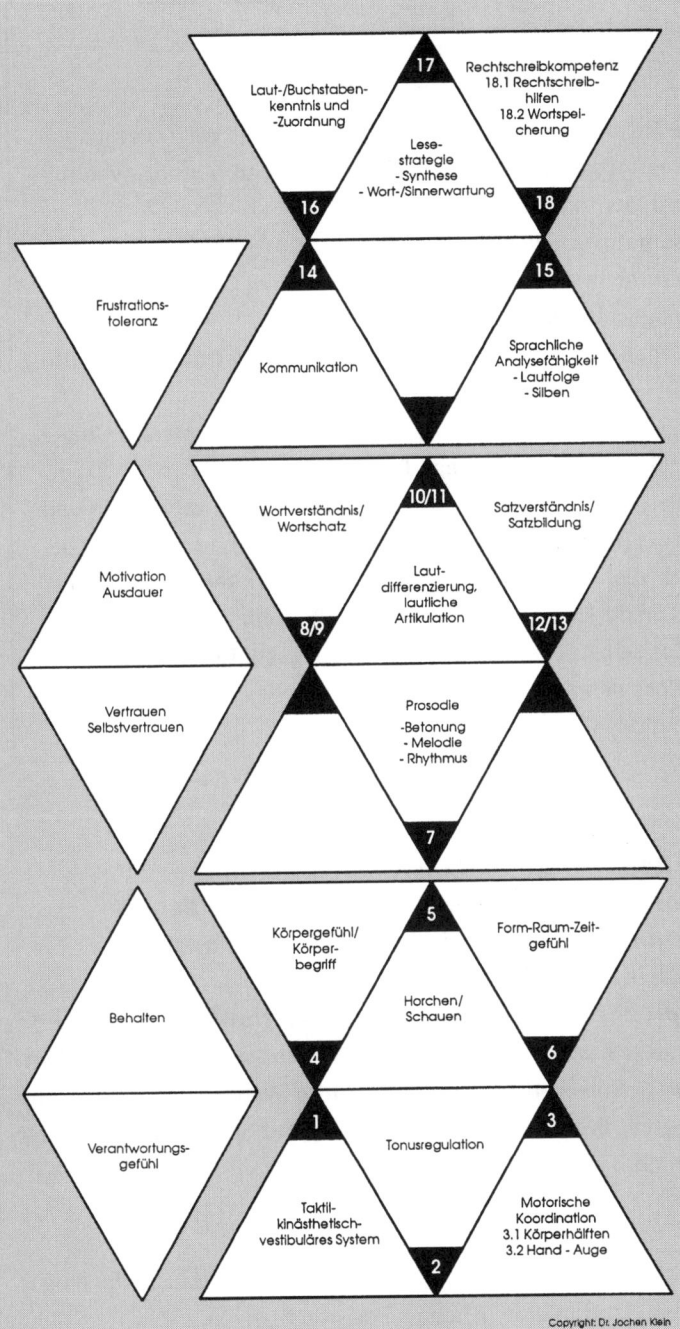

Ganzheitlich-systemisches Schriftspracherwerbsmodell

Die enge Zusammengehörigkeit von Sinnes- (oder Wahrnehmungs-) und Bewegungsaktivitäten, also von Sensorik und Motorik, wird mit dem Begriff Sensomotorik ausgedrückt.

Alle sensomotorischen Aktivitäten dienen
- der Wahrnehmung des eigenen Körpers, seiner Größe, Bedürfnisse und Möglichkeiten;
- der Aufnahme und Verarbeitung von «Reizen der Umgebung», also der Personen und Gegenstände.
- Die Bewegungsfähigkeit erweitert die wahrzunehmende Umgebung; die Wahrnehmung regt die Bewegung an.

Die Umwelt beeinflusst dabei, was und wie ein Kind wahrnimmt und bewertet: Es hat ein eigenes Empfinden («heiß», «schön» …) und bezieht auch die elterliche Ermahnung oder Ermunterung angesichts des Griffs an die Heizung, zur Zitrone, zum Ball ein.

Angst oder Selbstsicherheit der Eltern, z. B. gegenüber einem Hund, wird Einfluss nehmen auf die Wahrnehmung des Kindes und seinen Umgang mit dem Hund.

▲1 *Tast-, Bewegungs- und Gleichgewichtssinn*
(für Tastsinn wird in der Literatur auch der Begriff
Hautsinn verwendet; für Bewegungssinn auch
Muskelsinn;
Fachsprache: taktil-kinästhetisch-vestibuläres System)

Sie können an sich selber zwei zentrale und doch – neben Hören, Sehen, Riechen und Schmecken – weniger bekannte Wahrnehmungsbereiche erfahren. Durch diese beiden werden Hören und Sehen überhaupt erst richtig möglich.

Anregung
- Lassen Sie sich von einem Partner bei geschlossenen Augen die Finger der rechten Hand in eine beliebige Position bringen.

- Anschließend versuchen Sie bitte, die Finger der linken Hand bei weiter geschlossenen Augen möglichst genauso anzuordnen!
- Öffnen Sie die Augen, vergleichen Sie die Hände – und vergegenwärtigen Sie sich, wie Sie die Aufgabe gelöst haben!

Was Sie zur Lösung der Aufgabe brauchten, waren gleich zwei Sinne: der *Muskel- oder Bewegungssinn* (Kinästhesie) und der *Sinn für Fühlen und Tasten* (Taktilität).

Diese beiden Sinnessysteme sind eng miteinander verbunden und dienen der Wahrnehmung sämtlicher Bewegungen. Die Haut – mit ihren Rezeptoren für Wärme, Kälte, Schmerz und Druck – und so genannte Spindeln in Muskeln, Sehnen und Gelenken melden körperliche Veränderungen und Positionen an das Gehirn, beides zusammen ermöglicht die Eigenwahrnehmung, z. B. über Ausmaß und Intensität einer Bewegung.

ALLES IST BEWEGUNG

Jede – und das ist wörtlich zu nehmen – Bewegung wird auf diese Art und Weise kontrolliert – jede grobe, feine, allerfeinste Regung von sämtlichen Muskeln des Körpers, fürs Laufen, Greifen, Festhalten, Stift-Halten usw. Und nicht zu vergessen: Auch Sprechen ist Bewegung! Und Schreiben verlangt Sprechbewegung und darüber hinaus u. a. Kopf-, Arm- und Fingerbewegungen.

Anregung
- Zählen Sie doch einmal die Messer in Ihrer Besteckschublade oder eine Kachelreihe im Bad! Dabei sind Bewegung und die Wahrnehmung dieser Bewegung als Rückmeldung an das Gehirn aufs engste miteinander verknüpft. Bewegung als «Output-Leistung» und Wahrnehmung als «Input-Leistung» werden beide im Gehirn verarbeitet und wechselseitig korrigiert, z. B. beim Eingießen von Milch aus Tüten oder bei dem «Finger-Spiel».

In das ▲1 gehört wegen seiner engen Verknüpfung mit Haut- und Muskelsinn der *Gleichgewichtssinn*. Das u. a. daran beteiligte Gleichgewichtsorgan im Innenohr hat drei wesentliche Aufgaben:

- Es erkennt Richtungsänderungen in den drei räumlichen Dimensionen oben und unten, rechts und links und vorne und hinten;
- es registriert die Beschleunigung, wie sie ja mit jeder Fortbewegung verbunden ist;
- im Zusammenspiel mit Haut- und Muskelsinn spürt es Abweichungen aus der Balancehaltung und gleicht diese durch entsprechende Anspannung der Muskeln aus – genau das tun wir, wenn wir uns z. B. beim Stolpern noch auf den Beinen halten wollen. Diesen Lernprozess vollzieht jeder Säugling, wenn er lernt, sich zu drehen, zu sitzen, zu krabbeln und später zu laufen.

GLEICHGEWICHT UND SCHRIFTSPRACHE

1. Für Lesen, Schreiben und Rechnen sind die räumlichen Wahrnehmungen von oben und unten, rechts und links, vorne und hinten von großer Bedeutung: Ist der Kreis beim b rechts oder links vom senkrechten Strich? Heißt es 23 oder 32? Kunst oder Knust?
2. Haut-, Muskel- und Gleichgewichtssinn kontrollieren die gesamte Körperhaltung und steuern sämtliche großen und allerfeinsten Bewegungen!
3. Und das Körpergleichgewicht hängt eng mit dem seelischen Gleichgewicht zusammen: Wenn ich meinem Körper trauen kann, habe ich eher Interesse und Neugier, etwas auszuprobieren. Umgekehrt verunsichern Zweifel und Kritik das seelische Gleichgewicht.

▲2 Spannung und Spannungsanpassung (Fachsprache: Tonus und Tonusregulation)

Wie das Beispiel mit dem Stolpern zeigt, liegt eine wesentliche Aufgabe des Gleichgewichtsorgans darin, die Grundspannung der Muskeln zu steuern, den so genannten Muskeltonus. Für jedes Zufassen oder Hantieren müssen wir einen angepassten Krafteinsatz erlernen:

Anregung
Stellen Sie sich vor oder tun Sie's doch gleich mal: Nehmen Sie einen Stuhl in die Hand, eine Feder, einen Stift – Ihre Muskelspannung ist jedes Mal eine andere, dem Gegenstand angepasste. Beobachten Sie sich beim nächsten Mal, wenn Sie ein rohes Ei aufschlagen: Halten, spontane Anspannung, abrupte Entspannung – gut gegangen?

Kinder mit Gleichgewichtsproblemen haben zumeist eine entweder zu niedrige oder (seltener) zu hohe Muskelspannung bzw. können diese nicht gut genug anpassen.

Was wie eine Verkrampfung aussieht, kann eine Tonusschwäche sein. Ein Kind strengt sich sehr wohl an, überanstrengt sich – und verkrampft. Zu unterscheiden davon ist, wenn ein Kind aus seelischer Not, Stress oder Angst verkrampft.

NIEDRIGE GRUNDSPANNUNG

Ein niedriger Tonus wirkt sich in der groben Motorik z. B. so aus, dass der *Körper* mehr Energieaufwand braucht, also schneller ermüdet. Beim *Lesen und Schreiben* ist die Stifthaltung schnell verkrampft, die *Aussprache* kann verwaschen und insbesondere bei den ähnlichen Lauten nicht differenziert genug sein.

Das Fixieren mit den Augen und ihr gleichzeitiges harmonisches Bewegen können schwer fallen.

▲3 Zusammenspiel von Auge und Hand (Fachsprache: Auge-Hand-Koordination)

Von Geburt an verfeinern sich über Jahre hin die Koordination von Hand und Auge: Wenn ein Säugling in die Umgebung blickt, bringt ein Augen-Blick häufig den Impuls zum Greifen; Arme, Hände und Finger sind angeregt, geradezu provoziert. Die Qualität der Bewegungen verfeinert sich – und umgekehrt helfen die Handbewegungen den Augen zur immer besseren Kontrolle, denn diese müssen ihrerseits gleichmäßiges Fixieren und Gleiten oder Springen lernen.

Wenn manche Kinder später beim Lesen die Finger zur Hilfe nehmen, greifen sie unbewusst auf diesen Zusammenhang von Augen und Hand zurück und schaffen sich selber Unterstützung.

AUGE-HAND-KOORDINATION BEIM SCHREIBEN

Vielfältige Erfahrungen sind vorausgegangen, wenn ein Kind einen Schreibstift in die Hand nimmt. Nach dem Greifen, eher Grapschen mit der ganzen Hand, hat es den Pinzettengriff eingeübt, indem es mit Daumen und Zeigefinger Perlen oder andere kleine Teilchen gepickt hat.

Später, wenn es mit einem Stift malt, wird der Mittelfinger zur besseren Steuerung einbezogen. Beim Schreiben müssen die Augen wegen der erforderlichen hohen Präzision die Finger- und Handbewegungen kontrollieren. Sonst verwischen die feinen Unterschiede z. B. zwischen kleinem a und o, oder zwischen Schreibschrift-e und -l, nicht zu vergessen das Anpassen der Bewegung an die Linien. Leichter geht das Schreiben, indem Buchstaben z. B. auf der Schreibmaschine getippt, mit Stempeln gedruckt oder als fertige Holzbuchstaben ausgelegt werden. Dafür reichen relativ einfache Bewegungen der Hände und Augen aus.

▲4 Körpergefühl

Das Kind setzt in alltäglichen Handlungen und Spielen seinen Körper ein, es gebraucht ihn «ganz», wenn es durch Stuhlbeine krabbelt, es gebraucht seine Hände zum Basteln, seine Beine und Arme, um einen Hocker zum Lichtschalter zu tragen. Im Zusammenspiel aller Sinne bildet es ein Gefühl für seinen Körper aus: wie groß er ist, welche Ausmaße er hat, wann es sich hinstellen oder gar von der Stelle bewegen muss, um ein Spielzeug greifen zu können, wie viel Kraft es wofür einsetzen muss...

Bauch- und Rückenlage einnehmen, Krabbeln, Laufen, später Radfahren u. a. entwickeln zum einen das immer bessere Empfinden des eigenen Körpers, seiner räumlichen Größe und Möglichkeiten. Das Kind erfährt vorne und hinten, links und rechts, oben und unten. Zum anderen lernt es auch den umgebenden Raum, sein Kinderzimmer, den Flur usw. in deren Ausmaßen und sich ändernden Perspektiven und Proportionen kennen.

Als einen ersten Körperteil macht sich das Kind seinen Mund vertraut, durch Bewegen und Spielen mit seiner Zunge an den Zähnen, durch das tägliche Essen. So erfährt es seinen «Mund-Raum», während es mit der schon beschriebenen Koordination von Hand und Auge seinen «Greif-Raum» kennen lernt. Körpergefühl und Gefühl für den Raum hängen also eng miteinander zusammen.

SENSOMOTORIK UND KOGNITION

Jedes Kind möchte sich mit seinen jeweiligen sensomotorischen und sprachlichen Möglichkeiten seine Umgebung vertraut, durchschaubar und verfügbar machen. Es hebt Merkmale hervor, vergleicht, bündelt, sortiert sie, z. B. nach Farbe, Gewicht, Funktion, Oberfläche... – es ordnet mit und ohne sprachliche Benennung. Es gelangt von Einzelaktivitäten (z. B. eine Kugel kneten) hin zu Handlungssequenzen, wenn es ein Rollenspiel mit einem Zoo aus Knettieren spielt.

«Kategorien zu bilden» ist eine wichtige Leistung, die dann fürs Rechnen ebenso gebraucht wird (Hunderter, Zehner, Einer) wie für die Schriftsprache (Druck-, Schreibschrift, klein/groß; gleiche Wort-

stämme erkennen wie -fahr- in Einfahrt, gefährlich ...; Wortarten ...).
Alle sensomotorischen Fähigkeiten zusammen leisten einen wesentlichen Beitrag zur Denkfähigkeit oder «Kognition».

▲5 Horchen und Schauen

Mit der Wortwahl Horchen und Schauen wird zum Ausdruck gebracht, dass Augen und Ohren aktive Leistungen vollbringen, genauer: dass ein Kind mit Interesse, Motivation und Aufmerksamkeit diese Organe einsetzt, gezielt, eventuell angeregt durch einen Impuls wie z. B. eine grelle Farbe.

Und wir kommen an dieser Stelle noch einmal auf Haut- / Tastsinn (Taktilität) und Bewegungssinn (Kinästhesie) zurück, weil diese Sinne ihrerseits mit den Sinnesorganen Augen und Ohren eng verknüpft sind: Die *Augen* sind mit einem komplizierten Muskel- bzw. Bewegungsapparat ausgestattet, sie sind bei jedem Schauen im Alltag – und natürlich auch beim Lesen und Schreiben – ständig in Bewegung und vollziehen gleichzeitig feinste Fixierungen; außerdem wird das Zusammenspiel beider Augen sowie die ständige Umstellung auf Nah- und Fern-Sehen taktil-kinästhetisch kontrolliert.

Die *Ohren* sind außen und innen sehr faszinierende Gebilde. Ihnen bekannt sind Ohrmuschel und Trommelfell, vielleicht wissen Sie auch von den kleinen Knöchelchen, von Hammer und Amboss: Diese werden, wie alle Knochen, von Muskeln gehalten und gesteuert. Zum Beispiel nehmen bei einem lauten Knall diese Muskeln spontan die Spannung aus dem Trommelfell. Und wir können unsere Ohren «spitzen» – bei Bedarf, Interesse, Lust!

Sich bewegen, handeln, erleben, erfahren – Leben bedeutet ständige Entwicklung und «alle Sinne beisammen zu haben». Die Fähigkeit zur sensorischen Integration ist die Basis für Sprache, Schriftsprache, Rechnen, für Emotionen und vieles andere!

▲6 Form-, Raum- und Zeitgefühl

Mit der Erfahrung des *Raums* ist die Empfindung der *Zeit* unlösbar verknüpft. Wenn ein Kind mit Bewegungen wie Zugreifen und Gehen ein Spielzeug vom Tisch zum Fenster trägt oder wenn es vom Wickeltisch zur Badewanne getragen wird, hat diese räumliche Veränderung immer auch ihre zeitliche Dimension, Anfang und Ende, Vorher und Nachher. Ein Kind durchschaut so in den ersten Lebensjahren u. a. das Nacheinander von Handlungsfolgen. Es lernt mit Hilfe seiner Körper- und Raumerfahrungen, dass alles Bewegen eine zeitliche Abfolge hat – seien es Handlungen wie die beschriebenen, seien es Sprechen, Abzählen – erst eins, dann noch eins … –, Lesen, Schreiben, bis später hin zu den feinen Entscheidungen, welcher Laut zuerst kommt, welcher dann und welcher dann.

Dazu kommen grobe Zeiteinteilungen wie Tag und Nacht, gestern und heute, gleich, vorhin, die das Gefühl des Kindes für Zeit ausmachen. Das immer mehr verfeinerte Zeitgefühl wird – wie alles andere – einen elementaren Beitrag für Schriftsprache und Rechnen leisten.

Ein Gefühl für *Formen* entwickelt ein Kind, indem es Gegenstände greift und sie mit Hand, Mund (lange Zeit am liebsten!) und Fuß erforscht. Dabei er-fasst es rund / eckig, offen / geschlossen, lang / kurz, länglich / gebogen, groß / klein und be-greift so allmählich Formen und deren Merkmale.

Und mit diesen wenigen Merk-Malen lassen sich sämtliche Gegenstände der Welt beschreiben und einordnen.

Anregung
Betrachten Sie unter diesem Gesichtspunkt einmal einen Schlüssel, eine Lampe, einen Stuhl …
Und schauen Sie sich einmal unter diesem Aspekt das Alphabet an: Zerlegen Sie ein T – es hat zwei längliche Teile; ein P – ein längliches und ein rundes Teil; ein c, ein o – offen bzw. geschlossen.

Gesprochene = verbale Sprache ▲7–13

Zeitlich parallel zur sensomotorischen Entwicklung verläuft der Erwerb der Muttersprache. Sprache bedeutet über Mimik und Gestik hinaus eine zusätzliche und qualitativ erweiterte Möglichkeit der Verständigung. Mit Blick auf Lesen, Schreiben und Rechnen betrachten wir Sprache hier unter drei Aspekten:

– Wortverständnis und Wortgebrauch – Wortschatz,
– Lautdifferenzierung bzw. lautliche Artikulation,
– Satzverständnis und Satzbildung.

Und natürlich wieder unter dem Aspekt Bewegung: Einen Laut, ein Wort, einen Satz zu sprechen, verlangt eine Vielzahl von Bewegungen im Bereich von Mund, Wangen, Zunge, Kiefer und Hals, nicht zu vergessen Atmung, Kopfkontrolle und Stimmgebung (ungefähr 100 Muskeln!).

▲7 Betonung – Melodie – Rhythmus (Fachsprache: Sammelbegriff «Prosodie»)

Vielleicht überrascht es Sie, ausgerechnet diese eher der Musik zuzuordnenden Fähigkeiten als allererste genannt zu bekommen. Interessanterweise stellen aber melodisch-rhythmische Probleme einen ganz hartnäckigen Hintergrund für Schreib- und auch Rechenprobleme dar (beim Abzählen werden Bewegung und Sprechen aufeinander abgestimmt). Das zeigt, wie bedeutsam sie sind.

Mit der folgenden kleinen Anregung merken Sie, wie wir mit unseren Sprechbewegungen so nebenher Melodie und Betonung gestalten:

Anregung
Lesen Sie mal:
– Blumentopferde
– Singende – Springende – Wegende
– Schlagen Sie einmal, vielleicht mit beiden Händen abwechselnd, einen ganz gleichmäßigen Rhythmus. Beobachten Sie, wie schwierig es ist, mit Ihrer Bewegung präzise gleiche Lautstärke und gleiches Tempo einzuhalten!

Die Prosodie ist ein unverwechselbares Moment einer Sprache. Sie können viele Sprachen lernen, deren Wortschatz und deren Grammatik, aber als Letztes, wenn überhaupt jemals, erlernen Sie deren Melodie!

SENSORISCHE INTEGRATION UND AUTOMATISIERUNG

So wie beim «Fingerspiel» die Leistungen der taktilen und kinästhetischen Wahrnehmung untrennbar verknüpft waren, müssen wir uns die Arbeit aller Wahrnehmungsbereiche vorstellen: als ein Zusammenspiel sämtlicher Sinnesorgane. Das Gehirn leistet und entwickelt die neuronalen Verknüpfungen, die sensorische Integration (s. S. 211 f.).

Entsprechend sind sämtliche Dreiecke des Modells miteinander verknüpft – Lesen, Schreiben und Rechnen sind sensorische Integrationsleistungen auf höchstem Niveau!

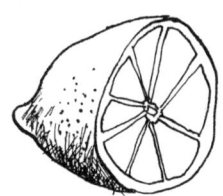

Anregung

Beim Anschauen dieses Gegenstandes entsteht bei jedem Menschen eine Vielzahl von Assoziationen wie rund, gelb, sauer, saftig, gesund, spritzt, gespritzt, «ih, die Schale», «Zitrone», Urlaub, riecht gut, glatt, rubbelig, eventuell fällt Ihnen der Schriftzug auf einem Etikett ein. Wenn Sie jemanden sehen, der in eine Zitrone beißt, zieht sich das Innere Ihres Mundes zusammen.

Die in unterschiedlichen Situationen erweiterten sensorischen Erfahrungen sind unlösbar als Eigenschaften der Zitrone verknüpft und gespeichert worden – einschließlich des Namens und seiner Schreibung. Wenn Erfahrungen automatisiert sind, rufen wir auf einen Impuls hin – das Wort «Zitrone» wird genannt, das Bild wird gesehen, das Geräusch des Ausquetschens wird gehört – sehr schnell sämtliche Eigenschaften ab. Die – mehr oder weniger vielen – Verknüpfungen vollziehen sich gegenüber jedem Gegenstand und jeder Person, fortwährend um weitere Erfahrungen bestätigt, erweitert oder auch infrage gestellt. Dabei werden zugleich emotionale Bewertungen vorgenommen: schön, tut weh, ärgerlich, spannend.

▲8 / 9 Wortverständnis und Wortgebrauch (Fachsprache: aktiver und passiver Wortschatz) und ▲12 / 13 Satzverständnis und Satzbildung

Wegen des nahtlosen Übergangs der Aneignung von einzelnen Wörtern hin zu deren Einbau in einen ganzen Satz werden hier beide Aspekte zusammen betrachtet.

Wie wir gesehen haben, tragen nicht nur die Ohren als Aufnahmeorgane, sondern sämtliche sensomotorischen Fähigkeiten zur Sprache bei. Die begriffene und erfahrene Bedeutung eines Gegenstandes wird verknüpft mit einer Folge von Lauten, einem Wort. Wenn der Sinn eines Gegenstandes erfasst ist, macht die Bezeichnung dafür Sinn – Gegenstand und Wort können eins werden, zwei Seiten derselben Medaille.

Je besser ein Kind eine Situation erleben kann und je mehr einzelne Worte es begriffen hat, desto leichter kann es sich von der unmittelbaren Situation lösen: Ein-Wort-Äußerungen wie «Ball» haben lange Zeit verschiedene Bedeutungen wie: «Gib mir den Ball», «Der Ball ist weg», «Das ist ein Ball». Das jeweils Gemeinte ergibt sich für das Kind und seinen Gesprächspartner aus der Situation, eventuell unterstützt durch Gesten und auch den traurigen, begeisterten, lachenden Tonfall (Prosodie!).

Später, wenn ein Kind die Grammatik der deutschen Sprache beherrscht, also z. B. Regeln der Endungen und des Satzbaus benutzen kann, gelingt eine Loslösung von der Sprechsituation und vom Gebrauch nonverbaler Mittel – es kann erzählen und noch später: dies sogar in Form von Briefen oder Aufsätzen verschriften.

Rechnen verlangt vielfältige sensomotorische und sprachliche Fähigkeiten.

Sensomotorik – Hinter jeder Rechenaufgabe steckt eine Handlung, also Bewegung: Die Handlung kann hier nicht abgebildet werden, dazu brauchten wir einen Film, der zeitliches Nacheinander und Abfolgen darstellen kann.

Sprache – Die Handlung kann in Sprache übersetzt werden: «Ein Kind holt vier Spielzeugautos aus einer Kiste, seine Schwester bringt noch drei aus ihrem Zimmer mit.»

Rechensprache – Das Geschehen bzw. dessen Erzählen wird in Symbole übertragen: 4 + 3 = 7

Eine *Übung* dazu: «gleich» = «sofort»? «Später»? «Egal»? «Verlieren», «bekommen», «abgeben», «rausrennen» – Welches sind Wörter für Handlungen mit Plus- bzw. Minus-Charakter?

▲10 / 11 Lautunterscheidung und Lautbildung (Fachsprache: Lautdifferenzierung bzw. lautliche Artikulation)

Der Gebrauch der Sprache festigt, erweitert und differenziert sich also in einem engen Zusammenspiel der inhaltlichen (semantischen) und grammatischen und auch artikulatorischen Ebene.

Ein Kind leistet eine ständige Analyse der gehörten Laute und versucht seinerseits, diese Laute zu bilden. Diese Lautbildung geschieht unter ständiger Rückkoppelung von (feinstmotorischer, d. h. artikulatorischer) Sprechleistung und der Kontrolle durch Horchen und Taktil-Kinästhesie: Wie hörte sich das an? Wie waren genau die Bewegung, die Muskelanspannung, die Spannung der Lippen ...?

Anregung
Zählen Sie einmal stumm von 1 bis 10 und achten Sie auf Ihre Lippen! Die Bewegungen, die beim lauten Sprechen taktil-kinästhetisch un-

bewusst wahrgenommen werden, sind beim stummen Sprechen als nervöse Impulse spürbar bzw. mit besonderen Geräten messbar. Beim stummen Zählen kann fast niemand die kleinen Bewegungsimpulse ausschalten.

Wir werden später bei ▲15 sehen, welch enormen Stellenwert diese Leistungen für die Verschriftung haben!

SPÄTES ERKENNEN VON SPRECHPROBLEMEN

Wir haben gesehen, dass die Differenzierung von Lauten viel früher beginnt (s. S. 27). Und viele Kinder haben schon lange Schwierigkeiten damit, ohne dass dies auffällt.

Das liegt daran, dass im alltäglichen Sprechen die feinsten Unterschiede von noch nicht ganz so großer Bedeutung sind. Eltern verstehen meistens auch bei leicht fehlerhaftem Sprechen, was gemeint ist.

Erst beim Verschriften des nicht ganz korrekten Sprechens haben die leicht unterschiedlichen e-Laute von «Erdbeere» Folgen und müssen bei «Tennis» und «Dummkopf» die strittigen Laute e/i bzw. o/u unterschieden werden (s. S. 46)! Und bei den größer werdenden Anforderungen der Sprachbetrachtung reicht jetzt die Basis nicht aus.

Lesen und Schreiben = Schriftsprache ▲14 – 18

Schriftsprache setzt gesprochene Sprache in Schrift um. Um diesen Zusammenhang von gesprochener und geschriebener Sprache hervorzuheben, ersetzt der Begriff Schriftsprache die alten Begriffe Lesen und Schreiben. Damit wird der Stellenwert der Sprache deutlich – und in unserem Modell verfestigt sich der Zusammenhang von Sensomotorik *und* Sprache *und* Schriftsprache!

Beim Erwerb und Gebrauch der Schriftsprache greifen lernende Kinder auf all ihre Voraussetzungen zurück: Persönliche Fähigkeiten, Eigenschaften, auch Einstellungen, Lernverhalten, Ausdauer, Motivation kommen so, wie sie sich bis dahin ausgeprägt haben, zum Tragen.

▲14 Beziehung, Kontakt
(Fachsprache: Kommunikation)

Sie finden als Erstes beim Thema Schriftsprache einen wohl eher über-
raschenden Aspekt, nämlich: Kommunikation! Sie ist auch für Lesen
und Schreiben von grundlegender Bedeutung. Denn wie Sensomotorik
und Sprache dient Schriftsprache der Kommunikation, dem Kontakt des
Lesers oder Schreibers mit einem anderen Menschen, seien es Notizen,
Briefe, Werbung, Romane, Sachbücher, Rechnungen. Diese Grundfunk-
tion der geschriebenen Sprache, die gesprochene Äußerungen unabhängig von Raum und Zeit macht, tritt im Prozess des Lehrens und durch Benotung (Fehlerorientierung) und den schulischen Gebrauch (für wen
werden Diktat und Aufsatz geschrieben?) mitunter in den Hintergrund.

- Hat ein fünf-, sechsjähriges Kind schon eine Idee von Schrift?
- Hat es erkannt, dass einige Krikel-Krakel-Striche sich von anderen
  unterscheiden, dass mit solchen Buchstaben Informationen über-
  bracht werden können, nicht über die Stimme, wie am Telefon, son-
  dern mit der Post, per E-Mail?
- Welchen Stellenwert haben Lesen und Schreiben in der Familie?
- Habe ich etwas zu sagen, mitzuteilen?
- Darf ich, kann ich meine Meinung sagen?
- Ist jemand offen für meine Botschaft? Wartet jemand auf einen Brief?
- Werden Zeitungen, Bücher gelesen, Bilderbücher betrachtet, Mär-
  chen und anderes vorgelesen?

Die «Kultur des Umgangs», die «Gesprächskultur» – d. h., wie anerken-
nend Eltern und Kinder miteinander umgehen, einander erzählen und
zuhören – und besonders der «Umgang mit Schrift» sind eine wichtige
Voraussetzung für den Schrifterwerb. Interesse und Motivation zum
Lernen, Aufmerksamkeit und Ausdauer, auch Frustrationen gegenüber
der komplizierten Lernaufgabe auszuhalten sind wesentlich davon mit-
geprägt, dass ein Kind Schrift als etwas Angenehmes, Bedeutendes,
Wichtiges erfahren hat oder spätestens jetzt in der Schule erfährt.

▲16 Laut-Buchstaben-Zuordnung
(Fachsprache: Phonem-Graphem-Korrespondenz)

Schriftsprache verlangt das souveräne Beherrschen des Handwerkszeugs:
- die «Bilder» für die Buchstaben,

- die Laute und
- die Bewegungsabläufe für die Erzeugung der Buchstabenbilder – eine «dritte Seite» der Medaille.

Lesen bzw. *Schreiben* bedeuten zunächst nur einen unterschiedlichen Zugang, vom Buchstaben zum Laut bzw. umgekehrt.

Beim *Lesen* muss ich als Erstes das *Buchstaben-Bild erkennen*, mit all den räumlich-visuellen Problemen: eventuell verwirrende Lage im Raum wie bei b d g q p P, w m, a e, und andere Ähnlichkeiten wie I i l, h k sowie Sonderheiten, z. B. die vielen Schrifttypen bzw. Handschriften. Dann muss ich den *zugehörigen Laut* zuordnen. Dabei ist jeder Buchstabe so etwas wie ein Befehl, eine bestimmte feinste Bewegung auszuführen; mehrere Buchstaben einer Silbe oder eines Wortes «befehlen», ganz bestimmte Abfolgen von Bewegungen zu vollziehen! Die Bedeutung dieses sensomotorischen Anteils darf nicht unterschätzt werden, zumal durch innere Anspannung die Ausführung der Sprechbewegung weiter erschwert werden kann, z. B. wenn nach erfolglosen Leseversuchen das Selbstvertrauen längst geschwunden ist.

Dies ist nur der erste Schritt zum Lesen, wir werden am Ende dieses Kapitels den Leseprozess genauer anschauen (S. 51).

FALLEN IM SYSTEM DER LAUTE

Anregung

Sprechen Sie mehrfach die Wörter «Tennis» und «Erdbeere» und achten Sie besonders auf die Selbstlaute oder Vokale!

Die kurzen, offenen «e» und «i» in «Tennis» haben den gleichen Grad an Ähnlichkeit wie die drei verschiedenen e-Laute in «Erdbeere».

Denken Sie daran, wie schwer es auch für Sie als Erwachsenen ist, ein Fachwort aus einer völlig fremden Sprache nachzusprechen oder fremde Namen am Telefon zu identifizieren!

- Etliche Laute sind sich also sehr ähnlich wie kurzes «e» und «i» oder «o» und «u»; auch beispielsweise «g» und «k» oder «b» und «p» unterscheiden sich klanglich und bewegungsmäßig vor allem durch die Intensität, also die Muskelspannung.

- Es gibt in der deutschen Sprache ca. 80 Laute und Lautvarianten, also leichte Abweichungen von den Stammlauten, aber entschieden weniger Buchstaben.
- Darüber hinaus existieren noch weitere «Lese-Fallen»: Vater und Vase – das V verlangt mal einen «w»-, mal einen «f»-Laut; erst das ganze Wort bringt die Auflösung. Beim Schreiben stoßen wir auf ein ähnliches Dilemma: «Fenster» und «Vater» – der «f»-Laut muss mal mit f, mal mit v geschrieben werden; und wer sagt tatsächlich «Pflaster»?
- Manche Buchstaben am Wortende müssen beim Lesen anders lautiert werden: Tag wird zu «Tak», König (regional) zu «Könich» usw.

Beim *Schreiben* muss dem identifizierten Laut das entsprechende Buchstabenbild zugeordnet werden, d. h., man muss
- seine über den Bewegungssinn gespeicherte und spontan (!) abrufbare Vorstellung davon haben,
- die Bewegungsabläufe dazu ebenso schnell präsent haben,
- und zwar in den vier Systemen Schreibschrift, Druckschrift, jeweils groß und klein.

▲15 Sprachliche Analysefähigkeit von Lautfolgen und Silben

Für diese «alphabetische Strukturierungsfähigkeit» braucht ein Schreiber noch
- das Erkennen der Stellung und *Reihenfolge* von Lauten: An welcher Stelle in der zeitlichen Abfolge des Sprechens beispielsweise von «Kreisel» waren das «k», das «l», das «s» usw.? Oft wird von Kindern der zuletzt gesprochene bzw. gehörte Laut als «Anfang» angegeben (feinstes Zeitgefühl, vgl. ▲6);
- das Identifizieren von Lautgruppen: Wenn ein Kind Sprechgruppen wie «schtr», «schl» – so genannte *Signalgruppen* – bzw. *Reime* auf die Endung «-uppe» (Puppe, Suppe) lautlich identifizieren und dann der zugehörigen Buchstabengruppe zuordnen kann, ist dies sehr effektiv: Es kann «automatisch» schreiben und muss nicht im Einzelwort zuerst die Laute erkennen («sch», «t», «r» – «ach ja, ich schreibe dafür

str») oder Rechtschreibregeln anwenden («auf den kurzen Selbstlaut folgen zwei Mitlaute»),

– das Erkennen der Silbenstruktur eines Wortes, um es überschaubar zu machen.

VOM SPRECHEN ÜBER SPRACHBETRACHTUNG ZUR SCHRIFTSPRACHE – DIE «ALPHABETISCHE STRUKTURIERUNG»

Die meisten Kinder bemerken «so nebenher» sprachliche Sortier-Merkmale wie *Mitlaute, Selbstlaute, Silben, Reime, Signalgruppen.*

– Bei den *Mitlauten* oder *Konsonanten* machen immer die «Sprech-werkzeuge», also Teile des Mundes, deutlich wahrnehmbar mit: Zähne, Lippen, Zunge, Kehlkopf berühren, verschließen und öffnen sich.

– Die *Selbstlaute* oder *Vokale* kommen ohne Berührung, lediglich durch unterschiedliche Öffnungsweisen des Mundes zustande.

Dazu eine kleine *Anregung*

Beim «b» öffnen sich die Lippen sanft, im Unterschied zum «m», bei dem die Lippen verschlossen bleiben. Beim «k» wird hinten im Gaumen ein Verschluss hergestellt und wieder geöffnet. Beim «a» oder «o» wird der Mund geöffnet, und die Lippen formen die Selbstlaute.

Probieren Sie einmal weitere Laute!

– Winzige Muskeln im Innenohr registrieren diesen Wechsel von Be-rührung und Öffnung bei der Bildung von Mit- und Selbstlaut. Im Ergebnis beherrschen die meisten Kinder die *Silbenstruktur* ihrer Muttersprache – beim Verschriften ihrer Sprache können sie auf solch unbewusstes Wissen zurückgreifen.

– Am Wortende gibt es gleiche Klänge oder Klangfolgen – *Reime* wie in «tisch», «fisch», «wisch» – oder gleiche Lautfolgen wie das «schtr» am Wortanfang in «Schtrasse», «Schtrumpf», «Schtreit» – diese nennt man *Signalgruppen.* Entsprechende Laut- und Sprach-spiele machen viele Kinder schon im 3. / 4. Lebensjahr.

▲18 Regelschreibung und Speicherung
(Fachsprache: Orthographie)

Leider kann sich ein Schreiber nicht allein auf die «alphabetische Strukturierung» verlassen. Das korrekte Schreiben verlangt weiteres Werkzeug:

- *Regelwissen*: Je mehr ein Kind liest und schreibt, desto mehr Regeln für die Richtigschreibung – Orthographie – kann es erfahren, das «kann» ist dabei von besonderer Bedeutung: Beim Lesen «kann» auffallen, dass «Wald» mit «d» und «kalt» mit «t» am Ende geschrieben wird, also bei gleicher Aussprache («t») mit unterschiedlichen Buchstaben (d – t). Spätestens beim Schreiben verlangt dieses Rätsel eine Lösung: Die gesprochene bzw. gehörte so genannte Auslautverhärtung «t» verlangt, eine Regel anzuwenden, nämlich das *Verlängern*. Vom Sprechen her unklare Schreibweisen verlangen Regelungen, wie auch die *Ableitung* des «läufers» von «laufen».

- *Sprachkompetenz* ist ökonomisch: Um sich beispielsweise die Regelanwendung «Ableiten» zu ersparen, ist es hilfreich, die inhaltliche (semantische) Verwandtschaft zu erkennen und z. B. bei «*Fahr*rad» und «*fahr*en» das in der Tat «merk-würdige» Dehnungs-h im Grundbaustein oder Wortstamm zu speichern.

- *Behalten von Wortbildern*: Über Klärungen durch Regeln hinaus bleibt unerlässlich, sich für viele Wörter ein Gesamtbild einzuprägen: «merk-würdige Wörter» nenne ich dies. Z. B. für Worte wie «Moos» oder «Knie» ist dies wichtig, denn das zweite o bzw. das e sind beim Sprechen nicht zu erkennen. Das lang klingende «i» könnte ein Hinweis sein, aber ist es nur begrenzt: Denn auch bei «Tiger», «stiehlt» und «ihm» ist ein langes «i» zu hören, trotzdem gibt es verschiedene Schreibweisen.

- *Flexibilität gleich Beweglichkeit* – was korrektes Schreiben endgültig so schwer macht: All diese Kompetenzen und Strategien müssen sehr flexibel verwendet werden, was ein Höchstmaß an Aufmerksamkeit und sensorischer Integrationsfähigkeit verlangt, auch an Interesse und überhaupt Willen und Verantwortung dafür, sich auf «Richtigschreibung» einzulassen. Erfahrene Leser bzw. Schreiber wenden die drei Strategien «alphabetisch», «orthographisch» und «Behalten» automatisch an.

1. In isolierter Übungsform dargeboten, können Rechtschreibregeln von vielen Kindern relativ sicher umgesetzt werden, was beim Schreiben eines umfangreichen Textes ganz anders aussehen kann. Die erforderliche hohe Integration so vieler Teilprozesse – sämtlicher Dreiecke auf dem Schaubild auf S. 31 – gelingt nicht immer.
2. Wie sieht es im Alltag mit Regeln aus: Welche gibt es zum Umgang miteinander, zu Abläufen wie morgendliches Aufstehen oder Erledigen der Hausaufgaben? Welche häusliche Pflichten hat ein Kind? Hält es sie ein? Wer achtet darauf? Wie halten Sie als Eltern Regeln, Vereinbarungen ein?

▲17 Lesen:
Zusammenschleifen, Sinnerwartung, Sinnentnahme (Fachsprache: Synthesefähigkeit)

Zum Abschluss noch ein weiterer Blick auf das Lesen. Auch hier ist es mit der Entschlüsselung der Buchstaben und Zuordnung von Lauten nicht getan: Erst das Erkennen der visuell-räumlichen Abfolge der Buchstaben, deren Verschleifen oder Zusammenziehen (Synthese) und die Umsetzung in die gesprochene, zeitliche Lautfolge bis endlich hin zur Sinnentnahme machen das Lesen aus.

Dieser Schritt der Synthese lässt sich in drei Teilschritte zerlegen, die Kindern häufig Probleme bereiten:

– benötigt wird eine sichere visuell-räumliche Orientierung von links nach rechts, sonst entstehen kleine Verdreher (Aus dem «Angelspiel» wird ein «Nagelspiel»), oder ganze Wörter werden von hinten nach vorne gelesen (ich erinnere an ▲1 bis 6, vgl. S. 30 ff.);

– es braucht eine gedankliche «sprachliche Automatisation» und die artikulatorische Sicherheit, um die Laute zusammenschleifen zu können (ich erinnere an ▲7 Prosodie auf S. 40 und ▲10 / 11 Lautbildung ab S. 43);

– aus der gebildeten Lautfolge wird ein sinnvolles Wort abgeleitet bzw.

50

aus schon erlesenen Teilen eines Wortes oder eines Satzes ein Sinn erwartet (▲8 / 9 Wortschatz und ▲12 / 13 Satzverständnis ab S. 42).

Spontanes Erfassen mehrerer Buchstaben, motorische und geistige Beweglichkeit sowie «gutes Sprachgefühl» erleichtern das Assoziieren und Mitdenken beim Lesen. Insgesamt erfordert Lesen – wie schon für das Schreiben beschrieben – ebenfalls eine enorme Flexibilität, einen ständigen Wechsel von

– «Erfassen von ganzen Einheiten» – je nach Leseerfahrung mitunter ganze Worte oder gar Sätze (ist, Bank, Schule …; denken Sie auch an Logos wie Coca Cola), und

– «Erlesen von kleinen Elementen» wie Einzelbuchstaben und Silben – beobachten Sie Ihre Lesestrategie bei dem folgenden Inhaltsstoff für ein Medikament: «Cetylstearylalkohol»!

Gerade im Erwerbsprozess muss sich eine eher *ganzheitliche* Strategie je nach Anforderung des zu erlesenden Wortes immer wieder mit der «*einzelheitlichen*» alphabetischen Zugriffsweise verbinden: Meine Tochter Lena spürte jedes Wort mit L auf und «las» jedes Mal «Lena», auch für Löwe, los usw. Der Buchstabe R am Wortanfang provozierte dagegen von vornherein eine alphabetische Strategie, sodass sie sich von Buchstabe zu Buchstabe hin orientierte.

Wenn Sinne beeinträchtigt sind

Für Sie, liebe Leserin, lieber Leser, sind Lesen und Schreiben seit langem zu einer Routinetätigkeit geworden, so wie Auto fahren, Treppen steigen, das Frühstück bereiten. Sie haben die aufgeführten Leistungen – im Sinne der vorigen Seiten – integriert und automatisiert.

– Wenn alle Sinne reibungslos arbeiten,
– wenn die Ermutigung und Akzeptanz ausreichend sind,
– wenn die Lernangebote – von der ersten Rassel über Puzzles bis hin zu Lese- und Schreibanlässen – «passend» sind,

dann vollziehen wir solche Tätigkeiten «wie im Schlaf».

Anders sieht es aus, wenn einzelne Sinne oder auch deren Zusammenspiel nicht gut genug «funktionieren». Wie ein Kind sich entwickelt, kann durch gesundheitliche Belastungen beeinträchtigt sein, ob durch eine schwere oder andauernde Krankheit, die ans Bett fesselt, oder durch Bewegungs- und oder Wahrnehmungsstörungen.

Gesundheitliche wie auch andere, z. B. psychische Beeinträchtigungen stellen in aller Regel lediglich ein Risiko dar, d. h., sie können wesentliche Bedeutung für Lernschwierigkeiten bekommen, müssen dies aber nicht. Entscheidend ist, wie Belastungen vom Kind und der Familie erlebt und bewältigt werden!

Manche Kinder (und Eltern) leiden emotional mehr als andere unter der erlebten Beeinträchtigung und entwickeln deshalb zusätzliche Symptome wie Einnässen, extreme Unruhe, Bauch- oder Kopfschmerzen. Dies kann unter ungünstigen Umständen bis zu einer drohenden seelischen Behinderung beim Kind führen.

Taktil-kinästhetische und vestibuläre Belastungen

Unsicherheiten in der Wahrnehmung über Haut und Muskeln erschweren das Greifen, das Anfassen, z. B. des Stifts. Die Steuerung der Augenmuskeln, die ja die Buchstaben bzw. Ziffern, Zeilen und Texte abgleiten, kann beeinträchtigt sein. Ebenso können das aufrechte Sitzen und die Kopfkontrolle – verlangt ist: «fest, aber dabei beweglich» – unsicher sein, was es wiederum erschwert, beim Lesen und Schreiben gut zu fixieren.

Häufig machen Kinder diese kleinen Beeinträchtigungen durch erhöhten Energieeinsatz wett. Dies aber führt zu Verspannungen, schnell setzt Ermüdung ein, was häufig als «Konzentrationsstörung» bewertet wird. Schlimmstenfalls führt das zur Aufforderung: «Streng dich mehr an!» – was dieses Kind womöglich schon die ganze Zeit tut.

Sich zu wenig zu spüren ist für viele Kinder der Anlass zu ständiger Bewegung. Durch Wippen auf und mit dem Stuhl, durch Kaugummikauen, Reden und vieles andere mehr nehmen sie ihren Körper wahr – allerdings wird dies von der Umwelt häufig als Unruhe und Aufmerksamkeitsdefizit interpretiert und entsprechend angemahnt. Womöglich benutzt ein Kind eben diese Bewegungen, um sich einen Reiz zu verschaffen.

Unsicherheiten im Gleichgewicht bzw. im Gleichgewichtssystem hängen sehr eng mit den beschriebenen Situationen zusammen. Ich möchte ausdrücklich darauf hinweisen, wie sehr gerade durch ein verunsichertes Gleichgewicht auch eine körperliche Unsicherheit entsteht: Das betroffene Kind kann sich auf seinen Körper nicht verlassen. So fällt es im Stadium des Laufenlernens häufiger hin, zum Teil schmerzhaft, ohne Stützreflex (s. auch S. 212).

Schon an dieser Stelle sei darauf hingewiesen, dass solche «Ungeschicklichkeit» mit dem darauf folgenden Weinen, Verzweifelt- und Entmutigt-Sein dann wiederum Auslöser für ein stärker behütendes elterliches Verhalten sein kann. Um dem Kind weitere Frustration zu ersparen, nehmen wir es vielleicht an die Hand, helfen ihm die Treppe hinauf. So können aus berechtigter Sorge heraus Abhängigkeiten aufgebaut werden und erhalten bleiben, die später womöglich als «Überbehüten» bewertet werden. Hier ist Eltern-Sein eine Gratwanderung, bei der Sie letztlich am besten Ihrem Gefühl folgen, welches Maß an Behütung und Freiheit Ihr Kind braucht.

Hörprobleme und auditive Verarbeitungsstörungen

In aller Regel haben längerfristige Verzögerungen in der Sprachentwicklung und so genannte Lautdifferenzierungsprobleme erhebliche Folgen für das Lesen- und Schreibenlernen, da dieses eng verknüpft ist mit der Hör- und Sprechfähigkeit eines Menschen. Nicht zufällig gebrauchen wir heute den Ausdruck «Schriftsprache», um eben diesen Zusammenhang zwischen gesprochener und geschriebener Sprache deutlich zum Ausdruck zu bringen.

Beim Schreiben orientieren sich viele Kinder lange Zeit an dem eigenen Sprechen (vgl. Abb. 1 auf S. 28). Nuscheln sie (verwaschenes Sprechen), ist es erheblich schwieriger, das Lautsystem der zu verschriftenden Sprache zu durchschauen, genauer gesagt: zu durchhorchen. Klanglich und artikulatorisch eng beieinander liegende Laute werden nicht gut genug differenziert, z. B. «e» und «i» im Wort «Tennis». Womöglich war hier die Sprachentwicklung beeinträchtigt, insbesondere was die Aussprache einzelner oder mehrerer Laute («Stammeln») angeht, vielleicht hat das Kind sehr, sehr schnell gesprochen – Sie erinnern vielleicht, dass Sie häufiger nachgefragt haben oder Ihr Kind ermahnt haben, es möge langsamer sprechen?

GEHEN SIE ZUM OHRENARZT BZW. PÄDAUDIOLOGEN (OHRENARZT FÜR KINDER)

Folgende Auffälligkeiten sollten Anlass dafür sein:
- verspätete bzw. verwaschene Sprache, insbesondere Anhalten von Sprechfehlern der f- und s-Laute (w, f; s, sch, ch, z) über das fünfte Lebensjahr hinaus,
- Verwechseln klangähnlicher Laute (z. B. e – i, o – u, f – w, b – p, g – k, d – t),
- häufige Mittelohrentzündungen,
- häufiges Nachfragen,
- schlechtes Behalten von Namen, Gedichten, Liedern,
- wenig differenzierte und einer Situation unangemessene Lautstärke, monotones Sprechen,

- Rückzug bei Lärm, Erschrecken,
- häufiges Schauen auf Mund-/Sprechbewegungen des Gesprächs-
  partners.

Ist Ihr Kind früher schon einmal von einer *Logopädin* (s. S. 214 ff.) unterstützt worden oder wurde das empfohlen? Selbst wenn die Übungs-
stunden damals sehr wirkungsvoll waren, stellen wir immer wieder fest,
dass sich eine unsichere Schriftsprache als Spätfolge einstellt. Beispielsweise zeigen Kinder mit Problemen bei den s-Lauten (stimmloses und
stimmhaftes s, sch, ch, z) Schwierigkeiten, wenn sie später einen dieser
Laute verschriften sollen: Die vielen Varianten von ähnlichen Lauten erschweren das Identifizieren z. B. in «Sofa», «Spitze», «Rost», aber auch
in «Kerze» oder «Katze». Spätestens das Orthographieproblem in «Spa-
ten», nämlich «schp» sprechen, aber s und p schreiben, kann zum un-
lösbaren Problem und zur Verzweiflung führen – und dies ist nur ein
Beispiel von vielen. Ähnlich klingende Zahlen wie «siebzehn» und
«siebzig» werden vielleicht nicht unterschieden.

Die oben beschriebenen Schwierigkeiten in der Bewegungssteuerung können sich auch darauf auswirken, dass Kinder bestimmte
Laute nur schwer formen können – ich erinnere noch einmal daran,
dass das Bewegen von ca. 100 Muskeln erforderlich ist, um einen Laut
bzw. eine Lautfolge zu artikulieren. Den Kindern kommen bestimmte
Laute oder komplizierte Lautverbindungen wie in «Gräte» oder
«Schellfischflosse» (Beispiel aus einem Prüfverfahren) nur schwer über
die Lippen. Es ist dann nicht verwunderlich, wenn diese Laute nicht
oder nur schwer in die dazugehörigen Buchstaben umgesetzt werden
können.

Häufige Mittelohrentzündungen können ein Auslöser für eine
Schwerhörigkeit sein. Nicht selten erleben wir aber auch Kinder, bei denen die übliche Untersuchung beim Hals-Nasen-Ohren-Arzt mit Hilfe
eines Audiogramms keinerlei Auffälligkeiten gezeigt hat. Wenn dennoch weiterhin Klärungsbedarf besteht, empfiehlt sich eine genauere
Untersuchung der Hörverarbeitung bei einem auf Kinder spezialisierten Ohrenarzt, dem *Pädaudiologen.*

Eine exakte Verarbeitung von Gesprochenem kann vielfältig beeinträchtigt sein:

– *Beidohriges oder dichotisches Hören:* Ein Klang benötigt unterschiedlich lange Zeit, bis er ins rechte bzw. linke Ohr gelangt, und ebenso ist die Verarbeitungsdauer in der rechten bzw. linken Gehirnhälfte unterschiedlich, alles natürlich in einer Dimension von Millisekunden. Gelingt es dem Gehirn, diese Laufzeit-Differenzen auszugleichen, um einen eindeutigen Wort-Klang zu erhalten? Ein Schreiber muss entscheiden können, ob bei «Schal» oder «Schall» der Selbstlaut «a» lang oder kurz ist. Dies ist für das Wortverständnis wichtig und hat Folgen für die korrekte Verschriftung;

– *Reaktion auf Störgeräusche:* Wie weit kann ein Kind im Lebensalltag und besonders in der Schule störende Geräusche wie Verkehrslärm, Geschrei ausschalten?

– *Richtungshören* leistet eine wesentliche Orientierungshilfe. Schwierigkeiten bringen eine Verunsicherung mit sich, z. B. kann im Straßenverkehr ein Hupgeräusch nicht eingeordnet werden, oder ein Kind kann nicht erkennen, woher und von wem ein Wortbeitrag stammt;

– *Auditives Gedächtnis* ist für das Behalten von Erzähltem, Aufträgen, Sätzen wesentlich;

– Bei der so genannten *Ordnungsschwelle* geht es darum, den Abstand von Reizen zu erfassen, sodass diese noch ausreichend identifiziert und z. B. in die richtige Reihenfolge gebracht werden können.

DIE UNTERSUCHUNG DES OHRENARZTES / PÄDAUDIOLOGEN

– Schwellenaudiogramm (welche Lautstärke wird noch gehört?),
– Sprachaudiogramm (Sprachverstehen mit dem rechten bzw. linken Ohr),
– Sprachtest mit einem störenden Klanghintergrund,
– Richtungshören.

Die Untersuchung des Pädaudiologen beinhaltet ausführlicher und darüber hinaus

- das beidohrige oder dichotische Hören,
- die Verarbeitung von Störgeräuschen,
- das Behalten von Gehörtem, also das auditive Gedächtnis,
- Gefühl, Differenzierung, eventuell auch Nachmachen (Motorik!) eines Rhythmus,
- die sprachliche Automatisierung (Lautdifferenzierung, Lautanalyse und -synthese, Reihenfolge, Ergänzen unvollständiger Wort-Satzbrocken),
- eventuell die Ordnungsschwelle (die minimale Zeitspanne zwischen zwei Reizen, damit diese als noch getrennt wahrgenommen werden).

Eventuell folgt der Erstuntersuchung ein zweiter Termin. Die Kosten werden zzt. ganz oder teilweise von der Krankenkasse übernommen.

Augen und visuelle Verarbeitung

Bei jedem «auffälligen» Kind sollten im Rahmen der lerntherapeutischen Diagnostik neben den Ohren auch die Augen untersucht werden. Um mögliche Belastungen abzuklären und die besten Grundvoraussetzungen für das Lernen zu schaffen, ist bei kleinsten Hinweisen eine augenärztliche und orthoptische Untersuchung empfehlenswert, am besten bei Augenärzten und Orthoptisten, die in einer Sehschule zusammenarbeiten.

Die Augenärztin hat ihren Schwerpunkt in der Kontrolle des Auges als Organ, die Orthoptistin in der Diagnostik der Qualität der ein- und beidäugigen Sehfunktion. Besonders qualifiziert sind Orthoptistinnen, die sich auf dem Gebiet der visuellen Wahrnehmung weitergebildet haben.

Das Aufgabengebiet von Orthoptisten umfasst die Vorsorge, Untersuchung und Behandlung von Störungen des Einzelauges sowie Störungen des Zusammensehens beider Augen, dem beidseitigen Sehen. Dazu gehören Schielerkrankungen (Strabismus), Schwachsichtigkeit (Amblyopie) und Augenzittern (Nystagmus).

Je nach Organisation der Praxis kann bei der Erstvorstellung das gesamte ein- und beidäugige Sehen – mit Ausnahme eines mehr Zeit erfordernden Augen-Belastungstests – untersucht werden. Alle anderen

Fachrichtungen (z. B. Kinder- und Schulärzte, Augenoptiker) können keine vollständige Diagnostik des Sehens durchführen.

Werden bei den Untersuchungen Abweichungen im ein- und beidäugigen Sehen festgestellt, die einer Korrektur bedürfen, wird zunächst nur die Fehlsichtigkeit mit Hilfe einer Brille ausgeglichen. Nach einer Beobachtungszeit von ca. acht bis zehn Wochen kann dann ein Augen-Belastungstest erforderlich werden. Dabei wird die Sehsituation unter Belastung untersucht, um die Schulsituation durch Lesen, Schreiben und Ähnliches nachzuempfinden. Bestimmte Störungen des beidäugigen Sehens können unter Umständen erst in dieser Testsituation festgestellt werden.

GEHEN SIE ZUM AUGENARZT ...

... wenn Sie bei Ihrem Kind folgende Symptome beobachten:
- Augenreiben, -kneifen, -tränen, -schmerzen,
- Kopfschmerzen bei Naharbeiten (Malen, Lesen),
- Schwierigkeiten beim Einhalten von Linien, Kästchen,
- Verwechslung ähnlicher Buchstaben,
- größere Probleme mit kleinen Schriften,
- Schielen, eventuell erst bei Anstrengung oder Müdigkeit.

Eventuell sagt Ihr Kind, es sehe Doppelbilder oder «die Buchstaben / Zahlen tanzen, verschwimmen oder flattern».
(All dies kann allerdings auch andere Hintergründe haben!)

Unabhängig von organischen Beeinträchtigungen kann auch die Verarbeitung des Gesehenen noch nicht ausreichend gut entwickelt sein, dies wird als *visuelle Wahrnehmungs- und/oder Verarbeitungsstörung* bezeichnet. Dabei kann ein Kind z. B. nur schwer oder immer wieder schwankend die Lage eines Buchstabens einordnen. d – b – g – q – p oder w – m sind von der Form her identisch, unterscheiden sich nur in ihrer Lage.

Oder die so genannte *Formkonstanz* wird von einem Kind noch nicht sicher geleistet: Kreis und Oval als sehr ähnliche Formen beispielsweise können nicht sicher unterschieden werden.

Ebenso können mitunter die *Größenverhältnisse* (Proportionen) nicht erkannt werden: Die gleiche Form, aber unterschiedliche Größe o – O oder w – W haben für das Kind keine Bedeutung – wie soll es später ein Verhältnis zu dem Problem der Groß- und Kleinschreibung bekommen?

DIE UNTERSUCHUNG DES EINÄUGIGEN SEHENS

- Prüfung der Sehschärfe, einschließlich der Fähigkeit, dicht beieinander stehende Symbole zu differenzieren (Lesesehschärfe),
- Prüfung der Augenbeweglichkeit (Motorik),
- Prüfung der optischen Verhältnisse (Fehlsichtigkeit),
- Prüfung der vorderen, mittleren und hinteren Augenabschnitte.

DIE UNTERSUCHUNG DES BEIDÄUGIGEN SEHENS

- Prüfung der Augenstellung,
- Prüfung der Qualität des beidäugigen Sehens (Zusammenarbeit beider Augen),
- Prüfung der Nahanpassungsfähigkeit bei angestrengter und nicht angestrengter Sehweise,
- Augen-Belastungstest: Untersuchung der Augen unter Belastung des Sehens.

Der Zeitaufwand für die Erstuntersuchung beträgt ca. 30–45 Minuten. Der eventuell erforderliche Augen-Belastungstest dauert ca. zwei Stunden. Erkundigen Sie sich in der Praxis, ob die Kosten der Untersuchungen von den Krankenkassen übernommen werden.

Die Fähigkeit, einen Punkt zu fixieren bzw. Blicksprünge (Sakkaden) mit den Augen zu machen, ist eine wichtige Voraussetzung für das Lesen. Bei manchen Kindern sind diese Augen-Blicke des Hinguckens zu kurz bzw. geraten die Bewegungen unkontrolliert und zu schnell. Dies kann u. a. mit Gleichgewichtsproblemen zusammenhängen.

Krankheiten

An dieser Stelle will ich nicht auf einzelne Kinderkrankheiten eingehen. Stattdessen zwei Hinweise:

- Jede Krankheit kann, wenn sie länger dauert oder häufiger auftritt, die kindliche Entwicklung beeinträchtigen.
- Krankheiten können allerdings auch eine positive Bedeutung bekommen: Sie sind Anlass dafür, Strategien zu ihrer Bewältigung zu entwickeln. Wichtig ist hier, wie Krankheit vom Kind und seiner Familie erlebt wird!

In der Zeit vor der Schule können Unfälle oder Operationen mit nachfolgendem längerem Krankenhausaufenthalt Beeinträchtigungen der Wahrnehmungs- und Bewegungsentwicklung nach sich ziehen, nicht zu vergessen und zu verharmlosen die Rückschläge für die Persönlichkeitsentwicklung bis hin zu eventuellen Trennungsängsten. Andererseits ist immer wieder zu erleben, wie das (gemeinsame) Bewältigen einer Krankheit Entwicklungsschübe mit sich bringt!

Längere krankheitsbedingte Ausfälle während der Schulzeit können nicht von allen Kindern ohne Hilfe ausgeglichen werden. Hier können sich Lernrückstände aufbauen, die sich dann ein oder zwei Jahre später als Lernstörung ausprägen. Leider gibt es immer seltener so genannte «Krankenhauslehrer» bzw. Lehrer für längere Abwesenheit von der Schule – aber Sie sollten auf jeden Fall nach so einer Möglichkeit fragen!

Wenn Vertrauen und Zutrauen verloren gehen

Aus meiner langjährigen praktischen Arbeit mit Kindern komme ich zu einer Einschätzung, die von der Literatur über gesundheitliche und psychische Belastungen gestützt wird: Wenn sich ein Kind nicht auf seinen Körper und dessen Wahrnehmungs- und Bewegungsfähigkeit verlassen kann, wenn es seinen Sinnen wie Hören und Sehen nicht trauen kann, wenn es in alltäglichen Situationen wie beim Spielen, am Essenstisch, auf dem Weg zur Schule und in der Schule Misserfolge hat, geschieht stets ein und dasselbe: Sein Vertrauen in sich selber wird immer geringer. Mangelndes Selbstvertrauen ist ein wesentlicher Bestandteil des «Teufelskreises Lernstörungen», sei es als Auslöser oder als Folge von Schwierigkeiten:

– Wem schon das Selbstvertrauen in alltäglichen Situationen fehlt, der hat nicht unbedingt den Mut und die Ausdauer, eine schwierige Lernaufgabe wie das Lesen und Schreiben zu bewältigen.

– Umgekehrt kann die ständige Unsicherheit z. B. mit einzelnen Buchstaben oder Lauten Zweifel an den eigenen Fähigkeiten auslösen.

– Und wer ständig von Erwachsenen auf Fehler gestoßen oder von Gleichaltrigen verspottet wird, findet erst recht keine Möglichkeit, Selbstvertrauen zu entwickeln.

Dieser «soziale Kreislauf» geht aber auch in die andere Richtung: Das geringe Selbstvertrauen des Kindes verunsichert häufig die Erwachsenen, die eventuell mit zu viel Unterstützung reagieren und so eigenständige Entwicklungen erschweren oder aber aus mangelndem Zutrauen zu wenig Anforderungen stellen und womöglich «das Kind abschreiben».

In der Entwicklung eines Kindes und seiner Familie gibt es im Laufe der vielen Jahre immer wieder so genannte Wendepunkte wie Trennung der Eltern, Umzüge, Tod von nahe stehenden Personen, schwere Krankheiten, auch das Wegziehen von Freundinnen und Freunden. Diese und andere Veränderungen sind unvermeidlich. Es kommt – wie schon bei dem Erleben einer Krankheit – darauf an, wie sie vom Kind erlebt werden: Jedes einzelne der genannten Ereignisse kann ausreichen, ein Kind sehr heftig zu verunsichern. Der Verlust der vertrauten Umgebung – schon allein der Wohnung oder der Nachbarschaft –, der erzwungene Abschied von Familienmitgliedern oder Freunden kann das eigene Wohlbefinden massiv infrage stellen. Und wenn die Gedanken und Gefühle vor allem darum kreisen, sind im Unterricht schnell zwei, drei Monate Lernstoff verpasst. Solche Krisen können der Anfang einer sich auswachsenden Lernschwierigkeit werden. Aber auch hier können Eltern durch Mitgefühl und Verständnis das Leiden mildern.

Wenn Eltern nicht mehr weiterwissen

«Eltern werden ist nicht schwer, Eltern sein dagegen sehr.» Diese Alltagsweisheit trifft mitunter ziemlich ins Schwarze – demgegenüber erwecken manche Elternratgeber den Eindruck: «Erziehen kann jede und jeder», wenn mit Tipps fürs richtige Elternverhalten das Nörgeln beim Essen oder der Streit zwischen Geschwistern beseitigt wird.

Offensichtlich sind manche Eltern heute in der Erziehung ihrer Kinder verunsichert. Verbindliche Vorbilder wie früher gibt es kaum noch, die Klein- statt der Großfamilie lässt weniger Erfahrungen wachsen und weitergeben. Stattdessen sind Eltern gefordert, eigene Wege, Umgangsweisen, Abläufe und Rituale zu entwickeln. Zu erlauben und zu verbieten, zu loben und zu tadeln ist für sie schwieriger geworden.

In dieser Situation scheinen Entwicklungsskalen mit Normierungen von Fähigkeiten – «Was Ihr Kind wann können sollte» – und Benotungen vordergründig hilfreich. Aber «eigen» und einzigartig, wie Sie als Mutter oder Vater sind und wie es Ihr Kind ist, sind Sie als Eltern auch gefordert, Ihre eigenen Maßstäbe zu entwickeln und in Ihrer Erziehung und Beziehung gegenüber Ihrem Kind anzuwenden. Tabellen helfen da genauso wenig wie eine Ratgeber-Literatur, die häufig mit ihrer «Ratschlag-Haltung» das angeblich richtige Erziehungsverhalten für alle kennt. Ein Ratgeber – gleichgültig, ob ein Buch oder eine Person – kann immer nur den Zeitpunkt benennen, an dem ein Kind «im Allgemeinen» z. B. alleine schlafen oder sich selbständig anziehen sollte. Für Sie und Ihr Kind «im Besonderen» lassen Sie sich bitte von solchen Informationen anregen, z. B. über das bei Ihnen übliche Einschlafritual nachzudenken! Probieren Sie, welche Zeiten und womöglich bewährten Gewohnheiten zu Ihnen passen! Sonst schaffen Ratgeber für Sie als Eltern und für Ihr Kind womöglich schnell einen alltäglichen Leistungsdruck. Überfordernde Alltagserwartungen wie kleckerfrei zu essen, die Milchtüte garantiert unfallfrei zu benutzen, die schmutzigen Schuhe aus eigener Einsicht und Verantwortung an den dafür vorgesehenen Ort zu stellen – all dies kann ein Kind übervorsichtig machen, in seinem Bewegungsdrang sowie im Finden seiner Interessen beeinträchtigen. Es meidet vielleicht, seinen Körper, seine Kräfte, seine Grenzen sowie Spiele, Werkzeug, später Buchstaben und Zahlen u. a. auszuprobieren.

Wenn ein Kind vor allem gelernt hat, Fehler zu vermeiden, sind seine Motivationen, seine Ausdauer und vor allem seine Frustrationstoleranz womöglich so gering entwickelt, dass aufwändige Lernsituationen wie eben der Erwerb der Schriftsprache oder des Rechnens schnell gemieden werden.

Wenn soziale Kontakte fehlen

Das Lernen in der Schule findet auf jeden Fall im Rahmen von großen und kleinen Gruppen sowie in Beziehung zur Lehrerin statt. Da ist es eine hilfreiche Voraussetzung, wenn ein Kind sich z. B. traut, vor einer Gruppe zu sprechen. Körperliche Berührung und auch Auseinandersetzungen sind alltäglich. Hier hilft natürlich Geschicklichkeit, ein gutes Gefühl für den Körper, eine gute Dosierung von Bewegungen, sicher zufassen zu können bis hin zum Rangeln, ohne die Grenzen zur Körperverletzung zu überschreiten – und gleichzeitig auch: dies alles von anderen auszuhalten.

Diese körperliche Kommunikation kann gestört sein, auch durch die beschriebenen Probleme in Wahrnehmung und Bewegung. Ebenso können eine gestörte sprachliche Kommunikation und die Unsicherheit, Stimmungen, Tonfall, Mimik und Gestik nicht einordnen zu können, das Zusammenleben in der Familie oder auch die Bewältigung des Schulvormittags beeinträchtigen. Für ein Kind kann das Gefühl entstehen, abgelehnt zu sein. Es kann keine Freunde gewinnen oder behalten, nicht selten entwickelt sich hieraus das Verhalten des Klassenclowns oder Rückzug.

Mit solchen Rollen ist häufig auch schnell verbunden, dass einem Kind das Lernen schwer fällt.

Der «Ernst des Lebens» beginnt

«Wenn du jetzt in die Schule kommst, dann beginnt auch für dich der Ernst des Lebens!» So oder ähnlich haben es sicher schon zahllose Kinder hören müssen, bevor sie eingeschult wurden. Aber lassen wir diesen Satz doch mal ein wenig auf uns wirken.

«... beginnt *auch für dich* der Ernst des Lebens» – hört man da nicht ein wenig Genugtuung heraus? «Schließlich habe ich diesen ‹Ernst› ja auch durchstehen müssen, jetzt bist du dran», könnte der unbewusste Gedanke im Hinterkopf lauten. Manchmal erlebe ich, dass Eltern diese Formel (in bester erzieherischer Absicht) als Drohung einsetzen nach dem Motto: «Pass nur auf, wenn du in die Schule kommst ...» Das klingt wie die Drohung mit dem Knecht Ruprecht, der am Nikolausabend die bösen Kinder in seinen Sack steckt und mitnimmt, oder wie die mit der Nachteule, die (so drohte meine Mutter mir, als ich klein war) die Kinder holt, die abends nicht artig sind.

Das Prinzip des Drohens zählt man heutzutage zur «schwarzen Pädagogik», die im 19. und bis zur Mitte des 20. Jahrhunderts ihre Blütezeit hatte. Sie arbeitete mit Angst und harten (auch körperlichen) Strafen und wollte damit die Kinder gefügig, «folgsam» machen. Das grundlegende Erziehungsziel in demokratischen Gesellschaften besteht jedoch darin, Einsicht zu erzeugen; die Mittel dazu sind das positive Vorbild der Erziehenden, Erklären, Argumentieren und nicht zuletzt auch Führen, wo ein Kind noch nicht zur Einsicht fähig ist. Aber diese Erziehungsmittel sind anstrengender als die autoritären, weshalb man in Stresssituationen leicht wieder in Letztere zurückfällt. Doch was hat das für Folgen?

Mit einer Drohung wird Angst erzeugt. Der erwünschte und meist auch eintretende Effekt dieser Angst ist, dass das Kind das beabsichtigte Verhalten zeigt. Den Erziehenden bestärkt diese Reaktion, er wird beim nächsten Mal eher wieder zur gleichen (erfolgreichen) Maßnahme greifen. Das ist übrigens auch der Grund dafür, warum Mütter von ihrer eigenen Mutter häufig den Rat hören, ihrem Kind doch einfach einmal «ein paar hinter die Löffel» zu geben: In der Generation der heutigen Großmütter war das noch ein probates und meist auch vordergründig wirksames Mittel im Konflikt mit dem Kind.

Die Auswirkungen für das Kind sind jedoch fatal. Ängste erzeugen stets Blockaden, manchmal direkte wie das berühmte «Brett vorm Kopf» in der Klassenarbeit, manchmal versteckte in Form von Angstträumen oder verdrängten Impulsen, die sich irgendwann als neurotische Verhaltensweisen äußern können.

Die Drohung mit dem «Ernst des Lebens» in der Schule erzeugt zudem noch Vorbehalte und Abwehr gegen die Schule und die Hauptbeschäftigung in ihr: das Lernen. Deswegen sind auch die Zeiten vorbei, in denen Lehrerinnen in der ersten Klasse mit Druck und Strafandrohungen arbeiteten. Der Übergang zum Schulleben soll spielerisch erfolgen. Das Verhalten innerhalb der Lerngruppe wird Schritt für Schritt aufgebaut, Lern- und Arbeitstechniken werden nach und nach eingeführt. Das Lernen soll Freude bereiten, denn jeder Mensch tut nur das gern und ausgiebig, was ihm positive Gefühle bereitet. Und da die heutigen Kinder im Durchschnitt wohl dreimal innerhalb ihres Arbeitslebens den Beruf wechseln werden, ist lebenslanges (oder schöner formuliert: lebensbegleitendes) Lernen angesagt.

Die Schule soll Kindern darum nicht nur Lern-, sondern neben der Familie auch ihr zweiter Lebensraum sein. Dort erwerben sie nicht nur die «Kulturtechniken» Lesen, Schreiben, Rechnen und heutzutage zusätzlich den Umgang mit dem PC, sondern auch «Schlüsselqualifikationen» wie Kreativität, die Fähigkeit zum Problemlösen oder zur Teamarbeit. Solche Fähigkeiten sind in der modernen Welt unverzichtbar geworden. Die Schule kann sie mit den Arbeitsweisen von gestern nicht vermitteln und hat sich daher verändert: Der frontale, lehrerzentrierte Unterricht wird mehr und mehr durch «offene» Unterrichtsformen abgelöst, in denen Eigenaktivität der Kinder, Experimentieren, die selbständige Auswahl von Lernmaterialien, Arbeiten in Gruppen und unterschiedliches Arbeitstempo möglich sind.

Die Formel von Schule als «Ernst des Lebens» ist also ein alter Zopf, der abgeschnitten gehört.

Die «Schulfähigkeit» der Eltern

Schule ist heutzutage anders als zu unserer eigenen Schulzeit. Das ist wichtig zu wissen, weil Eltern in ihrem Bestreben, dem Kind zu helfen, sein Lern- und Arbeitsverhalten nach ihren eigenen Schulerfahrungen prägen möchten. «Was sich bei mir bewährt hat, kann doch für mein Kind nicht verkehrt sein», denken viele. Aber da Schule nicht mehr so ist wie früher, können die früher erfolgreichen Verhaltensweisen heutige Schulkinder unter Umständen verwirren.

Zum Beispiel Alexander: Er lernt von Anfang an nach der Methode «Lesen durch Schreiben». Bei dieser Methode «übersetzen» die Kinder die Laute eines Wortes mit Hilfe einer «Anlauttabelle» in Buchstaben, so wie sie es hören. Klar, dass dabei «Rechtschreibfehler» gemacht werden, denn die deutsche Sprache ist nicht ganz lautgetreu. Alexanders Mutter bestand anfangs darauf, dass ihr Junge «falsche» Wörter verbesserte, und verstand gar nicht, warum er darüber zornig wurde und bald gar keine Lust mehr hatte, seiner Mutter die Hausaufgaben zu zeigen. Erst im Gespräch mit der Lehrerin erfuhr sie, dass diese «falschen» Wörter im Sinne der Methode zunächst durchaus als richtig gelten. Wenn die Buchstaben-Laut-Zuordnung gesichert ist, werden nach und nach auch die Rechtschreibregeln eingeführt.

Die veränderte Vorgehensweise der Schule erfordert also eine besondere «Schulfähigkeit» von Eltern. Dazu gehört unbedingt die Bereitschaft, sich bei Einwirkungen auf das Lernverhalten des Kindes zu vergewissern, ob das im Zusammenhang mit seiner Schulwirklichkeit auch «richtig» ist. Konkret heißt das:

– das Kind nicht zu bestimmten Lern- oder Arbeitsweisen zwingen;
– Zweifel über den Lernerfolg oder die Qualität der Schrift, der Hausaufgaben usw. mit der Lehrerin im Gespräch klären;

– dem Kind die Verantwortung für sein Lernen und Arbeiten zu lassen, also die nötige Ge-*lassen*-heit bei fehlerhafter oder unvollständiger Hausaufgabe aufzubringen, damit eigene Erfahrungen gemacht werden können.

Die wesentliche Aufgabe schulfähiger Eltern ist es, ihrem Kind die für erfolgreiches Lernen erforderlichen *Rahmenbedingungen* zu schaffen. Dazu gehören:

– ausreichend Schlaf,
– Regelmäßigkeit im Tagesablauf,
– viel Bewegung und frische Luft,
– gesunde, vollwertige Ernährung,
– maßvolle Dosierung von Bildschirmmedien (TV, PC usw.),
– ruhige, ungestörte Hausaufgabenzeit,
– viel Zuwendung bei nicht-schulischen Belangen,
– Hilfestellungen dann, wenn sie erbeten werden.

Wenn diese Aufzählung auch banal klingen mag, so zeigt doch die Analyse zahlreicher Fälle von Lern- und Leistungsproblemen, dass so mancher dieser Punkte vernachlässigt worden ist.

Eltern als Lernbegleiter ihres Kindes

Um kein Missverständnis aufkommen zu lassen: Selbstverständlich sollten Eltern sich für den schulischen Fortschritt ihres Kindes interessieren. Nach der Schule zu fragen, sich Aufgaben zeigen zu lassen und bei Bedarf auch Hilfestellung zu leisten – das alles ist wichtig und richtig.

Lern- und Leistungsstörungen können jedoch dadurch verstärkt oder manchmal gar ausgelöst werden, dass Kinder sich durch zu viel Hilfe zu unselbständigen Lernern entwickeln. Nur rund zehn Prozent aller Grundschüler fertigen ihre Hausaufgaben grundsätzlich allein an, bei rund der Hälfte von ihnen sitzt regelmäßig ein Elternteil (zumeist die Mutter) dabei, berichtet Klaus Ulich in seinem Buch «Schule als Familienproblem». Eltern sollten sich nicht als «Nachhilfelehrer von Anfang an» betätigen.

«Wer einem Kind
die Lösung eines Problems sagt,
betrügt es
um seine eigenen Erfahrungen.»
(Jean Piaget)

Lernen ist immer das Überwinden von Schwierigkeiten, ist immer Anstrengung, ist immer Fehler machen und aus ihnen Konsequenzen ziehen. Haben Sie, liebe Leserin, lieber Leser, nicht selber auch aus ihren Fehlern im Leben das meiste gelernt? Das Bemühen, seinem Kind schmerzhafte Erfahrungen zu ersparen oder seinen «Schulerfolg» zu sichern, verführt jedoch leicht dazu, diesen Grundsatz zu vernachlässigen. Je mehr ein Kind die Gelegenheit hat, selbständig zu handeln und Verantwortung für sein Tun und Lassen zu tragen, desto mehr Selbstbewusstsein (= Bewusstsein von sich selbst, von seinen Fähigkeiten wie von seinen Grenzen) kann es entwickeln.

Hilfreich ist es allerdings, das Kind und seine Lernfortschritte im Blick zu haben und immer wieder das Gespräch darüber mit der Lehrerin zu führen. Manchmal fällt aufmerksamen Eltern eher eine Lernstörung auf als ihr, die nicht immer alle Kinder einer großen Schulklasse individuell begleiten kann.

Zum Beispiel Frau P.: Sie stellte etwa nach dem ersten Schulhalbjahr fest, dass ihre Tochter Claudia die Wörter in der Fibel nicht erlas, sondern auswendig sagte. Das fiel ihr auf, als sie ihr die Wörter auf Kärtchen geschrieben hatte. Bei Leseübungen in der Schule konnte die Lehrerin das nicht bemerken. Bei einer Testuntersuchung zeigte sich, dass Claudia die meisten Buchstaben noch gar nicht sicher beherrschte.

Besonders besorgte Eltern können bei ihren Beobachtungen natürlich schon einmal «die Pferde scheu machen» und Probleme sehen, wo gar keine sind. Doch umgekehrt kommt es auch vor, dass eine Lehrerin die richtige Beobachtung der Eltern von einer Auffälligkeit bagatellisiert oder sie mit dem Argument beruhigt, das werde sich schon auswachsen. Diese Haltung hat schon häufig die frühzeitige Bearbeitung einer Lernstörung verhindert und damit zur (unnötigen) Verfestigung von Symptomen geführt.

Eltern, die das Lernen ihrer Kinder verantwortungsvoll begleiten, brauchen also eine gesunde Hartnäckigkeit im Abklären von vermeintlichen Auffälligkeiten und in der Kommunikation darüber.

So können Lernen und Lehren schlecht gut gehen

Wenn über Ursachen für kindliche Lern- und Leistungsstörungen nachgedacht wird, dann kann die Schule selbst nicht außen vor bleiben. In diesem Buch wollen wir aufzeigen, inwiefern Schule Anteil an der Entstehung oder Verstärkung von Lernproblemen hat. Man spricht in diesem Zusammenhang von den «didaktischen Ursachen». Vor allem drei Gesichtspunkte halten wir dabei für wichtig.

Die «Kinderfähigkeit» von Schule

In der Arbeitswelt ist es bereits ein alter Hut, dass die bestmöglichen Arbeitsleistungen dann erbracht werden, wenn die Arbeitskräfte sich wohl fühlen. Darum bemühen sich Arbeitgeber in aller Regel, die Bedürfnisse ihrer Angestellten zu berücksichtigen und so die Produktivität zu steigern. Im Bildungswesen, insbesondere an weiterführenden Schulen, ist das jedoch noch nicht überall so. Die Einsicht, dass nicht nur die Kinder und ihre Eltern schulfähig sein müssen, sondern auch die Schule «kinderfähig» zu sein hat, ist noch kein Allgemeingut. Dabei liegt sie durchaus nahe, wenn man sich vergegenwärtigt, dass Schule, Kinder und Eltern in einem wechselseitigen Bedingungsverhältnis zueinander stehen:

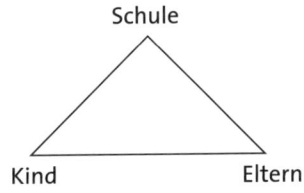

Es kann also nicht angehen, dass ein Lehrer nur den Stoff im Blick hat und damit «durchkommen» möchte, ohne die einzelnen Kinder, ihre Lernstrategien, ihr Lerntempo, ihren Übungsbedarf, ihren häuslichen Hintergrund zu berücksichtigen. Unterricht ist eine Veranstaltung, die den größtmöglichen Lernerfolg *aller* Schüler zum Ziel hat – das stellen auch die Bildungspläne heraus. Doch alle Kinder sind verschieden, haben unterschiedliche Begabungsschwerpunkte und Interessen, unterschiedliche Vorkenntnisse und Lebenserfahrungen, unterschiedliche Anregungen und leben in unterschiedlichen Milieus.

Somit kann Schule heutzutage nicht mehr Unterricht im Gleichschritt praktizieren. Wer denselben Stoff im selben Tempo, mit derselben Methode und denselben Materialien für alle gleichermaßen erfolgreich vermitteln möchte, muss scheitern. Geschlossene Unterrichtsformen, wie der klassische Frontalunterricht, werden der Individualität menschlicher Persönlichkeiten eben nicht gerecht und müssen mehr und mehr durch offenere Formen ergänzt werden.

Wohlgemerkt: Es geht nicht darum, Kinder zu verwöhnen, sondern sie, wie es der Auftrag von Schule ist, unabhängig von ihrer Herkunft zur bestmöglichen Entfaltung ihrer Begabungen zu führen. Unsere Gesellschaft braucht leistungsfähige junge Menschen und kann es sich nicht leisten, vorhandene Begabungen durch ineffektive Lehrmethoden und nicht mehr zeitgemäße Organisationsformen des Lernens zu vergeuden.

Systembedingte Störungen des Lernprozesses

Es geht uns, um einem eventuellen Missverständnis vorzubeugen, nicht um Lehrerschelte. Unsere Kritik richtet sich an das Schulsystem und die dafür verantwortlichen politischen und gesellschaftlichen Kräfte. Sie ignorieren bislang, dass die Schule die Lernprozesse der Kinder durch verschiedene Faktoren stören kann bzw. tatsächlich stört. So nennt auch ein Lehrer den Untertitel seines Buches: «Warum unser Schulsystem Bildung verhindert» (Pousset 2000).

Fünf uns besonders wesentlich erscheinende Faktoren sollen hier erwähnt werden:

1. Die Form schulischer Leistungsbeurteilung

Während in den ersten zwei Schuljahren die individuelle Lernentwicklung von den Lehrern beobachtet und (zumeist in Form von Berichtszeugnissen) den Kindern und ihren Eltern rückgemeldet werden soll, setzt anschließend (in fast allen Bundesländern) die Ziffernbenotung ein. Dabei verändert sich der Maßstab: Die Leistungsentwicklung der gesamten Klasse wird maßgeblich für die Beurteilung der Einzelleistungen. Wer «schlechter ist» als der Durchschnitt der Lerngruppe, erhält die schlechten Noten. Auf diese Weise ergibt es sich zwangsläufig, dass in jeder Klasse Kinder zu «schlechten Schülern» gemacht werden, obwohl sie Lernfortschritte erzielen – wenn auch vielleicht «nur» in einem einzelnen Fach. Kinder mit einem Lernhandicap wie einer Wahrnehmungs-, Lern- oder Verhaltensstörung haben dadurch grundsätzlich schlechte Chancen auf gute Noten. Schlechte Noten zerstören auf Dauer jedoch Anstrengungsbereitschaft und Motivation, was in niemandes Interesse sein kann, weil so keine Bereitschaft für lebenslanges Lernen gefördert wird.

2. Die Selektionsfunktion der Schule

Eng mit der Benotung hängt die so genannte Selektionsfunktion zusammen. In unserer Gesellschaft hat die Schule die Aufgabe zugewiesen bekommen, Berechtigungen auf weitere schulische oder berufliche Bildungsgänge auszusprechen. Von den Noten im vierten Schuljahr hängt es in den meisten Bundesländern ab, welche weiterführende Schule empfohlen oder zugelassen wird. Die Abschlusszeugnisse der weiterführenden Schulen wiederum führen zur Zugangsberechtigung zu beruflichen Schulen, zu Berufsausbildungen oder zum Studium. Diese Aufgabe des Auswählens (= Selektion) kann nur durch vergleichende Leistungsbeurteilung «gerecht» bewältigt werden. Es muss also einheitliche, vergleichbare Leistungsstandards geben. Damit können aber weder die besonderen örtlichen Bedingungen einzelner Schulen (z. B. ein Einzugsgebiet mit sozial schwachen Familien) noch die individuellen Problemlagen eines einzelnen Kindes angemessen berücksichtigt werden. Diese Form der Gerechtigkeit ignoriert also die verschiedenartigen Persönlichkeiten von Menschen. Das wäre wohl nur vermeidbar, wenn nicht die abgebende Schule, sondern die jeweils aufnehmende Institution selber die Aufnahmeentscheidung aufgrund eines eigenen Auswahlverfahrens treffen würde. So wird es beispielsweise in Großbritannien gehandhabt.

3. Raum, Mobiliar und Bewegungsmöglichkeiten

Obwohl Gesundheitsämter wie auch Kinderärzte schon seit langem wegen des schlechter werdenden Gesundheitszustands unserer Schülerinnen und Schüler Alarm schlagen, tut sich innerschulisch in dieser Hinsicht herzlich wenig.

– Die Schulbaurichtlinien verhindern den Bau so *geräumiger Klassenzimmer*, dass auch große Schülerscharen ohne besonderen Stress darin gemeinsam lernen und leben können.

– Moderne, offene Unterrichtsformen verlangen nach «*Funktionsecken*», in denen gelesen, beobachtet, experimentiert, am PC gearbeitet oder auch einmal gespielt wird. Doch wo gibt es den Platz dafür?

– Die *Sitzordnung* muss *flexibel* veränderbar sein: Gruppentische, Stuhlkreis, U-Tische oder auch einmal Vortragsbestuhlung müssen nach Bedarf umgestellt werden können.

– Da Kinder schnell wachsen, wären *höhenverstellbare Stühle und Tische* wünschenswert, die auf dem Markt durchaus zu haben sind (vgl. Anhang, S. 241). Der bei konventionellen Schulmöbeln zweimal pro Jahr erforderliche Sitzgrößen-Check zum Zweck des Austauschens zu klein gewordenen Mobiliars ist eher die Ausnahme als die Regel an Schulen. So kommt es, dass nicht einmal die Hälfte aller deutschen Schulkinder an den ihrer Größe angepassten Möbeln sitzt; Konzentrationsverlust und langfristig Haltungsschäden sind die Folgen.

Der Körper des Menschen ist für Bewegungszwecke konstruiert; dass Kinder einen besonders starken *Bewegungsdrang* aufweisen, ist eine Binsenweisheit. Dennoch ist Schule überwiegend bewegungsarm, um nicht zu sagen: bewegungsfeindlich. Die Förderung von Aktionen wie «bewegte Schule» kann nicht darüber hinwegtäuschen, dass viele Schüler keine drei Stunden Sport pro Woche haben. Unter dem Diktat des Stoffpensums wird häufig ihr «Sitzfleisch» überstrapaziert, und das auch noch zu Hause, z. B. durch übermäßig viele Hausaufgaben.

Die Regelungen des Arbeitsschutzes (z. B. in Bezug auf Arbeitszeiten oder Lärmschutz) gelten oftmals nicht für Schulkinder, was schon die

Leistungsfähigkeit von gesunden Kindern beeinträchtigt. Wie sehr Schülerinnen und Schüler mit einem Lernhandicap darunter leiden, ist leicht zu ermessen.

4. Unterrichtsrhythmus

In unserem Schulsystem ist es üblich, dass der Unterrichtstag in Stunden zu je 45 Minuten eingeteilt wird. Diese Einteilung ermöglicht es, einen Stundenplan zu erstellen und die genaue Unterrichtsmenge je Fach und Woche bzw. Schuljahr zu berechnen. Sie dient also (genauso wie die Jahrgangsklasse) verwaltungstechnischen Gesichtspunkten – pädagogisch oder lernpsychologisch hat sie nicht nur keinen Wert, sondern ist sogar schädlich. Manche (vor allem Grund-)Schulen haben deswegen bereits die Klingel im Haus abgestellt und geben den Lehrkräften mehr Freiraum für eine stärker bedürfnisorientierte Rhythmisierung des Unterrichts. Arbeitsphasen, in denen die Kinder sich gerade mal in eine Aufgabe vertieft haben, würden sonst unnötig abgebrochen; Pausen können besser am Bedarf der Schüler ausgerichtet werden. So haben auch gehandicapte Kinder eine größere Chance, in ihrem Tempo zu Lernerfolgen zu kommen, weil sie nicht vom Klingelzeichen am Stundenende gehetzt werden.

5. Ausbildungsstand der Lehrerinnen und Lehrer

Wer heute im Schuldienst tätig ist, hat seine Ausbildung zumeist schon Jahrzehnte hinter sich. Gerade im Bereich der Teilleistungsstörungen gibt es ständig neue Erkenntnisse etwa der Neurophysiologie (Gehirnforschung). Selbst junge Lehrer sind nicht immer auf dem aktuellen Stand der Wissenschaft. Zudem kann man Lehrer werden, ohne im Studium etwas über (beispielsweise) Aufmerksamkeits- oder zentrale Hörwahrnehmungsstörungen gelernt zu haben. Es ist also nicht nur die mangelhafte Aktualität der Ausbildungs- und Prüfungsordnungen in den Lehramtsstudiengängen kritikwürdig, sondern auch die fehlende Verpflichtung zu unablässiger Fortbildung (vom fehlenden Angebot gar nicht zu reden). Was für Ärzte oder Steuerberater gilt, sich nämlich ständig über neue Entwicklungen zu informieren und neue Verfahren zu erlernen, gilt nicht in gleichem Maße für Lehrkräfte. Das ist bei rund 20 Prozent teilleistungsgestörter Kinder in jedem Schülerjahrgang nicht mehr vertretbar.

Personale Störungen des Lernprozesses

So «stören» also auch Lehrerinnen und Lehrer das Lernen ihrer eigenen Schüler – nicht aus Absicht, sondern weil sie es nicht besser wissen: Ihre «didaktisch-methodische Kompetenz» ist nicht auf der Höhe der Zeit. Fehler, die an zahlreichen Schulen diesbezüglich immer wieder beobachtet werden können, sind z. B.:

– zu schnelles Voranschreiten im Stoff (70 Wörter bereits in den ersten sechs Schulwochen; gleichzeitige Einführung von Druck- und Schreibschrift ...);

– zu wenig Veranschaulichung (Unterricht nach Buch; kein oder zu wenig Material zum handelnden Lernen wie Rechenplättchen, Buchstaben-Setzkasten usw. ....);

– zu wenig Freiraum für experimentierendes, entdeckendes und damit Einsicht ermöglichendes Lernen, dafür Drill zum mechanischen Einüben vorgegebener Verfahrensweisen;

– reines Abarbeiten von Buchseiten und Arbeitsblättersammlungen anstelle differenzierenden Unterrichts;

– unkritische Verwendung von Fibeln und anderen Schulbüchern hinsichtlich ihrer lernpsychologischen Qualität (bunte Bilder sind keine Garantie für methodisch gut gestaltete Schulbücher).

Neben fehlender didaktisch-methodischer Kompetenz von Lehrern kann noch ein weiterer – allerdings mit einem Tabu behafteter – Sachverhalt das Lernen stören: charakterliche Mängel.

Es sind nur Einzelfälle, in denen Kinder durch eine Lehrkraft bloßgestellt, gedemütigt oder anderweitig (seelisch) verletzt werden. Doch ein einziger solcher Lehrer kann für viele Klassen und damit für Hunderte von Kindern ein Problem darstellen. Auf diesen Zusammenhang hat besonders Kurt Singer in seinem Buch «Die Würde des Schülers ist antastbar» (Singer 1998) hingewiesen.

Ein flächendeckendes Angebot von Supervision für Lehrer sowie Schlichtungsinstanzen für Lehrer-Schüler- oder Lehrer-Eltern-Konflikte könnten helfen, die «personalen Störungen» zu begrenzen bzw. in konstruktiver Form aufzulösen. Damit käme man nicht nur einem Bedürfnis innerhalb der Lehrerschaft entgegen, sondern auch den Schülern mit einem Lernhandicap. Sie haben ein besonders großes Risiko, wegen ihrer Schwäche gedemütigt zu werden. Das verstärkt jedoch noch den Teufelskreis ihrer Lernstörung, in dem sie ohnehin stecken und aus dem ihnen nur mit Einfühlungsvermögen herausgeholfen werden kann.

Zusammenfassung
und systemische Sicht

Erziehung unter erschwerten Bedingungen

Nicht nur wenn ein Kind in seiner Entwicklung beeinträchtigt ist, sondern auch z. B. bei andauernden Paar- oder Ehekrisen, in sozial schwieriger Lage wie Arbeitslosigkeit oder wenn ein allein erziehender Elternteil unter seiner Lebenssituation besonders leidet – immer wenn Eltern weniger Fähigkeiten wie Toleranz oder Geduld zur Verfügung stehen oder sie keine vernünftigen Grenzen ziehen können, kann man von «Erziehung oder Beziehung unter erschwerten Bedingungen» sprechen.

Der allein erziehende Vater mit Sorgen um seinen Arbeitsplatz wird bei den gemeinsamen Hausaufgaben am späten Abend mit ziemlicher Wahrscheinlichkeit schneller «ausrasten». Die Mutter von drei schulpflichtigen Kindern kann sich zu Recht schwer damit tun, alle Wünsche nach Schmusen, Unterstützung, Zur-Freundin-Fahren zu erfüllen. Wenn wie auch immer gestresste Eltern die Kreativität, Spontaneität bis hin zu Überaktivität ihres Kindes zeitweise nicht ertragen, kann das Zusammenleben schwer fallen und das Lernen in der Schule schnell mit betroffen sein.

Enttäuschungen darüber, dass Erwartungen bezüglich Verhalten, Geschicklichkeit, Lernvermögen u. a. nicht erfüllt werden, können schon vor der Schulzeit, aber noch intensiver nach Schulbeginn an Eltern nagen. Wohlgemeinte Fürsorge um das Zurechtkommen jetzt und in der Zukunft, beste Wünsche für das Wohlfühlen und gut gemeinte Hilfe bei Hausaufgaben können ganz schnell in Frustration umschlagen, wenn es anders kommt als erwartet.

Spätestens mit der Einschulung wird das Kind «offiziell» im Vergleich gesehen; eventuelle frühere Entwicklungsverzögerungen werden sichtbar, messbar und vor allem: bewertet!

78

Schule wird zum Hauptthema, womöglich zum einzigen Thema bei den Mahlzeiten, Konflikte mit dem Kind und zwischen den Eltern wegen selbstverständlich (!) unterschiedlicher Einschätzungen sind vorprogrammiert (s. Kap. 2).

All diese Situationen kommen auf alle Eltern zu – aber unter erschwerten Bedingungen können sie sich verschärfen, die Gelassenheit geht schneller verloren.

Und selbst das beste und gesündeste Kind kann im Laufe seiner Entwicklung einmal in Krisen geraten, deren Bewältigung Eltern an die Grenzen ihrer Kraft und Trostmöglichkeiten bringt.

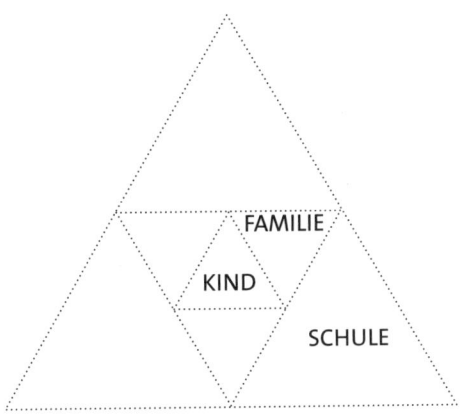

Eltern und Lehrkräfte

Eine Lernkrise des Kindes kann also ganz schnell eine Krise für die Eltern-Kind-Beziehung werden. Und ebenso schnell kann die Lehrer-Kind-Beziehung beeinträchtigt werden – wenn sie nicht schon einer der Auslöser war.

Wenn Eltern und Lehrkraft Lösungen suchen, besteht die Gefahr immer wieder neuer «Teufelskreise», z. B. wenn Lehrkräfte ohne weiteres Hinterfragen der Situation Eltern zu Unterstützung bei den Hausaufgaben und zum Üben anhalten. Nicht selten geraten dabei Eltern und Kind erst recht in Konflikte. Beide schimpfen innerlich oder auch laut über die verfahrene Situation oder miteinander oder über die Lehrkraft.

Aus dem wünschenswerten Miteinander kann schnell ein Gegeneinander werden, z. B. wenn Eltern und Lehrkräfte unterschiedliche Auffassungen über die Auslöser von Problemen sowie über mögliche Problemlösungen haben; gegenseitige Schuldzuweisungen werden dann direkt oder indirekt geäußert («Das Kind ist...», «Sie müssen mehr...», «Sie sollten nicht...»).

Lernen im Teufelskreis

In jedem Fall können Familien- und Schulsituation massiv beeinträchtigt werden. Durch Lernprobleme entstehen gegenseitige Enttäuschungen, Störungen des alltäglichen Zusammenlebens, Ärger, Streit bis hin zu heftigeren Konflikten und Strafen; depressives oder aggressives Verhalten, Schulunlust bis hin zu Kopf- oder Bauchschmerzen auf Seiten des Kindes können entstehen. Hilflosigkeit bei allen Beteiligten lässt sie immer mehr in den «Teufelskreis Lernstörungen» geraten. Mitunter kommen Familien und Lehrkräfte aus diesem Kreislauf nicht alleine heraus.

2 Entlastung für zu Hause

Peter kommt von der Schule nach Hause. «Na, wie war's?», fragt seine Mutter mit einem betont optimistischen Lächeln, obwohl sie weiß, dass es Peter – er geht in die vierte Klasse – in der Schule gar nicht mehr gefällt. So fragt sie auch lieber nicht nach, als er nur mit einem unverständlichen Brummeln antwortet.

Nach dem Mittagessen und einer kurzen Ruhepause ruft Frau S. ihren Sohn zu den Hausaufgaben. Zunächst keine Reaktion. Bis Peter überhaupt herauslässt, in welchen Fächern er welche Aufgaben zu erledigen hat, dauert es eine Viertelstunde, und Frau S. kommt sich dabei vor wie eine Staatsanwältin, die einen verstockten Angeklagten zur Tat befragt. Zudem muss er noch einen Freund anrufen und nachfragen, was genau mit dem Lesestück in Deutsch gemacht werden soll.

Frau S. quält sich mit Peter gemeinsam durch die Aufgaben, die eigentlich nur eine halbe Stunde beanspruchen würden, wenn der Junge sich nur konzentrierte. Eigentlich müsste anschließend noch für das morgige Diktat geübt werden, doch das ist jetzt, nach fast zwei Stunden, nicht mehr drin. Also wird die Vorbereitung auf den Abend verschoben, doch da macht sich Peter so unsichtbar, dass seine Mutter es vergisst ...

Viele Eltern können ein Lied über solche Situationen singen – und vermutlich noch die eine oder andere Strophe hinzufügen. Wie bei Frau S. und ihrem Sohn – oder ähnlich – wirkt die Schule in zahllosen Familien in den Alltag hinein. Besonders Kinder mit einem Lernhandicap verlieren so schnell die Lust an Schule und am Lernen, erleben es nur als lästige und vor allem erfolglose Anstrengung: «Das schaff ich sowieso nie!», «So gut wie ... werde ich ohnehin nicht!», «Ich kann Mathe / Rechtschreibung / ... einfach nicht!»

Warum kommt uns die Situation von Frau S. so ausweglos vor? Sie will doch nur in bester Absicht ihrem Peter helfen, ihn unterstützen. Frau S. und den vielen anderen Eltern, die vor dem täglichen Hausaufgaben-Horror resignieren, kann vielleicht mit den folgenden Anregungen geholfen werden. Sie sind oft mit geringem Aufwand anzuwenden. Und wir können aus unserer langjährigen Erfahrung versichern, dass die kleinen Tipps und Tricks Erfolg haben werden.

GRUNDREGELN ZUR FÖRDERUNG DES HÄUSLICHEN LERNENS

- Arbeits- und Übungszeiten sollten vom Kind selbst festgelegt bzw. mit ihm gemeinsam vereinbart sein.
- Längere Arbeitseinheiten (vgl. S. 97) gehören durch Pausen unterbrochen, um die Konzentration wiederherzustellen.
- Extra-Übungseinheiten sollten nur nach vorheriger Vereinbarung stattfinden und nicht überraschend.
- Extra-Übungseinheiten sollen Erfolg bringen. Deswegen ist es günstiger, sie vor oder mitten in die eigentlichen Hausaufgaben zu platzieren statt ans Ende.
- Der Mensch ist für Bewegung konstruiert; häusliches Lernen und Üben sollten immer Bewegung einbeziehen.
- Handelndes Lernen, wie wir es in diesem Buch an verschiedenen Stellen beschreiben, ist in aller Regel erfolgreicher als reine Kopfarbeit, weil dadurch alle Sinnesorgane angesprochen werden können.
- Das Schulkind braucht für sein häusliches Arbeiten eine störungsfreie Situation.
- Ermutigung fördert die Anstrengungsbereitschaft – Kritik zerstört sie, ohne etwas zu nützen.
- Besonders Kinder mit einer Lernschwäche brauchen viel Lob – und zwar für jeden kleinen Schritt.
- Lob sollte in erster Linie dem Bemühen gelten, denn dieses soll aufrechterhalten werden. Das Ergebnis ist zunächst zweitrangig.
- Wenn das Lernergebnis gut ist, sollte das Lob sich auf die zugrunde

liegende Anstrengung beziehen («Du hast alles richtig, weil du dich konzentriert hast!»).

■ Jede Übung sollte grundsätzlich mit einem Erfolgserlebnis aufhören, weil sie dann nächstes Mal gerne wieder akzeptiert wird.

«Lernkompetenz», das Wissen davon, wie man selbst am besten lernt, ist eine der wichtigen Schlüsselqualifikationen unserer Zeit, ohne die lebenslanges und -begleitendes Lernen kaum erfolgreich funktionieren kann. Die hier vorgestellten Anregungen helfen Kindern, ganz bewusst ihren eigenen Lernstil zu entwickeln.

Die Hausaufgabensituation

Aus unserer Beratungs- und Therapiearbeit wissen wir: Hausaufgaben stellen häufig eine Form von «Hausfriedensbruch» dar. Das ist längst nicht in allen Staaten Europas so, denn überall dort, wo es Ganztagsschulen als Regelangebot gibt, fühlen sich Eltern nicht im gleichen Maße für das Lernen ihrer Kinder verantwortlich wie in Deutschland, wo die Halbtagsschule vorherrscht.

Doch auch bei uns müssten die Hausaufgaben gar nicht so konfliktträchtig sein, wenn die entsprechenden Verwaltungsvorschriften nur ernst genommen würden. So heißt es beispielsweise in der Allgemeinen Schulordnung (ASchO) Nordrhein-Westfalens:

Hausaufgaben ergänzen die Arbeit im Unterricht. (...)
Hausaufgaben müssen in ihrem Schwierigkeitsgrad und
ihrem Umfang die Leistungsfähigkeit der Schüler
berücksichtigen und von diesen ohne fremde Hilfe in
angemessener Zeit gelöst werden können. (§ 23)

«Ohne fremde Hilfe» bedeutet auch ohne die Hilfe der Eltern, und das hat seinen Sinn:

- Viele Kinder haben nämlich keine Eltern, die helfen könnten, sie wären ansonsten benachteiligt.
- Manches Schulkind wird durch die häusliche «Hilfe» zusätzlich verwirrt, weil die Eltern den Stoff anders erklären als die Lehrerin in der Schule. Früher gab es eben andere Unterrichtsmethoden.
- Die Lehrkräfte erhalten keinen Einblick in den Lernzuwachs ihrer Schüler, wenn nicht klar ist, ob diese selbst oder ihre Eltern an den Hausaufgaben gearbeitet haben.

Die «angemessene Zeit» beträgt in den meisten Bundesländern für
Klassenstufe 1–2: 30 Minuten,
Klassenstufe 3–4: 60 Minuten,
Klassenstufe 5–6: 90 Minuten und für
Klassenstufe 7–10: 120 Minuten. Diese Zeitgrenzen sind unter dem Gesichtspunkt der Lernbiologie vernünftig und sollten im Normalfall nicht überschritten werden. Kinder, die langsamer sind als andere, sollten deswegen nicht länger arbeiten müssen. Zum einen lernen sie dabei auch nicht mehr, zum anderen brauchen sie Spiel und Bewegung mindestens genauso nötig wie die, die in der Schule fixer sind. Deswegen klärt zumindest für Nordrhein-Westfalen ein ministerieller Erlass dieses Problem: «Es empfiehlt sich, die gestellten Aufgaben nach der Leistungsfähigkeit, der Belastbarkeit und den Neigungen der Schülerinnen und Schüler zu differenzieren.» Hausaufgaben müssen also gar nicht für alle Kinder gleich schwierig oder umfangreich sein, sondern dürfen, nein, sollen sogar den Kindern individuell angepasst werden!

Selbständigkeit des Kindes erhalten

Peters Mutter (vgl. das Beispiel von S. 81) hat nun aber das Problem, dass ihr Sohn (zumindest derzeit) nicht alleine an die Hausaufgaben herangeht. Sie muss ihm also helfen, damit er nicht ein allzu großes Defizit im Lernstoff aufbaut. Doch die Verantwortung für sein Lernen soll bei ihm bleiben bzw. wieder von ihm übernommen werden. Wie kann sie das bewerkstelligen?

Ein erster Schritt ist die Vereinbarung fester Arbeitszeiten. Denn wenn ein Kind sich nicht gerne an die Arbeit setzt und jeden Tag aufs Neue Gelegenheit hat, andere Tätigkeiten vorzuschieben («Heute haben wir uns zum Kicken verabredet», «Ich muss erst die Katze füttern» usw.), dann wird das Hinauszögern zur Methode. Damit fällt es jeden Tag ein Stückchen schwerer, überhaupt anzufangen. Eine feste Uhrzeit schafft Erleichterung, weil sie keine Wahl lässt. Sie muss dann als genauso verbindlich betrachtet werden wie die Unterrichtszeiten in der Schule.

Die einfachste Lösung wäre es, jeden Tag um dieselbe Zeit zu arbeiten, also z. B. von 14.00 bis 15.00 Uhr. Da jedoch fast alle Kinder noch den einen oder anderen Nachmittagstermin haben (Musikunterricht, Sportverein, Nachhilfe ...), brauchen sie (etwa ab dem dritten Schuljahr) einen Wochenplan, der eigentlich nichts anderes ist als ein bis in den Abend hinein verlängerter Stundenplan.

W O C H E N P L A N

Zeit	Montag	Dienstag	Mittwoch	Donnerstag	Freitag	Samstag	Sonntag
1.							
2.							
3.							
4.							
5.							
6.							
13. 00 / 15 / 30 / 45							
14. 00 / 15 / 30 / 45							
15. 00 / 15 / 30 / 45							
16. 00 / 15 / 30 / 45							
17. 00 / 15 / 30 / 45							
18. 00 / 15 / 30 / 45							
19. 00 / 15 / 30 / 45							

Wochenplan für Schulkinder
(geeignet etwa ab dem dritten Schuljahr)

Mit diesem Plan verfährt man folgendermaßen:
- Zuerst trägt das Kind den Vormittags-Stundenplan ein.
- Mit einer Farbe (z. B. Grün) rahmt es die regelmäßigen Nachmittagstermine ein und schraffiert die entsprechenden Felder, wobei man

auch die Wegezeiten berücksichtigen muss. Wer bis 16.00 Uhr Sport hat, kommt vielleicht erst um 16.30 Uhr nach Hause.

- Mit einer anderen Farbe (z. B. Braun) kennzeichnet es die Essenszeiten.
- Die Hausaufgabenzeiten werden mit einer dritten Farbe (z. B. Blau) markiert. Ob man jeden Tag die gleiche Zeitmenge vorsehen muss, hängt vom Stundenplan ab. Wenn z. B. dienstags kein Hauptfach im Plan steht, wird man vielleicht mit 30 Minuten Hausaufgaben auskommen. Wenn donnerstags aber drei Hauptfächer dran sind, braucht man eventuell 90 Minuten.
- Die verbleibende freie Zeit wird mit einer vierten Farbe (am besten mit auffälligem Rot) schraffiert. Damit sieht jedes Kind: Es bleibt doch noch eine Menge an freier, unverplanter Spielzeit übrig. Der Glaube, man käme vor lauter «Hausi» zu «überhaupt nichts mehr», wird so leicht widerlegt. Eine überschaubare Arbeitszeit aber wird vom Kind eher akzeptiert als ein vermeintlich unüberschaubarer Riesenberg.
- Ein erster Wochenplan-Entwurf bekommt 14 Tage Probelaufzeit. Danach sollten Kind und Eltern gemeinsam eine «Hausaufgabenkonferenz» abhalten und jeden Tag des Plans auf seine Tauglichkeit hin prüfen. So kann ein Schüler durchaus mal probieren, ob es mittwochs nach dem Abendessen funktioniert. Falls nicht, wird das im Zweitentwurf geändert. Falls doch – umso besser!

Ein festes Ablaufschema

Wenn Kinder
- häufig Hausaufgaben vergessen,
- keinen Anfang finden,
- beim Arbeiten trödeln und
- zwischendurch alles Mögliche erledigen müssen oder
- schnell unkonzentriert werden,

dann hilft meistens ein festes Ablaufschema. Kinder brauchen Orientierung und Rituale, denn zuverlässige, immer gleiche Abläufe vermitteln ihnen Sicherheit.

Anfangsritual:

Die Hausaufgaben werden täglich mit der gleichen Handlung begonnen. Je nach Alter, Bedürfnis und Temperament können das sein:
- Zwei Minuten Lerngymnastik (s. S. 223 f.) oder
- eine Stille- oder Konzentrations-Übung (Anregungen gibt es ab S. 94),
- das Aufsagen eines (vielleicht selbst erdachten?) Mut-mach-Spruchs, z. B.:

«Ein großer Berg wird ganz schnell klein,
teil ich ihn mir in Häufchen ein.»

- Und auf jeden Fall gehört das Herrichten des Arbeitsplatzes zum Anfangsritual: Alle Bücher, Hefte und Schreibutensilien werden bereitgelegt, damit während der Arbeit nichts gesucht werden muss.

Aufgabenplanung:
- Hausaufgabenheft (HA-Heft) aufschlagen (s. unten, S. 90 ff.),
- Aufgabenreihenfolge festlegen,
- «heimliche Hausaufgaben» (Vokabeln und Stoff für Nebenfächer wiederholen; für Klassenarbeiten bzw. Tests lernen) mit einplanen
- Arbeitszeit für jede Aufgabe schätzen und notieren,
- Pausen einplanen.

Aufgabenerledigung:
- Arbeiten nach Plan (evtl. tatsächliche Arbeitszeit für jede Aufgabe feststellen und notieren),
- Pausen wie geplant einhalten und mit Bewegung, frischer Luft und Wassertrinken verbinden.

Arbeitsende:
- Schultasche packen,
- Kontrolle per Stundenplan, ob alle Fächer vorbereitet sind,
- Eigen-Rückmeldung geben (s. S. 89).
- Spiel oder sonstige Selbstbelohnung, z. B. wieder ein (selbst gereimter?) Spruch:

> «Gut gemacht sind alle Sachen,
> jetzt bin ich stolz und hab gut lachen!»

Dieses Ablaufschema ist nur ein Beispiel, das individuell verändert werden kann. Wichtig ist lediglich, dass Kinder, die wenig strukturiert und schlecht organisiert arbeiten, ein festes Schema an die Hand bekommen, das ihnen Orientierung bietet.

Eigen-Rückmeldung

Eine «Eigen-Rückmeldung» (man kann auch «Selbstbestätigung» oder «Selbst-Feedback» dazu sagen) will Schülern dazu verhelfen, mehr Bewusstsein von ihrem Tun zu gewinnen. In der Minimalform besteht sie darin, jede vollständig erledigte Aufgabe im Hausaufgabenheft abzuhaken oder auszustreichen. Ergänzend kann man seinen Zeitaufwand mit der Schätzzeit vergleichen, was das Zeitgefühl fördert und den Anreiz zum zügigen Arbeiten verstärkt. Wenn Kinder in ihrer Motivation gestört sind, kann die Eigen-Rückmeldung jedoch auch folgendermaßen aussehen. (Kopieren Sie das Schema für Ihr Kind in genügend großer Anzahl!)

a) Ich habe ○ alles ○ das meiste ○ nur wenig von dem geschafft, was ich heute schaffen wollte.

b) Ich bin mit meiner Arbeit heute
   ○ sehr ○ etwas ○ gar nicht zufrieden.

c) Ich fühle mich jetzt
   ○ sehr ○ etwas ○ gar nicht wohl.

d) Wenn ich an den nächsten Schultag denke, habe ich ein
   ○ gutes ○ weniger gutes ○ schlechtes Gefühl.

Es kostet keine Minute, diese vier Kreuzchen zu setzen. Aber wenn ein Schüler das über drei bis vier Wochen hinweg tut und jemand wöchentlich mit ihm darüber spricht, dann kann er erkennen, dass sein Arbeitserfolg mit seiner Anstrengung zu tun hat (a), Zufriedenheit und Wohlbefinden erzeugt (b und c) und die Leistungszuversicht für die Schule erhöht (d). Damit wird all das unterstützt, was eine positive Leistungsmotivation ausmacht.

Das Hausaufgabenheft

Eine weitere Maßnahme zur Förderung der selbständigen Hausaufgabenerledigung stellt das Hausaufgabenheft dar. Es ist altbewährt, wird aber nur selten richtig eingesetzt. Meistens ist es den Schülern einfach nur «lästig»; dabei bietet es viele Vorteile:

■ Mit seiner Hilfe muss man keine einzige Aufgabe mehr vergessen, und das bedeutet: Ich bin immer gut vorbereitet und werde deshalb erfolgreich sein.

Gut notiert
geht's wie geschmiert!

■ Es hilft einem, sich die Zeit für Hausaufgaben und Lernen einzuteilen, und das bedeutet: Ich habe Freizeit ohne schlechtes Gewissen und trotzdem ausreichende Arbeitszeiten.

90

- Es kostet nicht eine Sekunde Zeit, weil man seine Eintragungen in der Schule macht. Da ist man ohnehin und kommt auch nicht früher hinaus, wenn man nichts ins Hausaufgabenheft einträgt. Dafür spart man aber mit seiner Hilfe viele Minuten, weil es die Planung erleichtert.

TIPPS FÜR DAS FÜHREN DES HAUSAUFGABENHEFTS

Wenn man einige Regeln beachtet, ist das Führen des Hausaufgabenhefts wenig aufwändig, aber sehr hilfreich:

- Es sollte wenigstens das Format DIN A5 haben, damit auf eine Doppelseite eine ausreichend große Wochenübersicht passt. Solche Hefte sind im Schreibwarenhandel erhältlich.
- Die einzelnen Tage sollten im Voraus mit dem Datum versehen werden.
- Jede Eintragung erfolgt bei dem Tag, *für den* die Hausaufgabe zu erledigen ist. So ergibt sich der beste Überblick, was bis wann geschafft sein muss.
- Sofort am Ende *jeder* Unterrichtsstunde wird die Eintragung vorgenommen; wurde nichts aufgegeben, macht man einen Strich bei dem betreffenden Fach.
- Außer den ausdrücklich aufgegebenen Hausaufgaben trägt man auch die Arbeiten ein, die stillschweigend von den Lehrern erwartet werden («heimliche Hausaufgaben»):
- in Sachfächern den Stoff der letzten Stunde wiederholen,
- für das nächste Diktat üben,
- Vokabeln wiederholen,
- usw.

Eigentlich sollte der Umgang mit dem Hausaufgabenheft den Schülern im Unterricht vermittelt werden, aber manche Lehrkräfte vernachlässigen das. Im Gegenteil: Einige lassen den Kindern nicht einmal genügend Zeit, um ihre Eintragungen sorgfältig zu machen. Meistens ist das reine Gedankenlosigkeit; wenn Sie beim Elternabend darauf hinweisen und bitten, für das Erklären und Notieren der Hausaufgaben etwas mehr Zeit zu geben, wird in der Regel darauf eingegangen. Schließlich wollen ja auch die Lehrer, dass ihre Schüler selbständig lernen können.

Fach	für Montag, den 15.1. 2001	für Donnerstag, den 18.1. 2001	Fach
Sp	✓	S. 64, stumme Karte lösen	D
Sp	✓	S. 45, Nr. 8) – 10)	Ch
D	Sprachbuch, S.34, 3) + 4) schriftlich	Vokabeln lesson 7 abschreiben + lernen	Ma
Ge	S. 85 + 86 lesen, Fragen 1) + 2) beantworten	Topflappen fertig häkeln	E
Ku	✓		
	E Vokabeln üben	für Bio wiederholen	
	Ma 10' üben		

Fach	für Dienstag, den 16.1. 2001	für Freitag, den 19.1. 2001	Fach
D	für Grammatiktest üben	S. 73, Fragen 4) – 6)	Bio
Ma	S.42, Nr. 3) + 4) + Regel abschreiben	Exercisebook, p. 13, 6) – 10	E
Bio	✓	✓	Ma
E	Exercisebook, p. 12, 3) + 4) + 5a)	10 Gebote als Schmuckblatt	Rel
E	Vokabeln üben	Lesebuch, Geschichte S. 117 lesen	D
Reli	✓		

Fach	für Mittwoch, den 17.1. 2001	Für Samstag, den 20.1. 2001	Fach
Mu	Lied auswendig lernen	E Vokabeln üben	✓
E	p. 25, Text A übersetzen + lesen (laut!)	10' Mathe üben	✓
D	✓		✓
Ma	S. 44, Nr. 1) + 2)		✓
G	Steinzeitwaffen abmalen		✓
Ku	✓		✓
			✓
	für Ch wiederholen		

Eine Woche im Hausaufgabenheft von Silke, Klasse 5 (Gesamtschule)

Förderung der Konzentration

Haben Sie ein Kind vor Augen, das als «unkonzentriert» gilt oder von Ihnen dafür gehalten wird? Dann nehmen Sie sich doch bitte einmal fünf Minuten Zeit und bedenken Sie diese drei Fragen:

a) Welche Verhaltensweisen zeigt das Kind *ganz genau*, wenn es unkonzentriert wirkt?

b) Was haben Sie bisher gegen sein unkonzentriertes Verhalten versucht? Z. B. Ermahnungen, Versprechungen, Drohungen ...

c) Bei welchen schulischen und bei welchen Freizeitaktivitäten kann sich das Kind gut konzentrieren?

Vermutlich werden Sie festgestellt haben, dass sich das Kind in der einen oder anderen Situation durchaus zu konzentrieren vermag: bei all den Gelegenheiten, wo es fasziniert oder begeistert ist. Versprechungen, Drohungen oder andere, leider viel zu häufige Reaktionsweisen nützen in der Regel jedoch nichts, wenn die Situation, in der die Unkonzentriertheit auftritt, das Kind nicht positiv anspricht. Allenfalls werden seine «Vermeidungstechniken» raffinierter, die Sie sicherlich unter a) erinnert haben: zwischendurch telefonieren, erst noch alle Stifte anspitzen, den Heftrand sorgfältigst bemalen, etwas trinken müssen usw. Auch wir Erwachsenen wenden solche Techniken an, wenn wir eine Situation nur ungern angehen.

Aufmerksamkeit ist ein Zustand gesteigerter Wachheit und Anspannung, um das Verhalten durch intensives Wahrnehmen, Denken und Handeln zu steuern.

Unwillkürliche Aufmerksamkeit tritt auf, wenn äußere Reize (z. B. Geräusche) oder innere Zustände (z. B. Hunger) sie erregen.

Willkürliche Aufmerksamkeit steuert unser Handeln bewusst und zielgerichtet auf die Situationsbewältigung hin.

Konzentration meint die willkürliche Ausrichtung der Aufmerksamkeit auf einen eng begrenzten Bereich der Umwelt unter weitgehender Ausschaltung äußerer und innerer Störfaktoren.

Erst in bestimmten Unterrichtssituationen zeigt sich, wie konzentriert Schüler sich verhalten können. Unterricht, der Schüler fremdbestimmt und ihre Bedürfnisse, Interessen und Fähigkeiten vernachlässigt, verlangt fast ununterbrochen willentliche Aufmerksamkeit von ihnen. Das ist jedoch psychisch kaum zu leisten.

(Vgl. Schaub / Zenke 1995, S. 39).

Konzentrationsschwäche – Konzentrationsstörungen

Ein Siebtklässler hatte einmal in seinem Stundenplan bei jedem Tag nach der letzten Unterrichtsstunde das Fach «AUS» eingetragen. Offensichtlich war die Schule für diesen pubertierenden Jungen so wenig attraktiv, dass er täglich das Unterrichtsende herbeisehnte. Seine «willkürliche Ausrichtung der Aufmerksamkeit» fand kaum statt.

Die Konzentrationsfähigkeit war vor allem aufgrund der Entwicklungsphase, in der er steckte, «gestört». Solche Störungen sind jedoch «normal»; sie stellen zeitweise (also vorübergehende) und / oder teilweise Beeinträchtigungen der Aufmerksamkeit dar. Die Befindlichkeit, Tagesform, Motivation usw. haben großen Einfluss auf die Fähigkeit zur Bündelung der Aufmerksamkeit. Wenn diese Fähigkeit jedoch *prinzipiell* vorhanden ist, kann sie durch Training (oder im Bedarfsfall durch Therapie) gefördert werden.

Im Unterschied zu den «normalen» Konzentrationsstörungen ist eine *Konzentrationsschwäche* ein dauerhafter Zustand. Sie kann entweder angeboren (z. B. als neurologische Dysfunktion wie zumeist beim Aufmerksamkeits-Defizit-Syndrom ADS) oder durch schwere Schädigungen herbeigeführt sein (z. B. als Folge einer Hirnhautentzündung oder der Einwirkung toxischer Stoffe). Eine Konzentrationsschwäche lässt sich nach heutigem Erkenntnisstand nicht ausheilen, sondern allenfalls durch therapeutische Maßnahmen mehr oder weniger gut kompensieren.

Vorbedingungen zur Förderung der Konzentrationsfähigkeit

Die Hinweise in diesem Kapitel können lediglich die grundsätzliche Fähigkeit zur Bündelung von Aufmerksamkeit fördern. Individuelle, auf die Probleme des einzelnen Kindes zugeschnittene Hilfen finden Sie unter den im Anhang (S. 235 ff.) angegebenen Adressen.

Bevor man das Kind zu fördern versucht, sollte man sich die Ursachen vergegenwärtigen, die zu unkonzentriertem Lern- und Arbeitsverhalten führen können. Vielleicht lässt sich zuerst bei ihnen etwas verändern. Grundsätzlich ist es humaner und auch sinnvoller, die Umwelt kindgerechter zu gestalten, als ein Kind an sie anpassen zu wollen. Nicht alle der folgenden (und sicher noch nicht vollständig aufgelisteten) Ursachen für Konzentrationsmängel sind zu ändern, aber sicher können Sie die eine oder andere beeinflussen.

Ursachen für Konzentrationsstörungen bei Kindern können sein:
– äußere Lebensumstände, z. B. Veränderungen der gewohnten Umgebung (Umzüge; Wechsel der Bezugspersonen) oder Traumata (körperliche oder seelische Verletzungen);
– Erziehungsfehler beim Kleinkind (z. B. hektisches Füttern; unnötige Störungen beim Spielen);
– physiologische Belastungen (z. B. einseitige Ernährung; zu wenig oder unregelmäßiger Schlaf);
– Umweltbelastungen (z. B. Lärm; Toxine = Giftstoffe; elektromagnetische Felder);

- Reizüberflutung der «Fernsinne» Auge und Ohr (z. B. Fernsehen und alle Bildschirmmedien; Dauerhören vor allem von zu lauter Musik);
- Reizmangel für die «Nahsinne», vor allem für Haut und Muskulatur als Organe zur Wahrnehmung taktil-kinästhetischer Reize (z. B. durch
Bewegungsarmut, u. a. durch Fernsehen und PC als Konkurrenz für die Sinne anregendes Spielen;
wenig Spiel-Räume für Klettern, Toben, Balancieren, Matschen, Bauen etc.);
- Pubertät – die wichtigste Entwicklungskrise;
- Alltagshektik, die keine Zeit für Trödeln und Träumen lässt (z. B. durch zu viele Termine in der Familie bzw. für das Kind);
- zu frühe «Produktorientierung» (es zählt nur das Ergebnis, in der Schule beispielsweise der fertige Aufsatz), während Kinder sich eher «prozessorientiert» verhalten (wertvoll ist das Tun an sich, z. B. das Schreiben des Aufsatzes und die damit verbundenen Gedankengänge);
- Fehlen geeigneter Reize zur Weckung der Aufmerksamkeit (z. B. durch langweiligen Unterricht; Mangel an anschaulicher Umsetzung);
- Überforderungsgefühle als Folge von Erwartungs- und Leistungsdruck;
- Angst, denn «Angst macht dumm», wie der Volksmund treffend sagt.

Vor einer Förderung sollten Sie sich auch vergewissern, dass nicht zu viel vom Kind verlangt wird. Die willentliche Bündelung der Aufmerksamkeit ist nämlich eine «Energieleistung» im doppelten Sinn des Wortes: sowohl eine «tolle Leistung» als auch eine Anstrengung, die Energie erfordert und verbraucht. Nach einer gewissen Anspannungsphase ist der Akku erst einmal leer und muss neu geladen werden. Die Dauer dieser Phase ist natürlich auch von der Motivation abhängig. Christina etwa kann stundenlang mit ihren Puppen im Rollenspiel versinken, aber bei den Textaufgaben in Mathematik wird sie schon nach zwei Minuten müde, gähnt und reibt sich die Augen. Oder Torsten spielt mit enormem Sitzfleisch seine Computerspiele, aber sobald er etwas schreiben soll, rutscht er unruhig hin und her.

Wichtig zu wissen: Die durchschnittliche Konzentrationsdauer bei Pflichtaktivitäten beträgt im Alter von

5–7 Jahren: 15 Minuten,

8–9 Jahren: 20 Minuten,

10–12 Jahren: 25 Minuten und

ab 12 Jahren: 30 Minuten. Ist eine längere Arbeitszeit nötig, so kann die entsprechende Leistungsfähigkeit nur durch den Wechsel von An- und Entspannung erzielt werden: Pausen sind angesagt (vgl. S. 82). Damit der Akku möglichst schnell wieder geladen wird, sollten die kurzen Pausen (drei bis fünf Minuten reichen völlig) mit drei Dingen ausgefüllt werden:

– Bewegung,

– frischer Luft und

– Wasser.

Im Zustand der Unkonzentriertheit ist nämlich in aller Regel der Blutdruck abgesackt; Bewegung bringt ihn wieder auf Trab. Einmal ums Haus laufen oder ein paar gymnastische Übungen, vielleicht auch spezielles «Brain Gym» (vgl. S. 223 f.), ein bisschen Seilspringen oder Jonglieren – schon nach kurzer Zeit wird das Blut wieder schneller und kräftiger durch den Körper gepumpt und durchblutet damit auch das Gehirn besser.

Geistige Arbeit verbraucht u. a. Sauerstoff. Das Gähnen unkonzentrierter Kinder beweist das, denn Gähnen ist ja ein Ausdruck von Sauerstoffmangel. Deswegen ist Frischluftzufuhr nötig. Wenn man für die Pause das Haus verlässt, hat man sie automatisch. Andernfalls kann man einfach mal zwischendurch das Fenster öffnen.

Und das Wasser? Es erfrischt nicht nur. Es ist das Getränk, für dessen Aufnahme unser Organismus am besten geeignet ist. Ihm müssen keine Inhaltsstoffe durch Verdauung entzogen werden, weswegen es unseren Zellen schnellstmöglich zur Verfügung steht. Diese, auch die Nervenzellen, sind ständig von Wasser durchspült. Sie funktionieren am besten, wenn der «Wasserpegel» stimmt. Erfahrene Lehrkräfte, vor allem in den Grundschulen, halten deswegen in ihren Klassenzimmern Mineralwasser bereit, weil sie wissen, dass die Kinder dann weniger schnell ermüden.

Wenn der Akku zwei- bis dreimal während einer Arbeitsphase nachgeladen wurde, ist allerdings eine «Maxi-Pause» von mehreren Stunden erforderlich, denn die Konzentrationsfähigkeit lässt sich nicht unbeschränkt ausdehnen. Versucht man trotzdem, sein Kind noch ein paar zusätzliche Übungsaufgaben rechnen oder ein paar Diktatsätze schreiben zu lassen, bringen diese Übungen keinerlei Lernerfolg mehr. Im Gegenteil: Sie werden die (gesunde) Abwehr verstärken und das Verhältnis zwischen Kind und Erwachsenem verschlechtern.

Grundsätzlich wird aufmerksames und konzentriertes Verhalten von Kindern gefördert, wenn
- Eltern mit ihnen häusliche Pflichten vereinbaren und ihre Selbständigkeit anregen;
- Eltern Ruhe vorleben und Hektik im Alltag so weit wie möglich vermeiden;
- es Regelmäßigkeit und Rituale im Tagesablauf gibt;
- klare Regeln für den Umgang miteinander ausgemacht und bewusst beachtet werden;
- ein aktives Freizeitverhalten mit viel körperlicher Betätigung und Spielraum für Phantasie gepflegt wird;
- Eltern die kindliche Veranlagung akzeptieren, seine Leistungs- und Begabungsgrenzen respektieren können und nicht zuletzt
- Liebe und Geborgenheit vermitteln.

Das Familienleben bietet ein schier unerschöpfliches Reservoir an Fördermöglichkeiten für die positive Entwicklung eines jeden Kindes – und das nicht nur in Bezug auf Konzentration und Lernen.

Anregungen zur Konzentrationsförderung

Im Grunde fördern alle die Betätigungen die Konzentrationsfähigkeit, die den bewussten Einsatz der Sinnesorgane erfordern. Die Überflutung vor allem mit akustischen und Bildreizen hat es mit sich gebracht, dass Kinder immer weniger zuhören oder bildhafte Details wahrnehmen können.

Bewusstes Hin- und Zuhören

— Das Vorlesen von Geschichten schult Hin- und Zuhören besonders, weil dabei keine andere Tätigkeit gleichzeitig ausgeübt wird.

— Bei einem Spaziergang kann man zwischendurch einmal die Augen schließen und versuchen zu benennen, was man alles hört.

— Daraus kann sich auch ein Spiel entwickeln: «Ich höre was, was du nicht hörst.»

— Reizvoll sind auch die folgenden Aufgaben: Wie lange kannst du den Klang der Stimmgabel hören? Horch mal, ob du die Nadel fallen hören kannst?

— Ein Bewusstsein von seiner eigenen Hörfähigkeit kann man gewinnen, wenn man versucht, seine Hörschwelle auszutesten: Wie leise kann ich das Radio stellen, bis ich nichts mehr verstehe / nichts mehr höre?

Bewusstes Hinschauen

Das alte Spiel «Ich sehe was, was du nicht siehst» verhilft zu differenzierterer visueller Wahrnehmung der Umwelt. Ein Spieler sucht sich einen sichtbaren Gegenstand im Raum aus und gibt vor: «Ich sehe etwas, das ist blau.» Der andere rät: «Das Sofakissen? Die Tupfer im Tapetenmuster? Das Heft?» Nach drei Versuchen wird das Rätsel aufgelöst oder eine zusätzliche Hilfe gegeben: «Es ist blau und rund.» Schließlich werden die Rollen getauscht.

Auch Aufgaben wie diese fördern bewusstes Hinschauen: Wie viele Leute tragen eine Brille / haben blonde Haare / tragen Sandalen? Auf der Autofahrt: Wer sieht zuerst einen roten BMW / blauen Lastwagen? Wer hat zuerst zehnmal eine «3» auf den Nummernschildern der Autos gezählt?

Bewusstes Riechen und Schmecken

Statt «Topfgucken» mit zugehaltenen Augen in den Topf hineinriechen: Was gibt es heute wohl zu Mittag?

Ein beliebtes Spiel ist der «Riechtest»: In leere Joghurtbecher wird je eine andere Substanz hineingetan: ein Gewürz, Schuhcreme, Zahnpasta, Gras usw. Die Becher werden mit Hilfe von Verbandmull und Gummiringen abgedeckt, und dann wird geraten, was wohl darin steckt.

Tast- und Hauteindrücke

Streicheln, Kitzeln und Massage regen die Haut allgemein an. Das «Gute-Nacht-Ritual» bietet sich dafür an.

Mit verbundenen Augen kann man versuchen, Gegenstände tastend zu erraten.

Für Kinder immer wieder reizvoll ist das barfüßige Gehen mit verbundenen Augen über unterschiedliche Flächen: Teppichfliese, Kies, Sand, Gras usw.

Motorische Geschicklichkeit

Wenn Kinder gerne malen, haben sie bereits ein bewährtes Übungsfeld für ihre Feinmotorik.

Das Mikadospiel, der Aufbau einer «Domino-Rallye» oder das Spielen mit Schütteldosen (die Maus in die Garage oder die fünf Kügelchen in ihre Löcher bugsieren) stellen weitere Übungsmöglichkeiten dar.

Konzentration erfordern ebenfalls Übungen, bei denen die Grobmotorik beansprucht wird, wie das in früheren Generationen so beliebte «Ball an die Wand». Wenn gleichzeitig ein Reim aufgesagt oder ein Lied dazu gesungen wird, fördert das zusätzlich das Rhythmusgefühl.

Gleiches gilt für das Seilspringen («Teddybär, Teddybär, dreh dich um ...»).

Jonglieren mit Tüchern, später mit Bällen, Keulen oder anderen Gegenständen erfordert ebenfalls ein Höchstmaß an Aufmerksamkeit.

Gedächtnisübungen

Spiele nach dem Muster von «Kofferpacken» (Erster Spieler: «Ich packe einen Koffer und tue ein Handtuch hinein.» – Zweiter Spieler: «Ich packe einen Koffer und tue ein Handtuch und Seife hinein.» usw. usf.) sind sogar als Partyspiele beliebt. In variierter Form begeistern sie z. B. in Jürgen von der Lippes TV-Show «Geld oder Liebe» das Publikum.

Wenn Kinder schon die Nachrichten im Fernsehen anschauen, dann könnten sie auch in einen Wettstreit mit ihren Eltern eintreten: Jeder stellt dem anderen nach der Sendung drei Quizfragen zu ihrem Inhalt. Wer hat wohl mehr behalten?

«Funktionsübungen»

So genannte Funktionsübungen zur Konzentrationsförderung finden sich in speziellen Arbeitsheften für Kinder, die im Buchhandel erhältlich sind. Sie finden sich aber auch in Kinderzeitschriften oder auf der Kinderseite der Fernsehillustrierten. Dazu gehören Aufgaben wie: «Finde die zehn Unterschiede in den zwei gleich aussehenden Zeichnungen» oder: «Suche den Weg durchs Labyrinth».

Spiele wie «Differix» und «Schau genau» (im Spielwarenhandel) dienen gleichfalls dem Funktionstraining, ebenso Puzzles und Memory – bei denen im Übrigen die Kinder meistens besser als die Erwachsenen abschneiden.

Stille-Übungen

Übungen zum Still-Werden haben Konjunktur. Phantasiereisen bei Entspannungsmusik, Meditation oder «autogenes Training» für Kinder – der Büchermarkt bietet die entsprechende Literatur. Nicht alles davon ist wirklich «gut»; «Entspannung für Kinder» von Sabine Friedrich und Volker Friebel (Reinbek 2000, S. 240) oder die vom selben Autor bei Ökotopia veröffentlichte Geschichtensammlung «Weiße Wolken – Stille Reise» (Buch mit CD) sind zu empfehlen.

Einfach intuitiv beim Klang eines Klangspiels, eines Regenstabes oder einer «ocean drum» (in speziellen Musikgeschäften erhältlich) zu träumen, kann den gleichen Effekt erzielen.

Die auf dem Markt per Buch oder CD erhältlichen Phantasiereisen enthalten oftmals Elemente des «autogenen Trainings». Sie stellen damit einen Übergangsbereich zwischen der spielerischen Konzentrationsförderung und der therapeutischen Situation dar, der nicht ganz unproblematisch ist. Solche Übungen sollte nur durchführen, wer sich damit wirklich sicher und wohl fühlt. Ansonsten gehören sie in die Hand von qualifizierten Therapeuten.

Bewegung ins Lernen und Arbeiten einbauen

Wenn beim Konzentrationsverlust der Blutdruck sinkt, dann kann Bewegung beim Lernen diesem Effekt vorbeugen, weil sie den Kreislauf anregt.

Beispiele dafür sind:

- bewegliches Sitzen auf dem Sitzball,
- Schreiben am Stehpult,
- Memorieren von Vokabeln oder einem auswendig zu lernenden Gedicht beim Auf- und Abgehen,
- das Auswendiglernen eines Gedichts mit Gesten verbinden, die den Inhalt symbolisieren,
- Abfragen (Einmaleins-Aufgaben, Vokabeln usw.) mit Zuwerfen eines Softballs im Frage-Antwort-Rhythmus verbinden.

Schwierigkeiten mit dem Rechtschreiben

In der täglichen Beratungs- und Therapiearbeit der Autoren sind Schwierigkeiten mit dem Rechtschreiben der häufigste Anmeldegrund. Nicht immer handelt es sich dabei um «Legasthenie».

«LEGASTHENIE» BZW. «UMSCHRIEBENE LESE-RECHTSCHREIB-SCHWÄCHE»

«Legasthenie ist die Bezeichnung für Schwächen beim Erlernen von Lesen, Schreiben und Rechtschreiben, die weder auf eine allgemeine Beeinträchtigung der geistigen Entwicklung noch auf unzulänglichen Unterricht zurückgeführt werden können» (aus der Definition des Bundesverbandes Legasthenie e. V. v. 31.10.1987; Adresse s. Anhang).

In der Internet-Homepage des «Blicklabors» der Universität Freiburg (s. Anhang) wird definiert:

«Legasthenie gilt offiziell in der internationalen Klassifikation der Krankheiten (ICD) als umschriebene Entwicklungsstörung der Lese-Rechtschreib-Fertigkeiten bei normal entwickelter Intelligenz.»

Ein Expertengremium hat anlässlich eines Colloquiums an der Universität Greifswald 1997 «festgestellt, dass Legasthenie eine neuro-biologisch bedingte Erscheinung ist, deren Ursachen sehr vielfältig sein können.»

Als Symptome für eine «umschriebene Lese-Rechtschreib-Schwäche», wie man die Legasthenie heute meistens nennt, zählt das «Blicklabor» auf:

- «Schwierigkeiten beim Lesen und / oder bei der Rechtschreibung, sehr schlechte Noten in Deutsch besonders bei Rechtschreibung in Diktaten, jedoch häufig bessere Leistungen in anderen Schulfächern
- keine Besserung durch Üben
- häufiges Auftreten gleichartiger Rechtschreibfehler, jedoch wird das gleiche Wort nicht immer gleich falsch geschrieben. Häufig von Legasthenikern gemachte Fehler sind z. B.:
Vertauschen der Reihenfolge von Buchstaben;
Verwechseln symmetrischer Buchstaben (q mit p und d mit b);
Verwechseln ähnlich klingender Buchstaben (d und t);
Auslassungen und Verdoppelungen
- In Fällen, in denen ein Zusammenhang mit den Augenbewegungen besteht, berichten die Kinder auf Anfrage oft, dass sie beim Lesen die Buchstaben auf dem Papier nicht stillstehend, sondern ‹rumtanzen› sehen. Außerdem überspringen sie häufig Zeilen und übersehen einzelne Wörter oder Wort-Teile.»

Ob ein Kind nun wirklich eine Legasthenie im Sinne dieser Definitionen hat und die entsprechende Therapie benötigt, lässt sich nur nach gründlicher diagnostischer Abklärung durch eine ganzheitlich arbeitende lerntherapeutische Fachkraft sagen. Auch die sozialpädiatrischen Zentren, die es zumeist an größeren Kinderkliniken gibt (Adressliste über die Homepage des Blicklabors der Universität Freiburg, s. Anhang), können eine solche Diagnose stellen.

Wann macht häusliches Üben Sinn?

«Mama, ich bin mit den Hausaufgaben fertig und geh jetzt raus spielen, okay?» René hat sich schon beim Sprechen umgedreht, so eilig hat er es, den Schulkram hinter sich zu lassen. Und – als hätte er es geahnt – schon ruft die Mama: «Halt, hier geblieben! Erst will ich sehen, was du gemacht hast, und dann üben wir noch ein bisschen Diktat.»

René weiß, dass Widerspruch zwecklos ist – seine Mama ist absolut konsequent. Aber es ist schon zum Verzweifeln: Obwohl er jetzt die vierte Klasse besucht und fast täglich extra geübt hat, sind die Diktate seine schwache Seite geblieben. Meistens schreibt er Fünfer, manchmal einen Sechser, und im Gegensatz zu früher freut er sich über ein gelegentliches «ausreichend minus» nicht mehr. Er hat sich mit seinem Schicksal als schlechter Rechtschreiber abgefunden. Nur die Mama nicht, die zwingt ihn unverdrossen zum Üben.

Ein Kind wie René sollte auf jeden Fall gezielt auf Legasthenie hin untersucht werden. Alle Anhaltspunkte für das Aufsuchen einer lerntherapeutischen Einrichtung (vgl.: «Wann Lerntherapie?», S. 173 ff.) sind gegeben.

Wenn das Kind dann in Therapie ist, sollte zu Hause nicht mehr zusätzlich geübt werden, allenfalls das, was der Therapeut unter Umständen als Hausaufgabe gibt. «Viele Köche verderben den Brei», sagt der Volksmund, und das trifft auch für die Therapie von Lern- oder Leistungsstörungen zu. Zusätzliches Üben würde den roten Faden der Therapie empfindlich stören, das Kind verwirren und damit den Therapieerfolg infrage stellen.

Solange ein Schüler Schwierigkeiten mit dem Lesen und / oder Rechtschreiben hat und noch nicht in Therapie ist, macht das häusliche Üben unter gewissen Umständen jedoch Sinn:

– Das Kind ist einverstanden mit dem Üben; andernfalls muss zunächst seine Motivation mit Hilfe einer guten Beratung gestärkt werden.
– Die Übungssituation ist im Allgemeinen frei von Spannungen zwischen Elternteil und Kind; andernfalls wäre es besser, das Üben einer neutralen und vom Kind akzeptierten Person zu überlassen. Vielfach bewährt ist beispielsweise der Kindertausch für Hausaufgaben und Lernen zwischen befreundeten oder durch die Schule miteinander bekannten Familien.
– Das Üben ist auf einen vernünftigen Umfang begrenzt (vgl. auch S. 97 ff.).

Wie sieht sinnvolles Üben aus?

An dieser Stelle beschränken wir uns auf Anregungen für den Umgang mit Schwierigkeiten im Rechtschreiben. Das Lesen kann sich bereits aufgrund dieser Bemühungen mit verbessern.

Erinnert sei zunächst einmal an die Grundregeln zur Förderung des häuslichen Lernens, die zu Anfang des Kapitels 2 (S. 82 f.) aufgelistet sind. Darüber hinaus gilt für Kinder mit Rechtschreib-Schwierigkeiten ganz besonders das Prinzip der Ökonomie: nicht mehr schreiben als unbedingt nötig. Wer schon lange etwas ohne Erfolg tut, hat zumeist die Lust daran verloren. Ohne diese Lust (= Motivation) können aber keine Fortschritte erzielt werden. Die Aussicht, immer wieder umfangreiche Schreibübungen machen zu müssen, behindert den Übungserfolg erheblich.

Darum ist auch das Schreiben ganzer Übungsdiktat-Texte nicht hilfreich; die moderne Rechtschreibdidaktik lehnt das aus guten Gründen ab. Es zwingt die Kinder zum Schreiben auch der Wörter, die ihnen gar keine Schwierigkeiten bereiten. Ein schwacher Rechtschreiber schreibt vielleicht zehn bis 20 Prozent aller Wörter fehlerhaft – warum sollte er dann immer wieder ganze Diktate schreiben, anstatt gezielt an den kritischen Wörtern zu arbeiten?

- Mutter (oder Vater) notieren jedes Fehlerwort des Kindes auf einem eigenen Notizzettel. Diese Zettel werden in einer speziellen Dose oder Schachtel aufbewahrt.

- In der drei- bis viermal wöchentlich stattfindenden Übungs-Viertel-stunde, die gemeinsam mit dem Kind in einem Wochenplan festge-legt wurde, wird ein Fehlerwort zuerst *gelesen*, dann mit *Buchsta-benkärtchen* (oder mit dem Setzkasten, mit LEGO-Buchstaben, mit Russisch-Brot-Buchstabenplätzchen …) gelegt, anschließend *mit dem Finger* auf den Tisch, an die Wand, gegen die Zimmerdecke *ge-schrieben*, schließlich noch *buchstabiert* und abschließend in schö-ner Schrift *auf einer Karteikarte notiert.*

- All diese Schritte führt das Kind durch; Mutter oder Vater sollen le-diglich kontrollieren. Vielleicht fallen Ihnen noch mehr methodi-sche Übungsmöglichkeiten ein, etwa mit dem Finger auf den Rü-cken oder in eine Sandfläche schreiben …

- Mit Hilfe eines Wörterbuchs oder auch einfach im Gespräch wer-den abgeleitete Formen des Wortes bzw. verwandte Wörter ge-sucht und auf der Rückseite der Karteikarte zusätzlich aufgeschrie-ben. So werden Rechtschreibregeln und analoge Schreibweisen verdeutlicht. Dieses ganze Durcharbeiten eines Fehlerwortes erfor-dert jeweils ca. drei bis fünf Minuten.

- Ein Notizzettel wird immer dann überflüssig, wenn ein Wort auf der Karteikarte gespeichert wurde. Diese sammelt man in einer an-deren Schachtel als die Notizzettel (oder in einem Karteikasten) und übt mit ihnen in Form von Wortdiktaten nach dem altbewähr-ten Prinzip der Lernkartei, wie es die nächsten Schritte erklären.

- Ein Wortdiktat sollte nicht mehr als acht bis zehn Wörter umfassen, die nach dem Zufallsprinzip aus dem Stapel der Karteikarten (mi-schen!) entnommen werden. Das Elternteil diktiert die Wörter, ohne dabei dem schreibenden Kind zuzuschauen.

- Am Ende eines Wortdiktats nimmt das Kind die Karteikärtchen und vergleicht selbst. Falsche Schreibweisen werden besprochen, wozu

die abgeleiteten Formen und verwandten Wörter auf der Karten-
rückseite Hilfestellung bieten.
- Richtig geschriebene Wörter erhalten auf der Karte mit Bleistift ein
Kreuzchen. Beim nächsten Durchgang kann ein zweites Kreuz da-
zukommen usw. Falsch geschriebene Wörter erhalten kein Kreuz;
schon vorhandene Kreuze müssen alle (!) ausradiert werden. Ziel ist
es, fünf Kreuze in Folge auf der Karte zu haben, dann kann sie aus-
sortiert werden.
- Während man in den ersten Wochen in jeder Übungseinheit drei
bis vier Wörter durcharbeitet, bis sie auf der Karteikarte gesichert
sind, kann man etwa ab der dritten, vierten Woche ein Wortdiktat
samt Korrektur mit der Durcharbeitung von ein bis zwei weiteren
Notizzettel-Wörtern verknüpfen. Bei diesem Rhythmus darf es
dann bleiben.

Die vorstehende Übungsstrategie ist ein Vorschlag, der selbstverständlich nach eigenen Vorstellungen und Erfahrungen verändert werden
kann. Seine Vorteile liegen auf der Hand: wenig «richtiges» Schreiben,
dafür viel Abwechslung, Bewegung und Bewusstmachung von Schreibweisen. Solches Üben macht Kindern nicht nur eher Spaß, sondern bewirkt auch wesentlich häufigere Übungserfolge als die alte Verbesse-
rungsregel, die leider immer noch hier und da praktiziert wird:
«Schreibe jedes Fehlerwort dreimal richtig ab!»

Ganz besonders wichtig ist beim Üben das Prinzip, dass die Kinder
ein «Recht auf ihre Fehler» haben. Darum sollen Eltern beim Wortdiktat auch nicht zuschauen, wenn das Kind schreibt. Entdeckt es nämlich
einen Fehler selbst, ärgert sich vielleicht darüber und kann schließlich
den Grund dafür erklären (mit Hilfe der Karteikarten-Rückseite), dann
hat es eine Chance, aus seinen Fehlern auch etwas zu lernen. Durch
frühzeitiges Hinweisen auf einen Fehler wird diese Chance vereitelt.

Anregungen für weitere, stärker auf den Körper und die Integration
der Sinne bezogene Übungsformen können Sie den Ausführungen über
Lerntherapie in Kapitel 6 (ab S. 201) entnehmen.

Schwierigkeiten im Rechnen

Kein anderes Schulfach gilt als dermaßen begabungsabhängig wie Mathematik. Möglicherweise hängt das damit zusammen, dass die Mathematiknote im Schulzeugnis tatsächlich enger mit dem Intelligenzquotienten (IQ) korreliert als die Deutschnote oder Noten anderer Fächer.

Dementsprechend hält sich das Vorurteil überaus hartnäckig, wenn ein Kind Schwierigkeiten mit dem Rechnen habe, dann liege das vor allem an der Begabung, oder krasser formuliert: «Wer nicht rechnen kann, ist dumm.» Sogar manch ein Mathematiklehrer hält den Begriff der «Rechenschwäche» für eine modische Ausrede. Dabei weiß man schon seit Jahren, dass es eine Teilleistungsstörung namens «Rechenschwäche» gibt, die – ähnlich wie im Fall der Legasthenie – eine umschriebene Funktionsschwäche darstellt, ohne dass andere geistige Funktionen gleichzeitig davon betroffen sein müssen. Eine «besondere» mathematische Begabung ist nicht erforderlich, um das Rechnen zu erlernen; jedem normal begabten Menschen ist es prinzipiell möglich. Doch gelegentlich kommt es vor, dass Kinder trotz einer normalen Begabung, ob diese nun mit einem Intelligenztest gemessen wurde oder sich im Alltag beweist, Schwierigkeiten in Bezug auf Mathematik haben.

Im Informationsblatt der IFRK e. V. (Initiative zur Förderung rechenschwacher Kinder; Adresse s. Anhang) wird «Rechenschwäche» folgendermaßen definiert:

«Es handelt sich hier um eine Teilleistungsschwäche im mathematischen Bereich. Sie äußert sich durch chronisches Versagen in Mathematik, während in anderen Fächern durchaus durchschnittliche bis sehr gute Leistungen gezeigt werden können, durch fehlendes mathematisches Begriffsvermögen, insbesondere mangelndes Verständnis für Zahlen und Mengen.»

Es werden dafür auch die Begriffe «Dyskalkulie» oder «Arithmasthenie» verwendet:

«Dyskalkulie» ist eine parallele Wortbildung zur «Dyslexie», dem international gebräuchlichsten Begriff für Lese-Rechtschreib-Schwäche. Die griechische Vorsilbe «dys» bedeutet «schwierig», während «calculus» im Lateinischen «Steinchen», auch «Spiel- oder Rechensteinchen» bedeutet. Sich schwer mit Rechensteinchen zu tun, heißt im übertragenen Sinn, Probleme mit Rechenoperationen zu haben, denn diese finden ja letztlich im Kopf statt.

«Arithmasthenie» ist das parallele Wort zu «Legasthenie». Eine «Asthenie» bezeichnet eine körperliche Schwäche, während «arithmós» im Griechischen «Zahl, Menge» heißt.

Das Defizit rechenschwacher Kinder bezieht sich vor allem auf die Basisrechenfertigkeiten des Addierens, Subtrahierens, Multiplizierens und Dividierens, weniger auf die höheren mathematischen Fertigkeiten. «Eine Rechenschwäche entsteht immer in der Grundschule beim Erlernen der elementaren Rechenfertigkeiten. In der Grundschule sollte sie auch behoben werden, damit in der weiterführenden Schule auf einem soliden Fundament weitergearbeitet werden kann» (Schwarz 1999, S. 20).

Ursachen von Rechenschwäche

Wie bei allen Teilleistungsstörungen gibt es nicht nur *einen* Grund, warum ein Kind Schwierigkeiten mit dem Rechnen zeigt; Rechenschwäche ist eine «multikausale» Lernstörung, was so viel heißt wie: Die zu beobachtenden Symptome haben stets mehrere Ursachen (vgl. Kap. 1). Sehr schön veranschaulicht das eine Graphik von Margret Schwarz:

Rechenschwäche – eine multikausale Lernstörung (aus: Schwarz 1999, S. 22)

Die drei Ursachenfelder stellen drei Quellen dar, aus denen sich die Störung speist. Diese drei Quellen können allerdings – das vermag die Zeichnung nicht zu zeigen – bei verschiedenen Kindern jeweils unterschiedlich stark sein.

Die drei Ursachenfelder überlappen sich; sie existieren also nicht unabhängig voneinander, sondern stehen in einem wechselseitigen Abhängigkeitsverhältnis, wie auch das folgende Beispiel deutlich macht:

Christina hat große Schwierigkeiten mit dem Rechnen. Eine Untersuchung in der Sozialpädiatrie des Kreis-Kinderkrankenhauses ergibt einen neurologischen Befund: eine «taktil-kinästhetische Wahrnehmungsstörung». In der Schule hat sie Glück: Es werden einzelne Stunden mit sonderpädagogischer Betreuung für sie organisiert. Durch diese Fördermaßnahme kann ihr Defizit weitgehend ausgeglichen werden.

Torsten, der die Grundschule im Nachbarort besucht, hat das Pech, dass seine Mathematiklehrerin ihn einfach nur für faul hält. Er solle mehr üben, teilt sie ihm und seiner Mutter mehrfach mit. Ihr Unterricht orientiert sich am Buch; besondere Veranschaulichungshilfen oder gar Differenzierung gibt es bei ihr nicht (didaktische Ursache).

Hinzu kommt, dass sich Christinas Eltern verständnisvoll und unterstützend verhalten, während Torstens Verwandtschaft autoritär und ablehnend reagiert (psychische, soziale, emotionale Ursachen).

Die *organisch-neurologischen Ursachen* einer Rechenschwäche stellen die im Kind liegenden, körperlich bedingten Gründe für das Problem dar, das sich in einer teilweisen Hirnleistungsschwäche zeigt.

In der Literatur zum Thema werden sowohl Erbanlagen dafür verantwortlich gemacht als auch äußere Einflüsse während der Schwangerschaft, der Geburt oder kurz danach: toxische Einwirkungen, Übertragung, Infektionen, Geburtskomplikationen oder hoch fiebrige Erkrankungen beim Kleinkind.

Psychische, emotionale und soziale Ursachen liegen im Umfeld des Kindes und erzeugen die Rechenschwäche eher in seiner Seele: dauerhafte materielle Notlage der Familie, Überbehütung und extreme Verwöhnung genauso wie Vernachlässigung, Beziehungsprobleme, Leistungsdruck u. a. m. Auch die Reizüberflutung durch die Medien sowie der Bewegungsmangel (durch beengte Wohnverhältnisse und langes Sitzen vor dem Fernseher) gehören in diesen Ursachenkomplex.

Die *didaktischen Ursachen* beziehen sich darauf, wie Mathematik in der Schule vermittelt wird. Zum einen meint man damit die Unterrichtsmethodik der jeweiligen Lehrkraft:
– Wie anschaulich wird gearbeitet?
– Gibt es Medien und Materialien zum Experimentieren und Hantieren?
– Wie früh müssen die Kinder ohne Materialien und Anschauung – vermeintlich zugunsten einer frühen Rechenfertigkeit – rechnen?

Nachteilig für das Verstehen von Mathematik wirkt sich auch aus, wenn die Versprachlichung von mathematischen Handlungen vernachlässigt wird, denn über das Sprechen werden Gedankengänge bewusst.

Zum anderen beziehen sich «didaktische Ursachen» auf eine fehlende oder unzureichende Differenzierung des Unterrichts. Heutige Schulklassen sind heterogener zusammengesetzt als vor einigen Jahrzehnten. Unterricht, der das Lernangebot nicht an den aktuellen Entwicklungsstand der einzelnen Kinder anpasst, kann nicht für möglichst alle erfolgreich sein. Der traditionelle «Unterricht im Gleichschritt», bei dem alle Schüler zur gleichen Zeit das Gleiche im gleichen Tempo und auf die gleiche Art und Weise lernen sollen, verhindert die Weiterentwicklung ihrer individuellen Rechenstrategien, die sie alle schon in die Schule mitbringen.

Anregung
Ein kleines Experiment mag das verdeutlichen: Lösen Sie bitte einmal die Aufgabe «27 + 18». Entscheidend ist jetzt nicht, dass Sie «45» als Ergebnis herausbekommen haben. Aber *wie* sind Sie vorgegangen? Einige mögliche Strategien:

$27 + 10 + 8$

$20 + 10 + 7 + 8$

$10 + 27 + 3 + 5$

$20 + 10 + 7 + 3 + 5$

usw.

Kinder verfügen von Anfang an über eigene Strategien des Umgehens mit Zahlen und Mengen. So hat einmal ein Vorschulkind gezählt: «1 – 2 – 3 – … – 9 – 10 – 20 – 30 – … – 90 – 100 – 200 – …» Eine erstaunliche Leistung für ein noch nicht eingeschultes Kind. Natürlich ist dieses Verständnis vom Zahlensystem «falsch», aber es steckt auch schon viel Richtiges darin. Sobald das Kind mit Zahlen wie «27» oder «18» konfrontiert wird, muss es seine Strategie korrigieren: Es lernt hinzu. Würde man seinen «Denkfehler» lächerlich machen und es auffordern, nach Vorbild «richtig» zu zählen, könnte es weder diese Einsicht wie bei der selbst gemachten Entdeckung entwickeln noch das gleiche Selbstbewusstsein.

Tipps für Eltern

Eine erste Konsequenz aus dem oben Gesagten ergibt sich für den Umgang mit den Rechenfehlern des Kindes:

«Wir sollten zulassen, dass unser Kind Fehler macht. Wenn Fehler zum Lernen genutzt werden, gewinnt das Kind an Einsicht, und es verliert die Scheu, Fehler zu machen. Hat das Kind einen Fehler selbst gefunden, hat es mindestens so viel Lob verdient wie für eine richtige Lösung» (Schwarz 1999, S. 108).

Für Eltern ist es nicht einfach zu erkennen, ob wirklich richtig oder falsch gerechnet wurde. Rina beispielsweise rechnet:

$$\begin{array}{r} 67 \\ - \ 24 \\ \hline 43 \end{array}$$

Da scheint es kein Problem zu geben. Doch bei der nächsten Aufgabe sieht das wieder anders aus:

$$\begin{array}{r} 64 \\ - \ 27 \\ \hline 43 \end{array}$$

Woran liegt das? Das Mädchen hat jedes Mal den kleineren vom größeren Einer und den kleineren vom größeren Zehner abgezogen. Bei der ersten Aufgabe kam die richtige Lösung heraus, weil die jeweils obere Ziffer stets größer war als die untere. Bei der zweiten Aufgabe jedoch machte Rina aus $4-7$ einfach $7-4$, «weil es andersherum ja nicht geht». Erst an diesem Fehler war abzulesen, dass Rina das Vorgehen bei der schriftlichen Subtraktion noch nicht begriffen hatte.

Eltern können in solch einer Situation leicht ungeduldig werden, weil sie den Eindruck haben, ihr Kind «kann es doch eigentlich». Schnell wird Unlust, Konzentrationsschwäche oder mangelnde Anstrengung vermutet, wodurch man ein Kind verunsichern oder gar entmutigen kann.

Der Fehler weist also eigentlich den Weg; wenn man über ihn spricht und den dahinter steckenden Gedankengang aufzuhellen versucht, hat man eine Chance, ihn zu überwinden.

Wenn ein Kind dauerhaft Schwierigkeiten mit dem Rechnen hat, dann wird das häusliche Üben problematisch. Es verlangt den damit befassten Eltern ein Höchstmaß an Geduld, Verständnis und Einsichten bezüglich der Rechenschwäche ihres Kindes ab. Deswegen gibt es keinen Grund für ein schlechtes Gewissen, wenn sie diese Aufgabe nicht annehmen. Es ist im Gegenteil viel sinnvoller, dann nicht mit seinem rechenschwachen Kind zu üben, um die Harmonie in der Familie zu wahren.

DAS SOLLTEN SIE UMSETZEN KÖNNEN

Sie sollten
- sich über die speziellen Verständnisschwierigkeiten Ihres Kindes Klarheit verschaffen;
- ihm den Sinn gerade dieser Übung aufzeigen;
- seine speziellen Denkprozesse aufklären;
- auch richtige Lösungen begründen lassen, denn wichtig ist der Lösungsprozess und nicht in erster Linie das Ergebnis;
- dem Kind auf vielfältige Arten und Weisen erklären, bis tatsächliches Verstehen einsetzt;
- es handelnd begreifen lassen;
- nur kurze Übungseinheiten durchführen, weil ein rechenschwaches Kind mehr Energie für seine Konzentration aufwendet als ein anderes;
- wie beim Aufwärmtraining im Sport nicht auf dem Leistungsniveau des Kindes mit dem Üben einsteigen, sondern deutlich darunter, damit kleine Erfolgserlebnisse am Anfang die nötige Motivation schaffen.

Grundsätzlich gelten für das Üben mit rechenschwachen Kindern dieselben Grundregeln wie auf S. 182 f. aufgelistet.

Umgang mit rechenschwachen Kindern im Alltag

Eltern können nicht nur durch das Üben helfen. Ohnehin ist es oft ratsam, diese Aufgabe einer neutralen Person zu übertragen bzw. bei Bedarf eine Lerntherapie in Anspruch zu nehmen. Das Eltern-Kind-Verhältnis wird nur zu leicht durch schulische Problembereiche belastet und verschlechtert – das sollte Schule niemals wert sein.

Eltern können vor allem die grundlegenden Voraussetzungen für das Verstehen von Mathematik fördern durch: a) Anregungen für Bewegung, b) Trainieren der Vorstellungsfähigkeit und c) Mathematisieren der Umwelt.

■ Ganz vereinfacht ausgedrückt gibt es für jede geistige Funktion eine motorische Entsprechung (vgl. die Ausführungen und Beispiele auf S. 30 ff. und 98 ff.). Bewegungserfahrungen vor allem des Kleinkindes schaffen wesentliche Voraussetzungen für die Vernetzungen im Gehirn, die kognitive Leistungen erst ermöglichen. Aber auch jenseits des Kleinkindalters fördert Bewegung die Leistungsfähigkeit des Geistes. «Mens sana in corpore sano», wussten schon die alten Römer: Ein gesunder Geist wohnt in einem gesunden Körper, und der ist von der Natur für Bewegungszwecke entwickelt worden. Darum können Eltern ihren Kindern mit der Schaffung von und Anregungen für Bewegungsmöglichkeiten viel Gutes tun.

ANREGUNGEN FÜR BEWEGUNG

– viel Aufenthalt im Freien: Schwimmbad oder Badesee, Trimmpfad und Sportplatz, Abenteuerspielplatz oder einfach nur Feld, Wald und Wiese;
– Reduzierung (nicht Abschaffung!) von Freizeitbeschäftigungen, die nur im Sitzen möglich sind, vor allem von Fernseh- und Videokonsum;
– Schaffung echter Erlebnisse statt «Einkaufserlebnissen» oder Beschränkung auf Erlebnisse aus der Konserve (Video, PC-Spiele, etc.): Schnitzeljagd, Camping, Baumhaus oder Indianerhütte usw.;
– Fördern aller Bewegungsformen und der motorischen Geschicklichkeit durch Laufen, Klettern, Seilhüpfen, Ballspielen, Federball, Jonglieren, Schaukeln, Pedalo- oder Radfahren.

■ Da die Entwicklung der Rechenfertigkeit letztlich die Verlagerung von konkret-operationalem Handeln «in den Kopf» hinein (= «visuell-mentales Operieren») bedeutet, ist es hilfreich, die visuelle Vorstellungsfähigkeit von Kindern zu fördern. Im Fernsehzeitalter, dem Zeitalter der «fertigen Bilder», fällt es Kindern immer schwerer, innere Bilder zu produzieren, zumal das Tagträumen heutzutage fatalerweise als «nutzlose, vergeudete Zeit» diskreditiert wird. Trödeln und Träumen sind jedoch wesentliche Quellen der Phantasie, auf die das abstrakte Rechnen unbedingt angewiesen ist.

FÖRDERMÖGLICHKEITEN FÜR BILDHAFTES VORSTELLUNGSVERMÖGEN

– Vorlesen von Geschichten, denn dabei macht sich das Kind ein Bild von dem, was es hört. Darüber zu sprechen, Szenen zu malen oder mit Knete zu gestalten vertieft diesen Effekt noch.

– «Kopf-Kino» (vgl. Buchner 1995, S. 60): z. B. eine (Bilder-)Geschichte ausdenken, beschreiben, malen …

– Kopfspaziergänge mit geschlossenen Augen durch tatsächliche eigene oder auch durch ausgedachte Räume. Dabei können die Stühle, Bilder, Schritte gezählt und räumliche Orientierungsbegriffe wie oben – unten, vorne – hinten und rechts – links eingeübt werden.

– Tastspiele und alle Formen des Erfühlens von Gegenständen und Formen: Schreibutensilien unter einem Tuch erfühlen; aus Sandpapier ausgeschnittene Ziffern und Buchstaben mit geschlossenen Augen erkennen; einen Tast-Pfad barfuß mit verbundenen Augen (an der Hand geführt) ablaufen und dabei das Gras, den Sand, Kies, Teppichboden usw. erkennen …

■ Die Mathematik ist von den Menschen nicht zuletzt deshalb entwickelt worden, weil das Leben ständig mit Zahlen und Mengen verknüpft ist. Wir verbringen Zeit, legen Strecken zurück, umbauen Räume, sehen Anzahlen von Gegenständen und Lebewesen usw.

Darum kann es Kindern mit Rechenschwierigkeiten helfen, wenn man den Alltag und die Umwelt mathematisiert (vgl. Schwarz 1999, S. 104 ff.).

Von Impulsivität zu Reflexivität

Was Eltern wie Lehrkräfte häufig zur Verzweiflung bringt, beobachten Lerntherapeuten in ihrer täglichen Arbeit ebenfalls sehr oft: Kinder, die «kognitiv impulsiv» sind.

- Sie fallen dadurch auf, dass sie beim Diktat trotz anders lautender Anweisung einfach nicht warten können und schon losschreiben, bevor der Satz fertig ausgesprochen wurde.
- Oder sie «wissen» schon eine Lösung der Textaufgabe in Mathematik, bevor sie sagen können, wonach eigentlich gefragt wird.
- Kognitiv impulsive Kinder sind in ihren geistigen Aktionen übermäßig spontan und handeln, bevor sie nachdenken, und:
- Sie verfügen über keine Strategie, die ihnen beim Problemlösen hilft.

Das ist im Übrigen nicht allein ein Problem der übergroßen Schnelligkeit. So manchem Kind, das an einer Aufmerksamkeitsstörung ohne Hyperaktivität leidet, fehlt ebenfalls eine Problemlöse- oder Denkstrategie, und es handelt, ohne richtig nachzudenken, wenn auch langsam.

In der Lerntherapie hilft man solchen Kindern mit einem «Reflexivitätstraining». Dabei wird Schritt für Schritt eine Strategie für das Bewältigen geistiger Anforderungen eingeübt und gefestigt. Das ermöglicht ihnen ein reflexives, also von systematischen Überlegungen getragenes Handeln.

Aufbau einer reflexiven Rechtschreibstrategie

Wenn Eltern Einfühlungsvermögen und Geduld aufbringen, können sie selbst die Reflexivität ihres Kindes fördern. Dabei gelten wiederum die zu Beginn des Kapitels (S. 82 f.) aufgelisteten allgemeinen Übungsregeln. Wenn die häusliche Situation jedoch bereits so verfahren ist, dass ein entspanntes Miteinander-Arbeiten nicht funktioniert, sollte besser jemand anderes das Programm durchführen.

Im Folgenden wird ein für den Hausgebrauch vereinfachtes Trainingsprogramm für den Bereich der Rechtschreibung beschrieben. Es lässt sich sowohl isoliert durchführen als auch gut mit dem auf S. 106 ff. beschriebenen Verfahren zum Üben bei Rechtschreibschwierigkeiten kombinieren.

Zuvor jedoch das Beispiel eines Jungen, bei dem ein Reflexivitätstraining angebracht ist.

Rainer besucht mittlerweile schon das dritte Schuljahr und ist stolz, dass er nicht mehr zu den «Kleinen» an der Grundschule gehört. Seine Schulleistungen sind im Großen und Ganzen nicht schlecht, aber er macht viele «Flüchtigkeitsfehler» beim Schreiben wie beim Rechnen – jedenfalls nennt seine Mutter das so, weil sie sie beim Nachdenken meistens findet. Rainer kann die Schreibweisen der Wörter nicht begründen; Regeln sind ihm fremd, er entscheidet «aus dem Gefühl» heraus. Die richtigen Lösungen in Mathematik hingegen kann er erklären, aber das viele «Päckchenrechnen» ist ihm einfach langweilig, weshalb er immer nur schnell fertig werden möchte.

Er übt noch bereitwillig mit seiner Mutter, wenn es nicht zu viel ist. Darum sind die Aussichten gut, seine Flüchtigkeit (eine leichte Form kognitiver Impulsivität) durch häusliches Reflexivitätstraining bessern zu können. Wenn zudem seiner Lehrerin noch deutlich gemacht werden könnte, dass interessantere, abwechslungsreichere Rechenübungen mehr Spaß und mehr Lernerfolg bringen, würde das seine Motivation für überlegtes und bedächtigeres Bearbeiten der Aufgaben erheblich unterstützen.

Die Strategie beim Rechtschreiben muss nicht für alle Kinder dieselbe sein. Je nach Alter und Unterrichtsmethode kann sie variiert werden.

1. Ist das Wort ein Substantiv? (Falls ja, muss es groß, andernfalls klein geschrieben werden.)
2. Enthält das Wort eine besondere Dehnung? (Falls ja, wäre das ein Hinweis auf ein eventuelles Dehnungs-h, ein «ie» oder einen Doppelvokal wie «aa», «ee» oder «oo».)
3. Enthält das Wort eine besondere Kürze, eine «Schärfung», wie man mancherorts auch sagt? (Falls ja, könnten z. B. ein «tz», «ck» oder ein Doppelkonsonant wie «nn» auf den kurzen Vokal folgen; ansonsten ist eine Konsonantenhäufung wie bei Schrank, singen oder bald wahrscheinlich.)
4. Kann ich das Wort von einem anderen ableiten bzw. kenne ich dazu verwandte Wörter? (Wenn nach dem Karteikartenverfahren, s. S. 107f., gearbeitet wird, sind Ableitungen und Wortverwandtschaften verfügbar.)
5. Buchstabiere das Wort einmal vor dem Schreiben!

Für manches Kind, das nicht wirklich kognitiv impulsiv, sondern eher «voreilig» ist, würde vielleicht allein der fünfte Punkt der hier vorgeschlagenen Strategie ausreichen. Andere können lange und kurze Vokale einfach nicht unterscheiden; solange diese Fähigkeit in der Lerntherapie nicht entwickelt wurde, sind zweiter und dritter Schritt für sie verunsichernd und nutzlos und sollten deshalb ausgelassen werden.

Wenn klar ist, aus welchen Schritten die Strategie des Prüfens der zu schreibenden Wörter bestehen soll, muss sie eingeübt werden. Dazu müssen zunächst *zwei Zeichen* mit dem Kind vereinbart werden: Eines heißt «Stopp – erst denken, dann schreiben!». Das kann beispielsweise die erhobene Hand, eine «rote Karte», die rote Seite einer Spielzeug-Schaffnerkelle oder eine rote Spielzeugampel symbolisieren.

Ein zweites Zeichen bedeutet: «Du hast lange genug nachgedacht, jetzt kannst du schreiben.» Das kann mit dem Senken der Hand oder mit der grünen Seite der Schaffnerkelle signalisiert werden. Aber Achtung: Dieses Zeichen heißt nicht, dass das Kind garantiert richtig gedacht hat! Darüber muss man vorher mit ihm sprechen. Sie erinnern sich: Es hat ja ein «Recht auf seine Fehler», aus denen es schließlich lernen soll. Darum sollen Eltern beim Üben auch nicht korrigieren – weder beim lauten Überlegen noch beim Schreiben.

Nun kann das *Reflexivitätstraining in Form eines Acht-Wochen-Programms* durchgeführt werden. Drei bis vier Übungseinheiten à maximal 15 Minuten werden mit dem Kind gemeinsam im Wochenplan festgelegt. Anhand von Wortdiktaten mit acht bis zehn Wörtern kann die Strategie in vier Stufen, die jeweils zwei Wochen beanspruchen, eingeübt werden. Das Wortmaterial für diese Diktate stammt entweder aus den eigenen Karteikarten (vgl. S. 107 f.) oder aus dem Sprachbuch.

Eine wichtige Regel müssen die Eltern allerdings konsequent beherzigen: Sie dürfen weder während der lauten Überlegungen ihres Kindes noch während seines Schreibens zu erkennen geben, ob etwas Falsches gesagt oder geschrieben wird. So viel Selbstbeherrschung fällt nicht leicht! Darum ist zu überlegen, ob man sich nicht mit dem Rücken zum Kind setzt. Die Vorgehensweise für Diktieren und Verbessern ist also gleich wie auf S. 107 f. beschrieben.

REFLEXIVITÄTSTRAINING (ACHT-WOCHEN-PROGRAMM)

Stufe 1 (Woche 1–2): Mutter oder Vater diktiert ein Wort, gibt das Stoppzeichen und fragt laut die Schritte der einzuübenden Rechtschreib-Strategie (vgl. S. 121) ab. Das Kind antwortet laut, der Helfer zeigt «Grün», und das Kind schreibt das Wort. Dann folgt das nächste Wort, bis das ganze Diktat absolviert ist.

Nach sechs bis acht solcher Wortdiktate während der ersten zwei Wochen folgt

Stufe 2 (Woche 3–4): Der Helfer diktiert ein Wort und gibt das Stoppzeichen. Das übende Kind fragt sich selbst laut nach den Denkschritten und antwortet laut. Der Helfer zeigt Grün, das Kind schreibt das Wort usw.

Nach weiteren zwei Wochen folgt
Stufe 3 (Woche 5–6): Der Helfer diktiert ein Wort und gibt das Stoppzeichen. Das übende Kind denkt die Strategiefragen still, antwortet aber laut. (So wird ein Teil des Denkens bereits nach innen verlegt.) Der Helfer zeigt Grün, und das Kind schreibt.

Schließlich folgt die letzte
Stufe 4 (Woche 7–8): Jetzt ist die Zeit reif, das Denken vollends innerlich zu vollziehen. Der Helfer diktiert ein Wort. Das übende Kind gibt sich selbst das Stoppzeichen, denkt still über die Strategiefragen und -antworten nach, zeigt sich dann selbst «Grün» und schreibt.

Wenn ein solches Training konsequent durchgeführt wird, kann das Kind eine Denkstrategie kennen lernen, einüben, verinnerlichen und automatisieren. Sie wird künftig beim Schreiben «im Hintergrund» (wie ein Virenschutzprogramm im PC) ablaufen und sich lediglich bei Problemfällen «in den Vordergrund», ins Bewusstsein, schieben.

Die Übertragung der Strategie auf andere Lernfelder (Transfer) ist dann nicht mehr schwierig. In der Regel genügt es, mit dem Kind zu klären, was es bei der Textaufgabe oder beim Schreiben des Aufsatzes sinnvollerweise für Schritte berücksichtigen sollte.

Rainer jedenfalls schreibt mittlerweile wesentlich bessere Diktate als zuvor. Auch die Fehlerhäufung gegen Diktatende hat sich gelegt, weil er jetzt beim Fehlersuchen vor der Heftabgabe erfolgreicher ist. Beim Übungsrechnen mit langweiligen Päckchen hat sich leider noch nichts getan, aber das beunruhigt seine Mutter nicht sehr, weil sie ja sieht, dass er immer dann richtige Lösungen erzielt, wenn er sich anstrengen muss. Vielleicht sollte sie doch bald mit seiner Lehrerin sprechen …

3 Hilfestellungen außerhalb der Familie

Optimal ist es, wenn die häuslichen Maßnahmen mit der Lehrerin abgestimmt sind. Alles, was man zu Hause unternimmt, soll sich ja letztlich in Unterricht und Schulleben auswirken. Deswegen muss man diesen Bereich in seine Bemühungen mit einbeziehen. Eigentlich sollten bei Lernproblemen die Lehrkräfte die Initiative ergreifen und den Eltern Tipps für das häusliche Arbeiten geben. In der Praxis funktioniert das jedoch nicht immer. Wie Eltern die entsprechende Kommunikation mit der Schule Erfolg versprechend gestalten können, wird im Folgenden beschrieben.

Mit der Schule
ins Gespräch kommen

Die Schule stellt eine Schnittstelle zwischen den Verantwortlichkeiten von Eltern und denen des Staates dar. Ein Blick ins Grundgesetz macht das deutlich:

Art. 6, Abs. 2: «Pflege und Erziehung der Kinder sind das natürliche Recht der Eltern und die zuvörderst ihnen obliegende Pflicht.» (...)

Art. 7, Abs. 1: «Das gesamte Schulwesen steht unter der Aufsicht des Staates.»

Aus diesen Sätzen ergibt sich die Erziehungspartnerschaft von Elternhaus und Schule, die in den Schulgesetzen und Verwaltungsvorschriften der Länder ihren Niederschlag findet. Erziehung und Bildung der Kinder sind – mit unterschiedlichen Schwerpunktsetzungen – Aufgaben beider Institutionen. Doch nicht nur aus rechtlichen Gründen, sondern vor allem um der fruchtbaren Entwicklung der Kinder willen müssen ihre Eltern und die Lehrer grundsätzlich zusammenarbeiten. Das gilt natürlich erst recht dann, wenn es mit dem Lernen nicht klappt. Damit die Kooperation auch im Problemfall gut funktioniert, sollten Eltern und Lehrer schon von Anfang an Kontakt miteinander aufnehmen.

Eine gute Eltern-Lehrer-Beziehung aufbauen und pflegen

So kann sich eine gute Eltern-Lehrer-Beziehung entwickeln:
- Anknüpfen – Ein frühzeitiges erstes Gespräch: zum Kennenlernen; zum Informationsaustausch über das Kind; zum Austausch über Erziehungsgrundsätze
- Stabilisieren – Das Elternengagement:

- Unterstützung außerunterrichtlicher Aktivitäten; Mitgestaltung des «Lernraums Schule»; pädagogische Elternabende
- Pflegen – Der ständige Kontakt: Kontinuierlicher Dialog durch regelmäßige Gespräche; Absprachen bei kleinen und großen Problemen

Anknüpfen

Den ersten Schritt zu einer guten Beziehung bildet das gegenseitige Kennenlernen. Nicht immer ist der erste Eindruck, den man von einem Menschen gewonnen hat, wirklich zutreffend, vor allem ist er nicht präzise genug. Je mehr man mit einem Menschen spricht, umso klarer werden die Konturen des Gegenübers. Miteinander zu reden hilft also dabei, eine differenziertere Wahrnehmung vom anderen zu gewinnen, seine grundlegenden Einstellungen kennen zu lernen, seine Standpunkte und Handlungsweisen zu verstehen.

Wenn ein Kind eine neue Lehrerin bekommt, ist daher ein frühzeitiges erstes Gespräch sinnvoll. Es hat keinen spannungsgeladenen Anlass, sondern ist zunächst frei von Erwartungen oder gar Forderungen aneinander und dient lediglich dem Sich-gegenseitig-Wahrnehmen und dem Anknüpfen einer persönlichen Beziehung. Die Gesprächsinhalte beschränken sich auf den Austausch von Informationen, die für den Umgang mit dem Kind von Bedeutung sind. Dazu gehören gesundheitliche oder entwicklungsbedingte Besonderheiten, besondere familiäre Umstände, bekannte Lernprobleme, aber auch die positiven Eigenschaften und Stärken des Kindes.

Je mehr Informationen Lehrkräfte über ihre Schüler haben, desto angemessener können sie mit ihnen umgehen.

In der Frage des Umgangs mit dem Kind ist auch der Austausch von Erziehungsgrundsätzen zwischen den Eltern und der Lehrerin bedeutsam: «Mir ist wichtig ...» (z. B., dass das Kind sich wohl fühlt, Freunde gewinnt, Selbstbewusstsein entwickelt ...) – «Was ist Ihnen wichtig?» Dabei sollen nicht Eltern- gegen Lehrergrundsätze ausgespielt, sondern lediglich Unterschiede und vor allem Gemeinsamkeiten benannt werden, um sich wechselseitig darauf einstellen zu können und die Kinder vor zu großen Differenzen und daraus resultierender Verwirrung zu bewahren.

Stabilisieren

Der Lehrerberuf ist schwieriger geworden, weil die Rahmenbedingungen sich objektiv verschlechtert haben: Die Klassen sind im Durchschnitt größer geworden, die Lehrkräfte sind älter, und immer mehr Kinder weisen «besondere erzieherische Bedürfnisse» auf. So hat sich ihr allgemeiner Gesundheitszustand verschlechtert; Teilleistungsstörungen haben zugenommen; Entwicklungsstörungen sind häufiger geworden; Reizüberflutung belastet die Aufmerksamkeitsfähigkeit; sprachliche und kulturelle Normen sind vielfältiger geworden.

Sinnvolle pädagogische Arbeit bedarf heute vermehrt der Unterstützung; Eltern können im Interesse ihrer Kinder wertvolle Hilfe leisten.

Um den «Lebensraum Schule» zu verwirklichen, sind die unterschiedlichsten außerunterrichtlichen Aktivitäten gefragt – damit die Kinder Spaß haben und auch wegen der damit verbundenen Lernanregungen und der Förderung ihrer Motivation: Lerngänge (in Museen, Theater etc.), Ausflüge, Sporttage, Feste und Feiern u. a. m. sind ohne die Mithilfe der Eltern nicht zu organisieren.

Die Unterschiedlichkeit der heutigen Kinder erfordert zudem einen «Lernraum Schule», der dieser Heterogenität gerecht wird. Unterricht im Gleichschritt für alle und frontales Dozieren funktionieren in unserer Zeit nicht mehr. Im Klassenzimmer müssen vielfältige Lernanregungen für einen differenzierten, oft gar individualisierten Unterricht bereitgehalten werden. Eltern können die Lehrkräfte unterstützen

– bei der Herstellung von Lernmaterial,
– beim Basteln von Lernspielen oder
– bei der Beschaffung entsprechender Utensilien.

Dabei ergibt sich zwanglos eine rege Kommunikation, über die die Eltern auch erfahren, was im Unterricht oder atmosphärisch in der Klasse vor sich geht. So können Eltern ihrer Mitverantwortung für die schulische Bildungs- und Erziehungsarbeit konkret zeigen und sind gleichzeitig am innerschulischen Informationsfluss beteiligt.

Von dieser Form des Elternengagements ist es nur noch ein kleiner Schritt bis hin zu Elternabenden in vielfältigen Formen (Gesprächskreis, Stammtisch, Referat mit Aussprache ...) unter pädagogischen Themenstellungen von «Taschengeld» bis «Strafen in der Erziehung» oder von

«Hausaufgaben» bis «Konzentrationsförderung». Solche Veranstaltungen fördern die Gemeinschaft, nützen Eltern wie Lehrern und kommen damit letztlich den Kindern zugute.

Pflegen

Auch eine stabilisierte Beziehung bedarf der «Pflege», also weiterer Kontakte. Durch regelmäßigen Dialog schafft man Vertrauen, was die Gespräche ergiebiger und hilfreicher macht. Dann sind auch nicht mehr ständig formelle Treffen mit Einladung, Termin und Sprechzimmer erforderlich, denn wo die Beziehung stimmt, lässt sich auch «zwischen Tür und Angel» das Notwendige rasch besprechen. Besondere Bedürfnisse des Kindes erfordern u. U. Absprachen: Bei Konzentrationsschwierigkeiten etwa können sich Eltern und Lehrer gegenseitig Tipps geben und ein abgestimmtes Vorgehen vereinbaren. Das macht aber nur Sinn, wenn die Vereinbarungen immer wieder auf ihren Erfolg hin kontrolliert und eventuell modifiziert oder ergänzt werden.

Treten tatsächlich einmal Konflikte auf, so lassen sie sich in einer gewachsenen Beziehung leichter und spannungsärmer lösen. Wenn Eltern gelegentlich anerkennen, dass die Lehrerin sich engagiert und gesprächsbereit ist, so fördert das die Beziehung zusätzlich.

Bei Lernproblemen das Gespräch suchen

Wenn es mit dem Lernen des Kindes nicht klappt, fällt es vielen Eltern zunächst schwer, mit dem Lehrer zu sprechen. Woher kommt das?

Wir alle tragen unsere Kindheitserfahrungen von Schule mit uns herum. Viele haben überwiegend negativ geprägte Erfahrungen gemacht, die dann den Kontakt mit den Lehrkräften der eigenen Kinder erschweren.

Hinzu kommt die Befürchtung, dass es von der Lehrerin als Kritik an ihrem Unterricht verstanden werden könnte, wenn man sie auf Lernschwierigkeiten anspricht. Und wer glaubt nicht an das Vorurteil, dass ein Kind es zu büßen habe, wenn man seinen Lehrer kritisiert? Doch das ist wirklich ein Vorurteil und bestätigt sich nur höchst selten.

Wenn ein Kind Lernschwierigkeiten hat, stellen sich schnell Schuldgefühle ein. Was habe ich falsch gemacht, was versäumt? Oftmals werden diese Gefühle vom Partner oder der Verwandtschaft noch verstärkt, wenn es beispielsweise heißt: «Wieso macht Alex denn noch so viele Rechtschreibfehler? Du bist doch tagsüber daheim und kannst mit ihm üben!»

Entsprechende Vorwürfe fürchten viele Eltern – speziell Mütter, die sich ja ohnehin mehr um die schulischen Belange ihrer Kinder kümmern als Väter – auch seitens der Lehrerin. In der Tat geben Lehrer häufig die Empfehlung: «Sie sollten mehr üben» – eine Empfehlung aus uneingestandener Hilf- und Ahnungslosigkeit heraus.

Scham- und Schuldgefühle wie auch die Scheu vor dem Lehrer oder der Lehrerin sollte man jedoch überwinden oder wenigstens beiseite schieben, wenn man versucht, seinem Kind bei der Bewältigung von Lern- und Leistungsstörungen zu helfen. Vielleicht ist es hilfreich zu wissen:
- Kein Mensch kennt ein Kind besser als die eigenen Eltern. Sie kennen es von Geburt an und sind seine natürlichen Erzieher.
- Lehrkräfte sind im Unterschied dazu die «professionellen» Erzieher desselben Kindes. Sie haben Vergleichsmöglichkeiten mit anderen Kindern und deren Entwicklungsverläufen, sie haben auch Erfahrungen bezüglich Lernschwierigkeiten und deren Überwindung.
- Lehrkräfte sehen ein Kind aus einer anderen Perspektive als die Eltern. Diese Sichtweise ist nicht besser oder richtiger als die der Eltern, sondern eine ergänzende, die sehr hilfreich sein kann.
- Und was die Elternängste vor Lehrern angeht: Auch Lehrer haben oftmals Angst vor Eltern, dass man es ihnen «nie» recht machen könne oder dass sie sich in alles einmischten und ständig kritisierten, selber aber keine Verantwortung übernähmen.
Also: Nichts wie hin zur Lehrerin und das Gespräch beginnen!

Gespräche planen und führen

Gespräche verlaufen umso ergiebiger, je besser sie vorbereitet und geplant sind. Darum ist es nützlich, sich systematisch Gedanken zu machen und sie auf einem Notizblatt festzuhalten. Damit hat man dann einen «roten Faden» für sein Lehrergespräch.

Leitgedanken können beispielsweise sein:

Was macht mir Sorgen:
- bestimmte Fehler?
- Allgemeine Schwierigkeiten mit einem Fach?
- Generelle Lernprobleme (Motivation, Konzentration …)
Genaue Beobachtungen:
- Regelmäßigkeit von Hausaufgaben / Lernen
- Ordnung und Organisation der Schulsachen
- Verhaltensweisen während der Hausaufgaben
Eigene Erklärungen dafür:
- Vererbung
- Schwangerschafts- / Geburtsverlauf
- biographische Einflüsse
- schulische Umstände
Mein Ziel:
- Was soll sich *beim Kind* ändern?
- Was möchte *ich* ändern?
Mein Gesprächsanliegen:
- Stoffdefizit genau abklären
- Änderungen im Unterrichtsarrangement erreichen (z. B. Sitzordnung, Banknachbar …)
- Abmachungen treffen (z. B. gleich lautende Anordnungen, Hausaufgabenkontrolle …)
- Tipps für die häusliche Situation erbitten

Solch ein Notizzettel hilft tatsächlich, das Gespräch im Sinne des Wortes zu «führen». Wer sich nämlich im Klaren über sein Gesprächsziel ist, wird auch Klärung durch das Gespräch erreichen: im negativsten Fall wenigstens die Klarheit, dass die Lehrerin nicht im erwünschten Sinne helfen kann; im positiven Fall klare Absprachen. Wer jedoch nicht genau weiß, was er will, kann auch kein erfolgreiches Gespräch erwarten.

Für den Erfolg eines Lehrergesprächs ist u. U. ein taktisch kluges Vorgehen sinnvoll. Das gilt zumindest dann, wenn die Beziehung zur Lehrerin noch nicht stabil oder aufgrund besonderer Vorkommnisse gar belastet ist. Zwei taktische Grundsätze sind besonders hilfreich, zumal sie auch im Sinne eines konstruktiven, ergebnisorientierten Gesprächs nützlich sind:

1. *Vorwürfe vermeiden:* Schuldzuweisungen oder verletzende Wertungen helfen für das Gespräch und vor allem für den Umgang mit dem Kind und seinen Lernproblemen nicht weiter.
   Also nicht so: «Wie konnten Sie nur das Diktat benoten, Sie wissen doch genau, dass Alex rechtschreibschwach ist!», sondern z. B. so: «Sicher haben Sie das Diktat benotet, weil Sie alle Kinder gerecht und gleich behandeln wollen. Aber Alex ist rechtschreibschwach; er hat seine Note als total entmutigend erlebt.»
2. *Den Rat der Lehrerin erbitten:* Wenn ein Gespräch mit den Worten «Ich brauche Ihren Rat» eröffnet wird, erzielt man eine weit höhere Aufgeschlossenheit für sein Anliegen als mit kritischen Tönen. Der Notizzettel hilft einem, im Verlauf des Gesprächs auch die kritischen Punkte nicht zu vergessen, wenn es welche gibt. Aber am Gesprächsanfang würden sie die Tür zuschlagen, bevor sie richtig offen ist.

Wenn Eltern etwas durchsetzen wollen

Wenn es mit dem Lernen nicht klappt, haben Eltern oftmals zu Recht den Wunsch, dass auf die besonderen Lernbedürfnisse ihres Kindes Rücksicht genommen wird. Zum einen schreiben etwa die Richtlinien für den Grundschulunterricht einen spielerischen Einstieg ins Schulleben und differenzierten Unterricht vor; schließlich sollen alle Kinder unabhängig von ihrer Herkunft bestmöglich in der Entfaltung ihrer Anlagen gefördert werden. Zum anderen gibt es Verwaltungsvorschriften, die Spielräume für ein besonderes Vorgehen bei bestimmten Lernschwierigkeiten eröffnen. So existieren in vielen Bundesländern Erlasse für den Umgang mit Lese-Rechtschreib-Schwierigkeiten, die oftmals von den Lehrkräften aus Unkenntnis oder Unsicherheit nicht ausgeschöpft werden. Eltern haben einen Rechtsanspruch darauf, diesen Erlass – so wie alle schulrechtlichen Bestimmungen – in der Schule einzusehen.

Wenn Eltern etwas Diesbezügliches durchsetzen wollen, empfiehlt sich ein abgestuftes Vorgehen.

a) Verständnis äußern, aber …

Beispiel: «Ich kann ja verstehen, dass Sie das Diktat für alle Kinder nach demselben Maßstab benotet haben. Sie wollten Gerechtigkeit walten lassen. Aber Kinder mit besonderen Schwierigkeiten können das nicht als gerecht empfinden. Sie strengen sich mehr an als andere und ernten doch nur Fünfer und Sechser.»

In dieser ersten Stufe des Durchsetzungsversuchs sollte noch gar nichts gefordert werden. Ein konkreter Vorschlag könnte zum vorschnellen Abblocken führen. Die einfache Darstellung der anderen Sichtweise gibt der Lehrerin die Möglichkeit, diesen Gedanken erst einmal zu prüfen und Stellung zu beziehen.

b) Begründete Ablehnung des Lehrerstandpunkts, z. B.:

«Ich halte die Benotung des Diktats für Legastheniker für falsch, weil das ihren Lerneifer zerstört. Könnten Sie nicht mit Alex reden, ihm erklären, warum Sie Noten gegeben haben, und sie dann zurücknehmen?»

Mehr Druck ist an dieser Stelle noch nicht sinnvoll. Niemand nimmt gerne etwas zurück, wovon er überzeugt war. Über den Vorschlag muss die Lehrerin erst einmal nachdenken können.

c) Erklären, was man nicht dulden wird:

Gibt es kein Einlenken der Lehrerin, so darf man jetzt, sofern man sich der Berechtigung seiner Forderung sicher ist, höflich, aber deutlich erklären, was man nicht zu akzeptieren gewillt ist, z. B.:

«Bei allem Verständnis für Ihr Vorgehen kann ich nicht akzeptieren, dass Sie Diktate für alle Kinder gleich benoten. Der Legasthenie-Erlass räumt Ihnen andere Möglichkeiten ein, die für Alex hilfreicher wären. Wenn wir uns jetzt nicht einigen können, dann möchte ich einen neuerlichen Versuch im gemeinsamen Gespräch mit dem Schulleiter (oder dem Schulpsychologen, dem Beratungslehrer, dem Schulrat …) unternehmen.»

Ein derartiges Vorgehen ist gleichermaßen bestimmt wie auch für Lösungen offen, die der Lehrerin Gelegenheit lassen, ihr Gesicht zu wahren.

Zwei weitere wichtige Hinweise in diesem Zusammenhang:

Bedenkzeit nehmen: Wenn im Laufe des Gesprächs von Lehrerseite ein Vorschlag eingebracht wird, über dessen Konsequenzen Sie erst nachdenken müssen, dann lassen Sie sich nicht zu einem vorschnellen Einverständnis drängen. Eine kurze Bedenkzeit muss sowohl für die Lehrerin wie auch für Sie selbst möglich sein. Sie könnten z. B. so reagieren: «Das ist eine Idee, die uns weiterbringen könnte. Ich muss aber erst noch darüber nachdenken. Kann ich Sie morgen deswegen kurz anrufen?»

Abmachungen verbindlich vereinbaren: Sollten Sie ein weiteres Gespräch, ein Telefonat oder eine schriftliche Reaktion planen, vereinbaren Sie am besten einen festen Termin. Ansonsten ist es nur allzu menschlich, wenn unverbindliche Absprachen («Wir sollten uns nochmal treffen ...») einfach untergehen.

d) Einschaltung höherer Instanzen:

Die vierte Stufe wird hoffentlich nie erforderlich sein. Wenn jedoch bei strittigen Standpunkten die Fronten sehr verhärtet sind, Gespräche nichts fruchten und vor allem, wenn das Kind *erheblich* unter der Situation zu leiden hat, was bei unserem Beispiel mit dem rechtschreibschwachen Alex sicher der Fall ist, dann sollten Eltern sich nicht scheuen, den Dialog andernorts zu führen: mit der Schulleitung oder auch dem Schulamt. Pädagogisch berechtigte Anliegen muss man nicht aufgeben, nur weil die Lehrerin uneinsichtig ist. Das Wohl des Kindes und sinnvolle Hilfestellungen für sein Lernproblem haben Vorrang. Sonst hat es womöglich lebenslang zu leiden.

Unterstützung suchen

Wer sich trotz all dieser Hinweise unsicher fühlt, wenn es um Gespräche mit der Lehrerin des eigenen Kindes geht, kann sich vorab der Unterstützung anderer Menschen und Institutionen versichern:

– Im Bekannten- und Freundeskreis, vielleicht sogar in der eigenen Verwandtschaft gibt es möglicherweise Eltern, die gleichfalls ein Kind in der Schule haben und aus ihren Erfahrungen mit Lehrergesprächen berichten können. Allerdings sollte man dabei immer bedenken: Negative Erfahrungen werden viel eher im Kopf behalten und weitergegeben als positive. Fragen Sie deshalb gezielt nach Gesprächen, die fruchtbar verlaufen sind!

– Die gewählten Klassen- und Schul-Elternvertreter können mit großer Wahrscheinlichkeit Tipps für Lehrergespräche geben. Sie sind sicher auch bereit, auf Wunsch am Gespräch teilzunehmen.

– Für alle Lern- und (Teil-)Leistungsstörungen gibt es Eltern-Selbsthilfe-Organisationen (s. Anhang), ob es sich um Legasthenie, Rechenschwäche, Aufmerksamkeitsstörungen oder anderes handelt. Dort trifft man auf vielfältige Erfahrungen, denn die organisierten Betroffenen haben sich eine Menge an Informationen «erärgert», die sie bereitwillig an Ratsuchende weitergeben. Telefonnummern und Kontaktadressen findet man teilweise im Telefonbuch, über «Kontakt- und Informationsstellen für Selbsthilfegruppen (KISS)», über schulpsychologische Beratungsstellen (s. Anhang) oder das Internet.

– Grundsätzlich haben Eltern das Recht, zum Gespräch mit der Schule eine beliebige Person ihres Vertrauens mitzunehmen. Wenn also die Hemmungen und Ängste sehr groß sind, können Sie sich dieses Grundsatzes erinnern. Unsere Erfahrungen aus jahrzehntelanger Beratungsarbeit zeigen jedoch, dass Schulen und Lehrkräfte aufgeschlossener und hilfsbereiter sind, als Eltern gelegentlich befürchten, vor allem, wenn es mit dem Lernen nicht klappen will.

Nachhilfe

Wenn es mit dem Lernen nicht klappt, ist neben der Zusammenarbeit mit den Lehrkräften des Kindes Nachhilfe ein viel gefragtes Mittel, um den Schulerfolg zu steigern. Der Markt boomt in diesem Bereich: Ungefähr eine Milliarde Euro werden in der Bundesrepublik jährlich an private Nachhilfe-Lehrkräfte oder an Institute bezahlt. Große Institutsketten wie die «Schülerhilfe» oder der «Studienkreis» haben Hunderte von Filialen; sie breiten sich nach dem Franchise-Prinzip stetig weiter aus.

Doch wo die Nachfrage derart stark ist wie auf dem Nachhilfe-Sektor, ist auch die Gefahr besonders groß, dass unseriöse Angebote gemacht oder überhöhte Preise verlangt werden. Die Vertragsbedingungen sollten sorgfältig geprüft werden: Wer das Schreckgespenst des Schulversagens vor Augen hat, vergisst nämlich leicht die genaue Prüfung des «Kleingedruckten». Auch lässt man sich oft zu schnell auf einen Vertragsabschluss ein, ohne wirklich ausreichend Beratung über den Sinn dieser konkreten Maßnahme gesucht zu haben.

Wann ist Nachhilfe sinnvoll?

Wenn die Noten schlechter ausfallen als erwartet, dann gibt es stets Gründe dafür, über die man sich zuerst einmal Klarheit verschaffen sollte.

Sind die Erwartungen höher als die Leistungsfähigkeit des Kindes?

Alle Eltern wollen – völlig zu Recht – stets das Beste für ihre Kinder. Doch bei der Frage des Besten bezüglich des Schulerfolgs darf man nicht unrealistisch sein und seine Wunschvorstellungen als Plansoll verstehen, das unbedingt erreicht werden muss. Kinder bringen eine bestimmte Veranlagung mit auf die Welt, die zwar veränderbar ist, aber nur in Grenzen. Begabung kann man vielleicht verstehen als die «geistigen PS im Kopf». Bei guter Pflege des «Motors» und in gesunden, anregenden Lebensverhältnissen kann sich die geistige Leistungsfähigkeit optimal entwickeln – eben so weit, wie die Grenzen der Begabung es zulassen. «Motortuning» geht immer zulasten der Robustheit: Getunte Maschinen für den Rennsport werden schneller «sauer» als Serienmotoren; dauerhaft überforderte und übermäßig geförderte Kinder können kaum eine robuste, selbstbewusste und zufriedene Persönlichkeit entwickeln. Zu viel elterlicher Ehrgeiz kann also genau das Gegenteil von dem bewirken, was beabsichtigt war.

Die Klärung der Frage, ob die Leistungsfähigkeit des Kindes also den elterlichen Erwartungen entspricht oder nicht, kann mit Hilfe eines Beratungslehrers, eines Schulpsychologen oder eines in freier Praxis tätigen Diplompädagogen oder -psychologen erfolgen; in aller Regel ist der Einsatz von Intelligenz- und eventuell weiteren psychodiagnostischen Tests hierbei sinnvoll.

Entspricht die gewählte weiterführende Schulart mit ihrem Anforderungsprofil den Fähigkeiten und Interessen des Kindes?
Zwar ist der Wunsch nach dem Abitur bei Eltern von Grundschulkindern mit ca. 44 Prozent in jüngster Zeit etwas rückläufig, doch liegt die Quote von Abiturienten mit etwa 25 bis 27 Prozent eines Jahrgangs immer noch deutlich darunter. Eine ähnliche Diskrepanz gilt für den Wunsch von Eltern nach einem mittleren Schulabschluss ihrer Kinder und seinem tatsächlichen Erreichen. Etwa 40 bis 50 Prozent eines jeden Schülerjahrgangs können die Bildungserwartungen der Eltern nicht erfüllen – ein erheblicher Erwartungsdruck, der da auf den Kindern und Jugendlichen lastet und die Entfaltung ihrer Fähigkeiten behindert. Zu viel Druck bedeutet nämlich Stress; unter Stress, das kennt jeder von sich selbst, wird man leicht blockiert.

Auch diese Frage nach der am besten zum Kind passenden Schullaufbahn kann man mit Hilfe kompetenter Beratung und geeigneter Tests klären.

Hat das Kind aufgrund besonderer Umstände während einer bestimmten Zeit Stoff versäumt?

Das ist z. B. der Fall, wenn eine längere Krankheit oder ein Unfall wochen- oder gar monatelange Schulunfähigkeit bedeuten. Auch familiäre Problemlagen wie Konflikte oder Trennung der Eltern können vorübergehend die Motivation blockieren. Schwierige Phasen in der persönlichen Entwicklung, wie etwa zur Zeit der Pubertät, bedeuten ebenfalls oft Motivationsverlust und Leistungsabfall. Bei einem Schulwechsel wegen Umzugs erlebt man häufig, dass die neue Klasse im Lehrplan weiter ist und deswegen Schulwissen fehlt.

In solchen Fällen ist stets zu prüfen, wie die Stofflücken beseitigt werden können. Ein Gespräch mit den beteiligten Lehrkräften hilft, den Aufarbeitungsbedarf genau abzugrenzen. Je nach seinem Umfang und nach den häuslichen Rahmenbedingungen kann dann unter Umständen eine zeitlich begrenzte Nachhilfe der richtige Ansatz zur Überwindung des Problems sein.

Hat die Schule Lernversäumnisse zu verantworten?

Das trifft z. B. auf lange Krankheitsphasen von Lehrerinnen oder Lehrern zu, in denen kein systematischer Vertretungsunterricht organisiert werden konnte, wie zum Beispiel bei Theresa.

Theresa war überglücklich, als sie voriges Jahr eingeschult wurde. Endlich durfte sie lesen, schreiben und rechnen lernen wie die Großen. Ihre Lehrerin, Frau B., fand sie «einfach toll», und das erste Schulhalbjahr verlief problemlos. Doch etwa zur Osterzeit ging Frau B. in Mutterschutz. Weil keine Vertretungslehrerin zur Verfügung stand, wurde die relativ kleine Klasse von 18 Kindern zunächst auf die beiden Parallelklassen aufgeteilt. Das ging nicht ohne Konflikte ab: Die neue Klassengemeinschaft wuchs nicht recht zusammen; die Schülerzahl lag jetzt bei 27; im Unterricht war es laut; die Lehrerin schien überfordert, reagierte mit Schreien, Schimpfen und Strafarbeiten, und das machte Theresa Angst.

Im zweiten Schuljahr dann konnte die alte, kleine Klasse wieder mit einer eigenen, aber anderen Klassenlehrerin arbeiten. Doch die Kinder waren jetzt verunsichert, die sozialen Beziehungen hätten neu aufgebaut werden müssen. Ihre neue Klassenlehrerin, Frau K., sah ihre

Hauptaufgabe jedoch darin, vor allem den versäumten Stoff aufzuholen. So gab es keine Zeit für Kreisgespräche oder soziales Lernen, sondern es wurde nur gepaukt. Dabei verstärkten sich Theresas Ängste derart, dass sie «Schul-Bauchweh» entwickelte und schließlich in einer schulpsychologischen Beratungsstelle betreut werden musste.

Schule ist leider in den Augen der Schulverwaltung zumeist ein «Apparat», der funktionieren soll. Die reibungslosen Abläufe des formalen Schulbetriebs sind das vorrangige Ziel von Schulverwaltungsbeamten; selten findet man Entscheidungsträger, die das Wohl der Kinder wirklich einfühlsam bedenken und zum Leitmotiv für ihr Handeln machen. Deswegen ist es wichtig, dass Eltern in solchen Fällen wachsam sind, auf die Belange ihrer Kinder hinweisen und möglichst gemeinsam, eventuell in Abstimmung mit der Schulelternvertretung oder der Gesamtelternvertretung der Gemeinde bzw. Stadt, auf pädagogisch begründete Entscheidungen drängen. So viel Zivilcourage sind wir unseren Kindern schuldig, selbst wenn sie nicht immer zum gewünschten Erfolg führt.

So kann es also tatsächlich vorkommen, dass Kinder Lücken im Stoff aufweisen, weil die Schule nicht zu einer geordneten Unterrichtsorganisation fähig war. Wenn es nicht gelingt, die Defizite durch besondere Anstrengungen der Schule zu beheben, kann auch in diesem Fall u. U. Nachhilfe sinnvoll sein. Vielleicht lässt sich ja durch die Elternschaft oder den Schulförderverein eine kostengünstige Gruppen-Nachhilfe organisieren (Beratung dazu bei der Aktion Bildungsinformation e. V., s. Kasten S. 141 f. und Anhang).

Kriterien für die richtige Entscheidung

Nachhilfe kann keine Beratung ersetzen. Sie nützt auch nichts, wenn die Motivation zum Lernen fehlt. Man «kann den Hund nicht zum Jagen tragen», wie der Volksmund sagt, und man kann Kinder nicht zum Lernen bringen, die gar nicht lernen wollen. In solchen Fällen muss an den Ursachen für diese Verweigerung gearbeitet werden; Dauernachhilfe verstärkt sie eher.

Wenn jedoch klar ist, dass ein vorübergehend entstandenes Lerndefizit von eindeutig definiertem Ausmaß behoben werden soll, dann stellt Nachhilfe eine durchaus sinnvolle Maßnahme dar. Sie nimmt Schülerinnen und Schülern nicht das Lernen ab, jedes Kind muss selber arbeiten. Aber die Nachhilfe bringt sie auf Trab und vermittelt, wenn sie gut ist, Ansätze zum Begreifen – und damit wird selbständiges Weiterlernen möglich.

Nachhilfe kann auf verschiedene Arten und Weisen realisiert werden: familienintern, durch eine private Nachhilfe-Lehrkraft, über ein Institut oder auch schulintern.

Familieninterne Nachhilfe durch Eltern oder ein älteres Geschwister ist zwar kostengünstig, aber auch besonders problematisch. Wenn Mutter oder Vater als Hilfslehrer auftreten, besteht immer die Gefahr, dass ihr Verhältnis zum Kind durch die Lern- und Leistungsprobleme noch stärker belastet wird, als das vielleicht ohnehin schon durch die Schule gegeben ist. Eltern werden selten von ihren Kindern in der Lehrerrolle akzeptiert. Die persönliche Beziehung überlagert immer wieder die Versuche, Stoff zu erklären und Erkenntnisse gewinnen zu lassen. Umgekehrt sind Eltern durch ihre Rolle auch selber schlecht als Nachhilfelehrer geeignet, weil sie eher ungeduldig werden und sich unter lern- und motivationspsychologischen Gesichtspunkten selten optimal verhalten können.

Wenn das Verhältnis zwischen Geschwistern gut ist, spricht nichts gegen eine regelmäßig Hilfe des Älteren. Vorhandene Geschwisterrivalitäten können allerdings durch einen solchen Auftrag noch verschärft werden. Er würde möglicherweise als eine Art von Strafe empfunden und dementsprechend lustlos oder gar mit subversiven Absichten ausgeführt.

Eine private Nachhilfe-Lehrkraft hat im Unterschied dazu ein neutrales und distanziertes Verhältnis zum Kind. Sie kommt «von außen», gehört also nicht zum familiären Beziehungsgefüge und hat (zumindest wegen der Bezahlung) ein Interesse am Unterrichtserfolg.

Wer in der gleichen Klassenstufe, aber im betreffenden Fach erfolgreicher ist, kann durchaus ein guter Lernhelfer sein. Er ist aktuell «im Stoff drin» und kann ihn sprachlich auf der Ebene des Kindes vermitteln. Das gilt auch für den Grundschulbereich: Kinder können Kindern Lernstoff sehr effektiv erklären. Nach einer Krankheit oder nach einem Umzug ist das eine empfehlenswerte Möglichkeit.

Oberstufenschüler des Gymnasiums oder Studenten haben für Kinder fast schon Erwachsenenstatus. Hier ist die Distanz vom «Lehrer» zum «Schüler» größer als bei Gleichaltrigen. Die Bezahlung (zwischen acht und zwölf Euro sind üblich) macht zudem deutlich, dass es sich nicht um eine Spielerei handelt: Es wird von beiden Seiten etwas erwartet.

Ausgebildete Lehrer, die entweder nebenberuflich oder während einer Beurlaubung oder im Ruhestand Nachhilfe erteilen, können nach Auskunft der Aktion Bildungsinformation e.V. (s. Kasten unten) bis zu 15 Euro je Stunde verlangen. Von ihnen dürfen Eltern dann aber auch professionelle Vorbereitung des Nachhilfe-Unterrichts und den Einsatz besonders geeigneter Übungsmaterialien erwarten.

Die Einzelnachhilfe, ganz gleich, von wem sie durchgeführt wird, bietet Eltern die Möglichkeit direkter Kontrolle und unmittelbarer Rückmeldungen. Sie findet entweder im eigenen Haushalt statt, wo regelmäßig Gespräche möglich sind. Oder sie spielt sich beim Nachhilfelehrer ab; wenn ein Kind dorthin gebracht wird, ergibt sich ebenfalls regelmäßig eine Austauschgelegenheit.

Worauf unbedingt zu achten ist: Nachhilfe-Lehrkräfte sollten ihre Bemühungen mit der zuständigen Lehrerin des Kindes abstimmen, sich vielleicht gar Übungsblätter und Aufgabenstellungen von ihr geben lassen. Wird der Nachhilfelehrer gar von ihr empfohlen oder vermittelt, dürfte dieser Kontakt am besten funktionieren.

DIE ABI E. V. – AKTION BILDUNGSINFORMATION

Die Aktion Bildungsinformation e. V. (ABI) ist eine Verbraucherberatungs-Einrichtung für den Bildungssektor und arbeitet mit den Verbraucherzentralen zusammen. Ähnlich wie diese beobachtet sie den kommerziellen Bildungsmarkt:
- Bildungsprogramme
  (Buchclubs und -gemeinschaften, Lexikonvertrieb)
- Direktunterricht: Aus- und Fortbildung im halbstaatlichen und privaten Bereich

- Fernunterricht
- Sprachreisen
- Zeitschriften-Abonnements
- Sekten und «Psychokurse»

Auf der Basis geltender Gesetze und aktueller Rechtsprechung werden unseriöse Anbieter abgemahnt oder gerichtlich belangt.

Bei Fragen zu kommerziellen Bildungsangeboten kann die ABI schriftlich, telefonisch oder im persönlichen Beratungsgespräch in Anspruch genommen werden. Schriftliche Informationsmaterialien, die zu gängigen Fragestellungen erarbeitet wurden, können gegen Gebühr bei der ABI bezogen werden; dazu gehört auch ein vierseitiges Merkblatt «Ratschläge bei Nachhilfe».

Die ABI entstand als Initiative von Studenten der Universitäten Stuttgart und Tübingen sowie der pädagogischen Hochschulen des Landes Baden-Württemberg. Sie wurde schon 1967 als Verein ins Vereinsregister Stuttgart eingetragen. Ihre bundesweite Arbeit finanziert die ABI aus öffentlichen Zuschüssen, Spenden, Eigenleistungen und Mitgliedsbeiträgen.

(Adresse im Anhang)

Es gibt inzwischen immer mehr Nachhilfeinstitute. Große Ketten wie «Schülerhilfe» oder «Studienkreis», die einzelne Niederlassungen nach dem Franchise-Prinzip gründen, können mit zentral gesteuerten Werbekampagnen oder bundeseinheitlichen Telefonnummern den Markt bestimmen. Sie haben durch die Auslobung von Schülerwettbewerben, die Herausgabe von aufwändigen, zum Teil gut gemachten Informationsmaterialien oder durch Angebote von Computerkursen und Fremdsprachenunterricht für Vorschulkinder ihr Image aufzupolieren versucht.

Das ändert jedoch nichts an der Feststellung der Aktion Bildungsinformation e. V., dass etwa zwei Drittel aller Nachhilfe-Anbieter mit unzulänglichen Mitteln oder unseriös arbeiten: ungenügend qualifizierte Lehrkräfte (meistens sozial nicht abgesichert auf Honorarbasis), zu große und oft inhomogen zusammengesetzte Lerngruppen (Kinder verschiedener Klassenstufen mit unterschiedlichen Lernproblemen), nicht oder schlecht geeignete Räumlichkeiten sowie verbraucherunfreundliche Vertragsbedingungen (zu lange Kündigungsfristen, zu hohe Preise) und unseriöse Werbepraktiken. Wer ein Nachhilfeinstitut in Anspruch nehmen möchte, sollte sich also gründlich vor Ort umschauen und informieren, die Vertragsbedingungen zu Hause in Ruhe prüfen und überdenken und erst dann einen Vertrag unterschreiben. Das Merkblatt «Ratschläge bei Nachhilfe» der ABI e. V. (Adresse s. Anhang) kann dabei wertvolle Orientierungshilfe bieten.

Viel zweckmäßiger und preisgünstiger wären *schulintern angebotene Nachhilfekurse*. Hausaufgabenbetreuung, organisiert durch den Schulförderverein oder die Elternvertretung, sind bereits weit verbreitet. Nachhilfekurse ließen sich auf der gleichen Basis veranstalten. Die räumliche Ansiedlung in der Schule sowie die personelle Nähe der Nachhilfe-Lehrkräfte zum Kollegium bieten optimale Möglichkeiten. Noch preisgünstiger können solche Angebote ausfallen, wenn als Partner dafür gemeinnützige Einrichtungen wie die Arbeiterwohlfahrt, die Caritas, das Diakonische Werk oder andere gewonnen werden.

Doch in welcher Form, an welchem Ort und mit welchem Personal auch immer Nachhilfe in Anspruch genommen wird – sie darf kein Ersatz für die Verantwortung der Schule für den bestmöglichen Lernerfolg ihrer Schülerinnen und Schüler sein.

4 Anregungen für den Umgang der Schule mit Lernstörungen

Schule ist die Institution, die alle Kinder besuchen müssen – die gesetzliche Lage lässt in Deutschland prinzipiell nichts anderes zu. Sie hat den Auftrag, «jedem Kind ohne Rücksicht auf Herkunft oder wirtschaftliche Lage eine seiner Begabung entsprechende Ausbildung zu ermöglichen.» So oder ähnlich lauten die Formulierungen in Landesverfassungen und Schulgesetzen. Daraus ergibt sich die Verantwortung der Schule, die Begabungen *aller* Kinder zur Entfaltung zu bringen. Diese Verantwortung schließt die Berücksichtigung von Lern- und Teilleistungsstörungen ein; Letztere zeichnen sich ja gerade dadurch aus, dass sie unabhängig von der Begabung auftreten (vgl. die Definitionen von Legasthenie und Rechenschwäche auf S. 103 und 110).

Wann immer ein Kind in der Schule «aus dem Rahmen fällt» und bezüglich seines Lernens auffällig ist, müssen seine Lehrkräfte bestrebt sein, nach den Ursachen dafür zu forschen. Zu ihrer Unterstützung gibt es in allen Bundesländern Beratung durch Beratungslehrer und Schulpsychologen.

Doch unabhängig davon führen die Formulierung «aus dem Rahmen fallen» oder auch der Begriff der «Teilleistungsstörung» leicht irre, denn einen für alle gültigen Rahmen oder *den* «Durchschnittsschüler» gibt es nicht – er ist eine theoretische Größe. Jeder Mensch ist ein Individuum, ein Unikat, ein «ganz besonderes Exemplar». Alle Kinder bringen bei der Einschulung ihre Individualität mit; sie sind keine «unbeschriebenen Blätter», sondern verfügen bereits über eine Menge an Lernerfahrungen, Vorkenntnissen und Vorstellungen. Sie haben sogar schon eigene Lernstrategien entwickelt, nach denen sie sich ihre Umwelt aneignen (vgl. Brügelmann 1998). Die sind natürlich noch nicht «fertig» oder perfekt, aber das werden sie auch zeitlebens nicht, denn ihre Entwicklung ist ein ständiger, lebensbegleitender Prozess. Sie stoßen immer wieder an Grenzen, an Punkte, wo sie sich als korrekturbedürftig erweisen. Und bis zum Schuleintritt haben alle Kinder diese Strategien schon etliche Male korrigiert. Man denke nur an die immer «richtiger» werdende Grammatik in der Satzbildung von Vorschulkindern, an die zunehmende Perfektionierung von Formen beim Malen und Zeichnen, an Fortschritte im Zählen etc.

Bis zur Einschulung tolerieren die Erwachsenen im Allgemeinen die kindliche Individualität ohne große Bewertungen oder Eingriffe. Aber dann …

«Die Schule behandelt das Kind,
als käme es mit dem Eintritt ins Schulzimmer
neu auf die Welt.»
Alfred Lichtwark

Dieser etwa 100 Jahre alte Ausspruch eines Kunsterziehers kennzeichnet auch heute noch das Bewusstsein vieler Eltern und Lehrkräfte. Ab der Einschulung gilt ein für alle gleicher Maßstab – unabhängig von der kindlichen Individualität, von den jeweiligen Vorerfahrungen, Begabungen und ihren Beeinträchtigungen.

Ein solches Bewusstsein ist jedoch weit entfernt vom aktuellen Stand der Wissenschaft in Bezug auf Lernen und Entwicklung. Insbesondere die Gehirnforschung der letzten 15 Jahre hat enorme Fortschritte erzielt, weswegen man erwarten sollte, dass sich «gehirngerechtes Lernen» mehr und mehr durchsetzt. Seine wissenschaftlichen Grundlagen, wie wir sie in Kap. 1 (ab S. 23) dargestellt haben, müssen in der Schule viel stärker berücksichtigt werden.

«Gehirngerechtes» Lernen

Unser Gehirn funktioniert nach bestimmten Prinzipien. Werden diese vernachlässigt, bleibt der Erfolg seiner Anstrengungen aus. Kein Mensch würde erwarten, dass eine Stereoanlage ohne Strom Musik von sich gibt. Niemand würde sich wundern, wenn ein Automotor, dem nie ein Ölwechsel gegönnt wurde, irgendwann seinen Geist aufgibt. Doch den Gehirnen von Schulkindern mutet man eine Menge Dinge zu, die ihre optimale Leistungsfähigkeit beeinträchtigen. Es reicht nicht, ein Gehirn zu besitzen, sondern es muss auch richtig benutzt werden. «Vom Gehirnbesitzer zum Gehirnbenutzer» heißt folgerichtig der Slogan des Buches «Stroh im Kopf? – Gebrauchsanleitung fürs Gehirn» von Vera F. Birkenbihl. Vier Aspekte gehirngerechten Lernens sollen hier vorgestellt werden, die sowohl für den Schulunterricht als auch für den häuslichen Bereich Bedeutung haben.

Mehrkanaliges Lernen

Wie haben Sie, liebe Leserin, lieber Leser, im Laufe ihrer Lerngeschichte trockenes Faktenwissen (Jahreszahlen, Formeln, Staaten und Hauptstädte, Vokabeln …) am besten gelernt? Halfen Ihnen vielleicht «Eselsbrücken»? Das können Reime sein («753 – Rom kroch aus dem Ei») oder Assoziationen («Italien ist das Land, das wie ein Stiefel aussieht; der ‹Ball› heißt Sizilien»).

Solche Lern- oder Merkhilfen kam man ganz bewusst einsetzen; man nennt diese Vorgehensweisen «Mnemotechniken». Dazu gehört es beispielsweise, den zu lernenden Begriffen bestimmte Plätze im Zimmer zuzuweisen («Loci-Methode»); wenn man sich erinnern will, stellt man sich das Zimmer vor und ruft im Gedächtnis die belegten Plätze auf.

Man kann den Lernstoff in der Vorstellung auch mit Farben oder Gerüchen in Verbindung bringen. Noch effektiver ist es, wenn man dies alles handelnd tut.

Carina übt Rechtschreibung. Ihre Lehrerin hat den Kindern beigebracht, wie sie vorgehen sollen: Ein neues Wort erliest sie zunächst leise und laut, dann setzt sie es mit dem Buchstabensetzkasten und schreibt es einmal.

Dann geht sie den Schriftzug auf dem Fußboden nach, schreibt sich das Wort mit dem Finger auf ihren linken Unterarm, formt es aus Knete und schreibt es noch einmal.

Ihre Mutter staunt sehr; sie musste als Kind neue Wörter immer nur abschreiben, bis drei Zeilen im Heft voll waren.

Carinas Lehrerin legt Wert auf «mehr-» oder «multikanaliges Lernen». Sie weiß, dass der Lernerfolg umso größer ist, je mehr Sinneskanäle eingesetzt werden. Wer nur Auge und Ohr beim Lernen benutzt, lässt sein geistiges Potenzial zu großen Teilen brachliegen.

Im Buch «Kreativ lehren und lernen» vom SKILL-Autorenteam (Gabal-Verlag) heißt es:

«Wir behalten

10 % von dem, was wir lesen,

20 % von dem, was wir hören,

30 % von dem, was wir sehen,

50 % von dem, was wir hören und sehen,

70 % von dem, was wir selber sagen,

90 % von dem, was wir selber tun.»

(SKILL-Autorenteam 1995, S. 40)

Wer also beim Rechtschreibtraining nur schreibt, wird im Durchschnitt weniger erfolgreich sein als all die Carinas, die sehen (lesen), sprechen (hören, Mundmotorik), Buchstaben im Setzkasten setzen (lautieren, hantieren), Wortbilder abschreiten (inneres Bild, Gleichgewichtssinn) und sich auf den Arm schreiben (inneres Bild, Tastsinn) sowie aus Knete formen (inneres Bild, Feinmotorik). Natürlich gibt es Menschen, die rein kognitiv vorgehen und dabei «erfolgreich» in dem Sinne lernen, dass sie alle schulischen Anforderungen bewältigen. Aber dieses einseitige Kopflernen erzeugt auch einseitige Menschen: Den erfolgreichen Ingenieur, der keinen Sinn für Literatur hat; den Schriftsteller oder Geisteswissenschaftler, der keinen Nagel in die Wand zu schlagen vermag. Und letztlich tun sich beide damit auch beruflich keinen Gefallen, da der literarisch interessierte Ingenieur vielleicht eher auf eine ungewöhnliche Problemlösung käme und der Autor beim Handwerkern Stoff für eine Figur fände.

Solche Einseitigkeiten haben nur ein Stück weit mit Veranlagungen und Begabungsschwerpunkten zu tun und sind durch mehrkanaliges Lernen durchaus veränderbar. Gerade die Schüler, die mit einseitigen Lernangeboten in der Schule nicht erfolgreich sind, benötigen Angebote für alle Sinne, damit sie *ihren* individuellen Weg zum Behalten, Verstehen und Anwenden entwickeln können.

Ansatzweise hat sich in der Lehrerschaft bereits ein Bewusstsein für diese Aspekte entwickelt. Ganz besonders in Grund- und Sonderschulen haben bereits Hintergrundmusik beim Lernen, spielerische Übungen und Bewegungsspiele Eingang gefunden. Besonderer Beliebtheit erfreut sich dabei das «Brain Gym», die aus der angewandten Kinesiologie und ihrem Teilgebiet «Edukinestetik» entnommene Lerngymnastik (vgl. S. 223 ff.). Allerdings ist das ihr zugrunde liegende Modell der Integration der beiden Gehirnhälften neurophysiologisch noch umstritten.

Bewegung, Sauerstoff- und Wasserzufuhr

Das Motiv für diese Entwicklung liegt allerdings nicht erst in der Gehirnintegration, über die Lehrer in der Regel nicht viel wissen, sondern in einem ganz vordergründigen Bedürfnis von Kindern, das in der Schule allzu sehr vernachlässigt wird: dem Bewegungsbedürfnis.

Wenn Kinder kippeln und zappeln, dann verlangt ihr Körper nach seinem Recht.

Stillsitzen
ist kein kindgemäßer Dauerzustand
für den Organismus.

Muskeln, Sehnen und Gelenke brauchen die Bewegung, um geübt und gestärkt zu werden. Die Muskeln müssen «lernen», sowohl an- als auch entspannen («Muskeltonus») zu können, damit Bewegungen und Kraftaufwand kontrollierbar sind. Der Blutkreislauf verlangsamt sich beim Sitzen, weshalb das Gehirn weniger mit Sauerstoff versorgt wird. Das führt zu Gähnen und anderen Ermüdungserscheinungen und somit zu Konzentrationsabfall. Der Liquorkreislauf (Liquor = Gehirnflüssigkeit) wird gehemmt, wodurch Gehirn und Rückenmark nicht so gut umspült werden können. So ist der Schlackenaustausch der Nervenzellen behindert, was gleichfalls zu schnellerer Ermüdung führt.

Wenn Kinder schon viel sitzen müssen, dann sollte das auch «ergonomisch» richtig (körpergerecht) stattfinden (vgl. S. 74). Sonst ist es nur zu verständlich, dass Kinder zappelig werden, wenn ihre Füße wegen zu hoher Stühle baumeln oder die Beine aufgrund zu niedriger Tische stark eingeengt werden. Sie neigen dann zum Schaukeln. Normale Stühle sind aber nicht zum Schaukeln geeignet; höhenverstellbare mit beweglichen Sitzflächen sind zwar auf dem Markt erhältlich, werden aus Kostengründen von den Schulträgern aber kaum angeschafft (s. Adresse im Anhang).

Wer gut sitzt, braucht trotzdem zwischendurch Bewegungspausen; wer schlecht sitzt, braucht sie umso mehr. Fortbildungsprogramme wie «Schule in Bewegung» werden in die Schulen hineingetragen, um die Lehrkräfte zu sinnvoll gestalteten Bewegungspausen zu animieren. Trotzdem breiten sich solche Praktiken nur langsam aus, und man kann fast den Eindruck gewinnen, als ob das Bewegungsbedürfnis von Kindern mit Abschluss der Grundschulzeit für erledigt gehalten wird, denn in weiterführenden Schulen sind sie kaum bekannt. Hier gibt es noch viel zu tun; Elternvertretungen können interessierte Lehrerinnen und Lehrer wirkungsvoll darin unterstützen, ihr Wissen um physiologische Grundbedürfnisse von Kindern im pädagogischen Alltag umzusetzen.

Das gilt auch für die ausreichende Zufuhr von frischer Luft und Wasser. Der Sauerstoffverbrauch steigt mit dem Niveau der geistigen Aktivität, deswegen müssen Klassenzimmer immer wieder zwischendurch gelüftet werden. Zu wenig Wasser im Organismus, vor allem in den Nervenzellen, führt zu einer Verlangsamung der (elektrischen) Nervenimpulse, also zu Konzentrationsabfall und vorzeitiger Ermüdung. Doch die Sprudelkiste im Klassenzimmer wird noch allzu häufig belächelt oder gar vom Hausmeister bzw. dem Putzpersonal bekämpft.

Förderung von Bewegungskoordination und Wahrnehmung

Was für die «normalen» und «gesunden» Kinder gilt, das trifft natürlich auf Kinder mit Störungen in der Bewegungskoordination und / oder Wahrnehmung in ganz besonderem Maße zu. Der Prozentsatz davon betroffener Kinder scheint zu steigen; die Unfallversicherung der Stadt Frankfurt spricht von 30 bis 40 Prozent.

Stolpernde Kinder

Immer mehr Kinder verletzen sich durch Bewegungsunsicherheiten wie Ausrutschen, Stolpern oder Umknicken. Als Ursache haben Kinderärzte beobachtet, dass viele Kinder im Vorschul- oder Grundschulalter Schwierigkeiten mit der Körperkoordination haben, teilte die Landeszentrale für Gesundheit in Bayern gestern mit ...
(dpa-Meldung, in: Rheinische Post, 26.02.00)

Zweifellos wäre die Schule überfordert, therapeutische Aufgaben zu übernehmen und für die betroffenen Kinder spezielle Trainings zu organisieren. Aber sie ist die Institution, in der die geschilderten Probleme offenkundig werden und letztlich auch ihre Bemühungen um die Erfüllung des Erziehungs- und Bildungsauftrags behindern. Deswegen darf sie Wahrnehmungs- und / oder Koordinationsstörungen von Kindern keinesfalls ignorieren. Die Kooperation mit sonderpädagogisch arbeitenden Schulen muss intensiviert, die Einbindung von Sonderschullehrkräften in die Regelschulkollegien sollte angestrebt und das Niveau der Kompetenz von Sonderpädagogen schrittweise zum Standard auch für Grundschullehrkräfte werden. Zumindest aber muss man erwarten, dass Eltern von der Schule entsprechend beraten und über Behandlungseinrichtungen informiert werden.

Elternschulung

Selbst wenn die Schulen sich in ihrer Praxis mehr und mehr im oben geschilderten Sinn verändern sollten, reicht das noch nicht aus. Schule wirkt ja auch in den häuslichen Bereich hinein, vor allem über die Hausaufgaben und die «Lernerfolgsrückmeldungen» in Form von Noten. Beides sind Konfliktfelder zwischen Eltern und Kindern. Da Eltern von der Notwendigkeit guter Schulleistungen zur Erreichung einer gesicherten gesellschaftlichen Position überzeugt sind, neigen viele von ihnen dazu, ihre Kinder mit Druck in Form von Versprechungen oder Drohungen oder mit Strafen und Zwang zum Schulerfolg zu treiben. Dass der daraus resultierende Stress kein «gehirngerechtes» Lernen zulässt, dürfte nach den obigen Ausführungen deutlich sein.

Wenn Schule mit den Eltern an einem Strang ziehen will, muss sie sie also aufklären und über die Grundbedingungen erfolgreichen Lernens informieren. Das hat jedoch so lange nur beschränkte Erfolgsaussichten, wie schlechte Noten und «Schulversagen» tatsächlich zu fehlenden Ausbildungschancen und erhöhtem Arbeitslosigkeitsrisiko führen. Die Ängste, die Eltern dazu bringen, Druck zu machen, haben ja einen ganz realen Hintergrund.

Für Kinder mit Lern- und Leistungsstörungen ist die Aufklärung ihrer Eltern allerdings besonders wichtig und auch Erfolg versprechend, weil bei ihnen die Stressreduzierung in Verbindung mit angemessener Förderung tatsächlich sichtbare Fortschritte bewirkt.

Den diagnostischen Blick schärfen

Wenn es mit dem Lernen nicht klappt, werden nicht nur die Eltern ängstlich oder verunsichert, sondern auch die Lehrkräfte. Sie sind es ja gewohnt, dass ihre Unterrichtsbemühungen Lernerfolge bringen. Und nun gibt es da Torsten oder Britta, die einfach keine Fortschritte machen! Da die anderen in der Klasse ja durchaus dazulernen, ist das umso verwunderlicher.

«Es muss also am Kind liegen» – dieser Gedanke liegt nahe. Trotzdem wurmt es die eine oder andere Lehrerin, dass ihre Bemühungen nicht fruchten. Es erfordert Selbsterfahrung und Selbstbewusstsein, den Misserfolg beim Lernen weder sich selbst zuzuschreiben, noch dem Kind eine Verweigerung oder persönliche Ablehnung zu unterstellen. Häufiger, als man glauben möchte, sind zumindest unterschwellig solche Gefühle beteiligt: «Jetzt habe ich das schriftliche Dividieren doch dreimal erklärt und vorgemacht, und Nadja kann es immer noch nicht. Die will mich wohl hochnehmen!» – «So liebevoll haben wir den Kreislauf des Wassers besprochen und gezeichnet, und Sven weiß einfach nichts darüber – dem ist es offensichtlich egal, was ich hier veranstalte.»

Diese (in der Regel unbewussten) Verletztheiten und Unterstellungen belasten natürlich das Verhältnis zum Kind und verstellen den Blick auf seine tatsächlichen «besonderen Lernbedürfnisse». Lehrkräfte sind in der Ausbildung auf diesen Aspekt ihres Berufs nicht vorbereitet worden. Auch wer eine starke Persönlichkeit mitbringt und kein Problem damit hat, dass ein Kind nicht so erfolgreich lernt, wie es den Unterrichtsbemühungen entspricht, weiß zumeist nicht, wie diese Auffälligkeit einzuordnen ist – der diagnostische Blick fehlt. Kompetenz in pädagogischer Diagnostik ist kein eigens ausgewiesenes Ziel der Ausbildung von Lehrerinnen und Lehrern.

Beurteilungsfehler

So fallen Lehrkräfte auch heute noch auf schon seit vielen Jahrzehnten bekannte Beurteilungsfehler herein. Das ist nicht ihre persönliche Schwäche, sondern ein allgemein menschliches Phänomen, dem jeder unterliegt. Allerdings könnten diese Beurteilungsfehler mit entsprechendem Wissen und Training reduziert werden.

Einer dieser Fehler ist die «sich selbst erfüllende Prophezeiung», in der Fachliteratur auch als «Pygmalion-Effekt» bekannt. Danach beeinflussen Vorinformationen oder Vorurteile die eigentliche Bewertung.

In einem Experiment dazu wurde Lehrkräften mitgeteilt, bestimmte Schüler hätten in einem Intelligenztest hervorragend abgeschnitten und es wäre zu erwarten, dass ihre Leistungen sich verbesserten. Andere bestimmte Schüler hätten schlechte Resultate erzielt, sodass es zweifelhaft wäre, ob sie ihre Noten halten könnten. In Wirklichkeit waren die genannten Schüler in ihrer Leistungsfähigkeit jedoch absolut vergleichbar. Die Zensuren der benannten Kinder entwickelten sich in der Folgezeit genau so, wie es den angeblichen Testergebnissen entsprach. Die «Information» der Lehrer hatte dazu geführt, dass sie bei den angeblich intelligenteren Kindern vornehmlich ihre positiven Leistungen sahen, während sie bei den angeblich weniger intelligenten Schülern in erster Linie die Schwächen wahrnahmen.

In einer anderen Untersuchung stellte man fest, dass Lehrer bei guten Rechtschreibern mehr Fehler in den Diktaten übersahen als bei den schwachen. Bei Ersteren erwarten sie einfach keine Fehler, während sie bei den Letzteren stärker danach suchen.

PYGMALION-EFFEKT

Rosenthal und Jacobson stellten bei der Beobachtung von Lehrern fest, dass sich ihre Erwartungen an die Schüler im Umgang mit diesen regelmäßig erfüllten (self-fulfilling prophecy). «Danach besteht die Wahrscheinlichkeit, dass die von Lehrern gegenüber Schülern bestehenden Erwartungen, Einstellungen und Vorurteile das Schülerverhal-

ten tatsächlich beeinflussen und verändern, obwohl eine objektive Diagnose der Ausgangsvoraussetzungen dies nicht hätte erwarten lassen.»
(Schaub / Zenke 1995, S. 286)

Ein anderer Beurteilungsfehler, dem wir Menschen und eben auch Lehrer häufig unterliegen, ist der «Halo»- oder «Hofeffekt». So wie der Mond in sternklaren Nächten von einem strahlenden Kranz, dem «Hof», umgeben ist, der ihn größer und prächtiger wirken lässt, strahlen auch wir Menschen durch unsere äußeren wie inneren Eigenschaften etwas aus, das den Blick auf das eigentlich zu Beobachtende verstellt.

HALO-EFFEKT (SYN. HOF-EFFEKT)

Bezeichnung für eine Fehlerkomponente bei der Beurteilung von Leistungen oder Persönlichkeitsmerkmalen, die durch Ausstrahlung eines Einzeleindrucks auf andere bedingt ist. So wird z. B. der gute Gesamteindruck eines Menschen auf eine weniger gute Eigenschaft übertragen und bessert diese in der Beurteilung auf.
Um einen solchen Ausstrahlungseffekt handelt es sich auch, wenn bei faktisch gleicher Schulleistung ein Kind aus der oberen Sozialschicht besser beurteilt wird als ein Arbeiterkind.
(Schaub / Zenke 1995, S. 171)

Die Fernseh-Talkshow «Thema M» führte einmal ein Experiment durch, das diesen Halo-Effekt wunderbar anschaulich macht. Zwei Gruppen von Lehramtsstudenten in Karlsruhe und Ludwigsburg erhielten einen identischen Schüleraufsatz mit der Aufgabe, jeder Einzelne solle ihn für sich lesen und benoten. Es wäre zu erwarten gewesen, dass die Durchschnittsnoten der beiden Studentengruppen etwa gleich ausfallen. Aber die Studenten erhielten mit dem Aufsatz auch ein Passfoto des angeblichen Schreibers: die Ludwigsburger das Bild eines richtig hübschen Jungen, die Karlsruher hingegen das Foto eines Jungen mit Brille und abstehenden Ohren. Die Durchschnittsnote in Ludwigsburg fiel um mehr als eine Notenstufe besser aus als die in Karlsruhe.

Wenn man diesen Beurteilungsfehler auf die Situation von Kindern überträgt, die besondere Schwierigkeiten mit dem Lernen aufweisen, dann zeigt sich die spezielle Gefahr, in der sie stehen: Werden sie mit ihren Lernschwierigkeiten nicht richtig erkannt und angemessen unterstützt, können sie leicht (das wäre nur allzu «psycho-logisch») mit Verhaltensauffälligkeiten reagieren. Auffälliges Verhalten wiederum wird von Lehrkräften häufig als Grund für Leistungsdefizite interpretiert: «Kein Wunder, dass Sabrina in der Schule versagt, wenn sie ständig träumt.» Oder: «Bei solch einer ungebremsten Verhaltensstörung kann das Lernen ja nicht klappen!» Wo also die Informiertheit über Erscheinungsformen und Ursachen von Lern- und Leistungsstörungen fehlt, ist die Gefahr einer Fehleinschätzung der davon betroffenen Kinder durch ihre Lehrkräfte groß. Das gilt für Kinder aus sozial benachteiligten Milieus in doppelter Hinsicht; ihr Verhalten und ihr Erscheinungsbild provozieren manchen Lehrer zusätzlich zu Vorurteilen, damit zu Fehleinschätzungen und zu einem unangemessenen, das Problem verstärkenden Umgang mit diesen Schülern.

Pädagogische Diagnostik

Das Unterrichtsziel von Schule ist die begabungsgemäße Förderung möglichst aller Kinder, unabhängig von ihrer Herkunft. Die Schwierigkeit dieser Aufgabe liegt in den unterschiedlichen Begabungen, Vorerfahrungen und Milieubedingungen von Schülern. Teilleistungs- sowie sonstige Lernstörungen komplizieren die Aufgabe zusätzlich.

Eine Möglichkeit, damit umzugehen, haben wir in den Ansätzen des gehirngerechten Lernens kennen gelernt, weil mehrkanalige Unterrichtsarrangements eine größere Chance bieten, für annähernd alle Kinder fruchtbar zu sein. Eine andere Möglichkeit stellt der «adaptive Unterricht» dar: Unterricht, der sich allen Kindern und ihren individuellen Lernbedürfnissen durch didaktisch-methodische Differenzierung anpasst. Das ist ein hoher Anspruch, ein Ideal, dem sich Lehrkräfte im Grunde immer nur annähern können, ohne es in der Praxis je ganz zu erreichen. Die Annäherung gelingt jedoch umso besser, je kompetenter die dazugehörige pädagogische Diagnostik beherrscht wird.

Das «Stellen einer Diagnose» bezeichnet ursprünglich in der Medizin das Erkennen oder Abklären einer Krankheit. Im Zusammenhang mit dem Lernen ist das Abklären von diesbezüglichen Auffälligkeiten gemeint. «Pädagogische Diagnostik» hat also nichts mit Krankheit zu tun, wenngleich sie auch zur Einleitung von (lern-)therapeutischen Schritten führen kann. Es geht darum, sich klar darüber zu werden, wie ein Schüler lernt und auf welche Weise sein Lernen optimiert werden kann.

Ein heute schon klassisch zu nennendes Vorgehen stellt der Einsatz von Testverfahren dar. In der Psychodiagnostik dienen Tests zur Abklärung etwa von Begabung, Persönlichkeitsmerkmalen (Motivation, Ängstlichkeit, Einstellungen, Interessen u. a.), Konzentrationsfähigkeit oder Neurotizismus. Solche Tests dürfen von Lehrkräften im Alltag jedoch nicht eingesetzt werden, es sei denn, sie hätten eine Zusatzausbildung (z. B. Beratungslehrer, Sonderschullehrer) und / oder einen dienstlichen Auftrag dazu. Sie werden in Verfahren zur Überprüfung auf Sonderschulbedürftigkeit oder in manchen Bundesländern zur Überprüfung der Eignung für bestimmte weiterführende Schulen angewendet.

In der pädagogischen Diagnostik eines jeden Unterrichts dürfen jedoch «Schulleistungstests» Anwendung finden. Das sind Verfahren, die an einer Vielzahl von Schülern «geeicht» (normiert) worden sind und somit die Vergleichbarkeit der Testergebnisse ermöglichen.

Herr Kraus zum Beispiel ist Klassenlehrer einer vierten Klasse und fragt sich, ob das Niveau der Rechtschreibleistungen seiner Schüler eigentlich akzeptabel ist. Ihm scheint die Fehlerquote in den Diktaten zu hoch zu sein.

Diktate, so aufgeklärt ist Herr Kraus, sind jedoch genau wie alle Klassenarbeiten als Messinstrument von Lernleistungen nicht gut geeignet, denn es fehlt der Vergleich über die eigene Klasse hinaus.

Aus diesem Grund führt er einen standardisierten Rechtschreibtest durch, wie es etliche auf dem Testmarkt gibt. Jetzt erkennt er, dass der

Klassendurchschnitt durchaus noch im Rahmen des bundesweiten Durchschnittsniveaus liegt. Bei der Analyse der Testleistungen einzelner Kinder erkennt er ihre Fehlerschwerpunkte: Ariane z. B. macht besonders viele Fehler bei der Groß- und Kleinschreibung, während Richard (vor einem halben Jahr aus Russland ausgesiedelt) noch bei Merkwörtern aus dem Grundwortschatz Schwierigkeiten hat oder Gabi auffallend häufig ganze Buchstabengruppen verdreht und manchmal auch Laute auslässt.

Die Ergebnisse des Tests helfen Herrn Kraus nun, für seine Klasse gezielte Förder- und Trainingsmaßnahmen zu planen. Gabi wird spezielle Wahrnehmungsübungen absolvieren; ihr würde das Training der Groß-/Kleinschreibung noch überhaupt nichts nützen. Später kann sie vielleicht auch von einer Fehlerkartei profitieren, mit der Richard zunächst arbeiten soll.

Das Beispiel lässt erahnen, dass der Einsatz von standardisierten Leistungstests hilfreich, aber auch zeit- und arbeitsaufwendig ist. Nicht immer ist es erforderlich, eine ganze Klasse zu testen. Der Zeitaufwand für den Test mit einem einzelnen Kind ist zwar genauso groß, die Auswertung ist jedoch schnell erledigt und kann unter Umständen hilfreich sein, um seine Lernprobleme gezielt anzugehen.

Vielleicht genügt auch schon eine «Fehleranalyse». In den Klassenarbeiten und «Tests», die sich auf den Unterricht beziehen, werden die Fehler üblicherweise nur gezählt und die Leistung danach benotet. Doch wer sich ein Diktat genauer ansieht, kann Fehlerschwerpunkte darin unschwer erkennen. In der Fachliteratur finden sich zudem Fehleranalyse-Systeme, mit deren Hilfe sich in jedem vom Kind geschriebenen Text Schwerpunkte ausmachen lassen, die dann sinnvolle, gezielte Fördermaßnahmen ermöglichen.

Das gilt auch für andere Schulfächer, besonders für Mathematik. Kinder mit Rechenschwäche machen «Fehler mit System», denn ihre Rechenstrategie versagt an bestimmten Stellen. Besprechen Sie den Fehler mit dem Kind und erfragen Sie seine Gedanken beim Rechnen, so können Sie diesen «Systemfehlern» eventuell auf die Spur kommen (vgl. S. 114).

Neben standardisierten Tests und Fehleranalysen spielt in der pädagogischen Diagnostik die Beobachtung eine wesentliche Rolle. Die «Verhaltensbeobachtung» kommt vor allem bei «auffälligem» Schülerverhalten in Betracht.

Damit sind jedoch nicht nur lebhafte, die Klasse störende bis aggressive Verhaltensäußerungen gemeint, sondern auch die ruhigeren, die eher bei scheinbar «konzentrationsschwachen» oder «lernbehinderten» Kindern vorkommen: Gähnen, mit Schreibsachen, den Fingern oder am Mund spielen, Kopf auf den Tisch legen usw.

Solche Verhaltensbeobachtungen können von der Lehrerin nur schwerlich durchgeführt werden, während sie gleichzeitig unterrichtet. Allenfalls sporadische Wahrnehmungen kann sie so registrieren und nach der Unterrichtsstunde notieren.

Um gründliche Beobachtungen anzustellen, muss sie Gelegenheiten suchen, dem Unterricht als Zuschauerin beizuwohnen, etwa während einer Fachunterrichtsstunde. Sie wird umso mehr wahrnehmen können, je weniger außergewöhnlich die Situation für die Kinder ist.

Auf die verschiedenen Formen von Beobachtung (freies Beobachten, Schätzskalen, Interaktionsanalyse etc.) kann hier nicht weiter eingegangen werden. Jede dieser Formen ist – vor allem im Unterschied zu standardisierten Tests – mehr oder weniger subjektiv, was bei der Interpretation der Ergebnisse und vor allem den daraus zu ziehenden Schlussfolgerungen zu berücksichtigen ist.

Ein wichtiges Prinzip des freien Beobachtens sei hier jedoch erwähnt, das auch Eltern für die häusliche Situation eine Hilfe sein kann:

Anlässlich eines Workshops zur Konzentrationsförderung fragte ich die teilnehmenden Eltern: «Was fällt Ihnen ein, wenn Sie an die Konzentration Ihres Kindes denken?» Als Antworten wurden u. a. diese Stichworte notiert:

– P. ist zappelig
– kann sich nicht konzentrieren
– abgelenkt
– Tagträumer
– C. ist nicht bei der Sache
– fängt nicht an

Solche Antworten geben auch Lehrerinnen häufig, wenn sie nach «unkonzentrierten» Kindern gefragt werden. Die Verwendung von Adjektiven (zappelig, unkonzentriert, nervös …) oder Substantiven (Tagträumer, Trödler, Zappelphilipp …) stellt jedoch eine Abstraktion dar, bei der Beobachtetes bereits interpretiert und bewertet wird. Wichtig ist es, die Beobachtungen zunächst so rein wie möglich zu erfassen, bevor sie zusammengefasst und ausgewertet werden. Das beste sprachliche Mittel dafür ist die Verwendung von Verben zur Beschreibung des «offensichtlichen» Tuns, z. B.:

- Statt «sitzt unruhig»: *Wiegt den Oberkörper hin und her, vor und zurück, schaukelt rückwärts mit dem Stuhl, schlägt rechtes Bein unter, kniet sich auf den Stuhl …*
- Statt «Tagträumer»: *Schaut ins Buch, spielt mit dem Stift am Mund, schaut in die Zimmerecke, kaut auf dem Stift, schaut zur Tür, zur Decke. Gibt sich einen Ruck, schaut ins Buch und zieht die Kappe vom Füller, setzt den Füller im Heft an, schaut zur Decke, malt im Heft, ohne hinzuschauen …*
- Auch eine Formulierung wie «fängt nicht an» ist, obwohl sie ein Verb verwendet, nicht konkret genug. Was tut das Kind, wenn es «nicht anfängt»? *Es sortiert sein Mäppchen, spitzt alle Buntstifte, ruft beim Freund an und fragt nach der genauen Aufgabe, muss erst noch die Fische füttern, schaut ins Fernsehprogramm, malt am Heftrand und verziert die Seite …*

Verb-orientierte und möglichst präzise Beobachtungen sind eine gute Grundlage, um später unter Verwendung weiterer diagnostischer Daten eine nicht nur zutreffende, sondern auch hilfreichere Beschreibung des Problems eines Kindes mit Lernschwierigkeiten erstellen zu können.

Der Sinn pädagogischer Diagnostik ist schließlich der möglichst optimal angepasste Unterricht, das möglichst optimal auf das einzelne Kind und seine Lernbedürfnisse zugeschnittene Fördern, nicht das «Fest-Stellen» eines Zustands. Insofern sind auch die punktuellen Leistungstests im Unterrichtsalltag (gelegentliche Klassen- oder Probearbeiten, mündliche Abfragen, bewertete Hausaufgaben usw.) nur Feststellungen und keine prozessorientierten Rückmeldungen über die Lernentwicklung von Schülern. Doch nur wer Letzteres im Auge behält, wird Kindern beim Lernen wirklich helfen können, vor allem denen, bei denen es nicht richtig klappt.

Konzertierte Förderbemühungen

Wenn Lehrkräfte im Rahmen ihrer Möglichkeiten getestet, Fehler analysiert und beobachtet haben, dann sollte mit all diesem Aufwand auch etwas bewirkt werden. Eine verbesserte Passung des Unterrichts und differenziertes, individualisiertes Fördern stellen schon erhebliche Fortschritte dar, die jedoch erst durch ergänzende außerschulische Maßnahmen für Kinder mit erheblichen Lernstörungen ihre volle Wirksamkeit entfalten können.

Lehrer können mit Hilfe der Eltern in dieser Hinsicht sehr viel bewirken.

1. Weil Lehrkräfte im Unterschied zu den Eltern nicht nur das eine («Problem»-)Kind sehen, sondern über alle Klassen hinweg eine Vielzahl von ihnen, können sie auch eine Menge an Erfahrungen damit sammeln, zusammentragen und zu einer Art «Beratungslogistik» verarbeiten. Jede Schule sollte ihre eigene Kartei mit den Beratungs- und Therapiemöglichkeiten des Schulumfelds erstellen: Adressen, Telefonnummern und gegebenenfalls Internetadressen von Selbsthilfeorganisationen, Ärzten, Therapeuten, Beratungsstellen usw. Sie könnten auch die betroffenen Eltern der eigenen Schule miteinander in Kontakt bringen, ihren Austausch ermöglichen und damit schulinterne Selbsthilfe anregen.

2. Lehrkräfte sollten die gesammelten Beobachtungen und Erkenntnisse über ein Kind mit Lern- oder Leistungsstörungen mit den Eltern besprechen. Dabei ergibt sich die Gelegenheit, im Gespräch weitere Daten zu sammeln, die für das Verständnis der Problematik von Bedeutung sein können: Entwicklungsauffälligkeiten, besondere Erlebnisse etc. Damit kann sich das Bild vom Problem des Kindes verdichten, und es wird möglich, konkrete Fragestellungen zu formulieren, für die im außerschulischen Bereich Antworten gesucht werden. Der diagnostische Prozess, dem sich Lehrkräfte bei diesem Vorgehen stellen, sieht folgendermaßen aus:

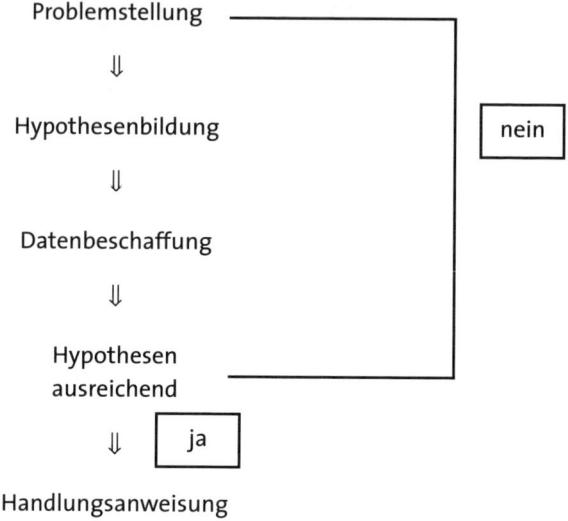

Problemstellung

⇓

Hypothesenbildung

nein

⇓

Datenbeschaffung

⇓

Hypothesen
ausreichend

⇓   ja

Handlungsanweisung

In diesem Prozessmodell (nach: DIFF 1980, S. 162) würden Eltern vielleicht schon bei der Hypothesenbildung (z. B.: «Ich frage mich, ob Ihr Kind vielleicht an einer Aufmerksamkeitsstörung mit Hyperaktivität leiden könnte.») einbezogen, spätestens jedoch bei der Datenbeschaffung, die über eigenes Beobachten hinausgeht. Die Hypothesen werden dann gemeinsam so lange präzisiert, bis die nächsten Schritte («Handlungsanweisung») klar sind: Abklärung bei Kinder- oder anderem Facharzt, sozialpädiatrische Ambulanz des Kinderkrankenhauses, schulpsychologischer Dienst ...

3. Schließlich müssen die Lehrer bereit sein, mit den außerschulischen Fachkräften auch zu kooperieren. Das bedeutet zumindest, telefonisch Informationen auszutauschen; im Optimalfall wird es zu Gesprächen am runden Tisch kommen, bei denen alle mit dem Kind in Beziehung stehenden Personen beteiligt sind, die gleichzeitig mit seinem Lernproblem zu tun haben.

Pädagogisch-soziale Kompetenz stärken

Das oben geschilderte diagnostische Vorgehen fordert von Lehrern zusätzlichen Zeiteinsatz. Doch unter dem Gesichtspunkt, dass Kinder mit Lern- und Leistungsstörungen ohnehin ein Mehr an Zeit (für Korrekturen, Planung und Organisation von Fördermaßnahmen, Gespräche …) beanspruchen, kann dieses Vorgehen langfristig durchaus wieder Zeit einsparen.

Aber ganz abgesehen von dem rein ökonomischen Aspekt: Eigentlich müsste es ja eine Ehrensache für Pädagogen sein, sich nach Kräften um Kinder mit besonderen erzieherischen Bedürfnissen zu kümmern. Doch wie soll sich pädagogisches Ethos überhaupt entwickeln können? Weder ist es ein Auswahlkriterium für die Zulassung zum Lehramtsstudium oder später zum Schuldienst, noch spielt es in der Lehrerausbildung eine nennenswerte Rolle. Wo es fehlt, lässt es sich auch nicht erzwingen. Der einzig realistische Weg zu seiner Verbreitung scheint in entsprechend ausgerichteten Lehrerfortbildungs-Maßnahmen zu liegen. Lehrer haben angesichts des schwieriger gewordenen Unterrichtsalltags ein erhöhtes Fortbildungsbedürfnis, das neben anderen einen eindeutigen Schwerpunkt im Bereich der Teilleistungsstörungen aufweist. Hier liegt ein Ansatz für Lehrertrainings, die das pädagogische Ethos entwickeln, während sie gleichzeitig fachlich-praktische Hilfen für die Bewältigung des Schulalltags vermitteln. Neben dem fachlichen Aspekt spielen drei Elemente in einem solchen Konzept eine Rolle: Kommunikationstraining, Erziehungsstil und die Tatsache, dass sich Lehrer auch wohl fühlen.

Kommunikationstraining

Die Arbeit von Lehrern besteht hauptsächlich im Kommunizieren mit ihren Schülern und mit deren Eltern sowie dem Kollegium und dienstlichen Bezugspersonen. Dabei sind konflikthafte Situationen völlig normal, denn wo unterschiedliche Bedürfnisse und Interessen aufeinander treffen, können Meinungsverschiedenheiten nicht ausbleiben.

Erstaunlicherweise spielt Kommunikationstraining in der Lehrerausbildung praktisch keine Rolle! Die meisten Lehrkräfte haben wohl irgendwann einmal von Kommunikationstheorie und von Techniken wie *Türöffnern, aktivem Zuhören* oder *Ich-Botschaften* gehört, die entsprechenden Verhaltensweisen aber nie trainiert. Darum haben die meisten Konflikte im Schulalltag mit gestörter Kommunikation zu tun.

Ralf zum Beispiel, Fünftklässler am Gymnasium, bekommt seine erste Mathematik-Klassenarbeit zurück. Note: fünf. Sein Blick verschleiert sich, die Augen füllen sich mit Tränen, er beginnt zu weinen. Hilflos schaut er zu seinem Lehrer, der am Pult sitzt. Der sieht den Jungen, zögert kurz, dann raunzt er ihn an: «Ja, hab denn ich die Arbeit geschrieben oder du?!»

Solche Situationen passieren täglich viele tausend Male in unseren Schulen. Die Botschaft des Kindes, die es mit seinem Weinen und dem hilflosen Blick aussendet, wird vom Lehrer als dem Empfänger der Botschaft fehlinterpretiert. Ralf möchte Trost, Zuspruch, ein «Seelenpflaster» für seine Wunde, vielleicht ein Hilfsangebot oder Tipps zur Verbesserung der Leistung. Der Lehrer jedoch fühlt sich verantwortlich gemacht und hat das Bedürfnis, den Schuldvorwurf zurückzuweisen, als den er die Botschaft des Jungen versteht. Er meint es sicher nicht böse. Wenn er einen Schuldvorwurf wahrnimmt, dann steckt eher ein guter Kern in ihm: Sein Gewissen meldet sich. Sicher möchte er nicht, dass die Schüler als Reaktion auf seine Bemühungen traurig werden. Aber er hält den vermeintlichen Vorwurf nicht aus.

Weil wir Menschen unsere Umwelt und auch die Verhaltensweisen und Äußerungen der Mitmenschen stets durch Vorannahmen, Erfahrungen, Vermutungen, also durch die persönliche «Brille» gefiltert erleben, reagieren wir häufig unangemessen.

Im Kommunikationstraining können Lehrer lernen, Äußerungen zu analysieren, auf eine förderliche Art und Weise Rückfragen zu stellen,

Distanz zum Konflikt zu halten und ihn damit so zu überwinden, dass beide Seiten «gewinnen». Das Training eines effektiven Kommunikationsverhaltens wirkt gleichzeitig auf die Einstellung und Haltung zum Mitmenschen. Die veränderten Reaktionsmuster verändern nach und nach die Beziehungen und damit auch das Klima.

Kinder, bei denen es mit dem Lernen nicht klappt, profitieren ganz erheblich von effektiv kommunizierenden Lehrkräften (und Eltern!). Sie werden sich mit ihren Problemen eher angenommen und nicht «abgeschrieben» fühlen. Damit haben sie eine große Chance, Selbstwertgefühl, Vertrauen in ihre Stärken und Zuversicht zu entwickeln – wesentliche Voraussetzung für die Überwindung ihrer Schwierigkeiten.

Erziehungsstil

Jeder Lehrer hat einen ganz persönlichen «Stil». Manchmal kann man ihn klar benennen: streng, mütterlich, launisch, kommunikativ, gerecht usw. Oftmals kann man ihn aber mit Worten kaum beschreiben: «Frau W. ist eigentlich ganz in Ordnung, aber manchmal ...» – «Herr K. kann gut erklären, aber trotzdem ist sein Unterricht langweilig.» Vielleicht wird an solchen Formulierungen von Schülern deutlich, dass ein «Stil-Bewusstsein» nicht vorhanden ist. Charaktereigenschaften oder Wesenszüge, methodisches Können und Fachkompetenz werden unsystematisch miteinander vermischt.

Dabei gab es einmal, ausgehend von sozialwissenschaftlichen Untersuchungen der 40er und 50er Jahre in den USA, klare Umschreibungen für Lehrer-Gruppenstile. Vor allem der autoritäre, der sozial-integrative sowie der Laissez-faire-Stil wurden in ihren Ausprägungen erfasst und darauf untersucht, wie sie sich auf die Schüler auswirken. Besonders in den 70er Jahren stand der sozial-integrative Unterrichtsstil so hoch im Kurs, dass die Lehrerausbildung sich bemühte, ihn Lehramtsstudenten als Ideal zu vermitteln.

In der Praxis des Schullebens kann man heute jedoch beobachten, dass klare Stilformen verloren gegangen sind. Wie generell für unsere Gesellschaft behauptet wird, dass im Unterschied zu «früher» (wann immer das war) nicht mehr «richtig» erzogen würde, so scheint sich auch in der Lehrerschaft die klare Vorstellung vom Ausfüllen der Lehrerrolle verflüchtigt zu haben. Vor allem die Verunsicherung über den «autoritären» Lehrer hat Unsicherheit über Prinzipien des Erziehens zur Folge gehabt – dasselbe lässt sich übrigens auch für die Elternrolle sagen. Kindern Orientierung zu geben, sie Grenzen erfahren zu lassen, sie dort zu führen, wo sie unsicher sind, wurde oft verwechselt mit unlauterer Machtausübung.

Idealistische, wohlmeinende Lehrer, die fördern, helfen und entwickeln wollen, aber zu wenig Halt und Orientierung bieten, geraten nicht selten an ihre Grenzen und reagieren hilflos, ohnmächtig, dann unter Umständen auch aggressiv, wenn Kinder sie «auf die Probe stellen». So erleben Schüler oft ein Wechselbad der Gefühle.

Der gesamtgesellschaftliche Trend zur Individualisierung lässt sich auch für die Lehrerschaft feststellen. Ein klares, typisches Verständnis von der Rolle als Lehrer ist derzeit nicht auszumachen. Damit fehlt auch der große Konsens über «richtige» Erziehungsverhaltensweisen und die in der Erziehung selbstverständlichen Werte.

Wenn wir die Neuentwicklung eines Erziehungsstils für Lehrkräfte fordern, dann meinen wir damit einen Grundkonsens über Berufsrolle, Werte und den sich daraus ergebenden Umgang mit Kindern. Dieser macht es erst möglich, im Zusammenspiel von Lehrern untereinander sowie zwischen Schule und Elternhaus allen Kindern bei der möglichst optimalen Entfaltung ihrer persönlichen Begabung zu helfen. Die Frage früherer Jahrzehnte danach, ob autoritäres oder sozial-integratives Erziehen besser sei, stellt sich heute so nicht mehr. Alle Lehrer sollten sich angesichts der Zunahme von (Teil-)Leistungs- und Lernstörungen sowie der Anforderungen unserer Wirtschafts- und Arbeitswelt um einen gemeinsamen Stil bemühen, der durch folgende Merkmale gekennzeichnet ist:

- eine grundsätzlich positive Sicht vom Kind auf der Basis eines humanistisch geprägten Menschenbilds,
- die Erwartung seiner Entwicklungsmöglichkeiten und
- Anerkennung seiner bereits bei Schulantritt vorhandenen Verhaltens-, Denk- und Lernstrategien mit dem Ziel, ihre Differenzierung zu fördern; somit also
- das Verständnis von der eigenen Berufsrolle als Helfer in diesem Entwicklungsprozess,

als Arrangeur von dafür dienlichen Lernsituationen und als Moderator der dabei ablaufenden sozialen Vorgänge;
- schließlich Respekt vor der individuellen Persönlichkeit aller Mitmenschen, also auch von Kindern, und
- die Fähigkeit, diesen Respekt vom Kind auch gegenüber der Gruppe sowie sich selbst einzufordern.

Sich als Lehrer wohl fühlen

Der oben beschriebene Erziehungsstil stellt hohe Ansprüche an die fachliche wie auch charakterliche Qualifikation von Lehrkräften. Das gilt umso mehr, als der Beruf im Spannungsfeld von widersprüchlichen und manchmal unvereinbaren Erwartungen (der Eltern, der Gesellschaft, der Schulverwaltung, der Bildungspolitik und nicht zuletzt der Schüler) angesiedelt ist. Spannungen erzeugen Stress und können krank machen. Es ist wirklich kein Zufall, dass die Berufsgruppe der Lehrer eine hohe Frühpensionierungsquote aufweist, einen überdurchschnittlich großen Anteil der Patienten in psychosomatischen Kurkliniken stellt und besonders vom Burn-out-Syndrom betroffen ist.

Gleichzeitig finden sich in der Lehrerschaft nur ganz wenige, die mit sich selbst achtsam umgehen und auf ihr eigenes Wohlbefinden bewusst achten.

«Die Missachtung des Selbst ...
zieht Beziehungslosigkeit nach sich,
denn: Ohne Ich kein Wir,
ohne Selbst keine Beziehung.»
(Miller 1997, S. 91)

Damit sind allerdings nicht jene gemeint, die ihren Alltag mit einer gewissen «Job-Mentalität» bewältigen, außerhalb der offiziellen Sprechstunde nicht ansprechbar sind und ihren Dienst lediglich nach Vorschrift verrichten. Sie achten wohl darauf, nicht über die Maßen beansprucht zu werden, aber nicht mit Bewusstsein für die Befindlichkeit und Entwicklung ihrer Persönlichkeit. Das wiederum ist jedoch eine unverzichtbare Voraussetzung für gute, an den oben genannten Kriterien ausgerichtete Arbeit mit Kindern.

Wenn Lehrer dafür sorgen, dass sie sich bei ihrer Arbeit wohl fühlen, werden sie auch gelassener und angemessener mit den Kindern umgehen können. Die folgenden Vorschläge sind leicht umzusetzen:

TIPPS FÜR LEHRER, UM SICH WOHLER ZU FÜHLEN

- Den Arbeitsplatz und «Lebens-Raum» Klassenzimmer angenehm gestalten durch private Accessoires auf dem Pult (Blumen, Familienfoto ...), freundlichen Anstrich, Dekoration, Vorhänge etc., Duftlampe oder Aromaverdunster, Kerzenlicht beim Vorlesen oder Erzählen, Entspannungsmusik während der Stillarbeit usw.
- Entspannung für die Schüler, aber auch für sich selbst durch Stille-Übungen, Phantasiereisen, Atemübungen u. v. m. Wer sich auch unter Stress beruhigen und entspannen kann, behält eher Geduld und Übersicht, um in schwierigen Situationen angemessen reagieren zu können.
- Gefühle thematisieren: z. B. im Morgenkreis, wenn über den gestorbenen Goldhamster getrauert oder über die Schlichtung eines Streits diskutiert wird; bei der Erarbeitung eines literarischen Textes im Deutschunterricht; bei entsprechenden Themen in Religion, Musik, Kunsterziehung und anderen Fächern; bei Gesprächen außerhalb des Unterrichts (Wandertag, Schullandheim ...); über den Einsatz eines Fragebogens etwa zur Angst in der Schule oder darüber, wie Schule mehr Spaß machen könnte.
- Für bessere Beziehungen im Kollegium sorgen, indem ich Ärger, Kritik, Enttäuschungen etc. direkt mitteile. Das fehlende Kommunikationstraining in der Lehrerausbildung führt nämlich häufig auch zu Beziehungsschwierigkeiten innerhalb der Kollegien. Ein Missstand wird viel eher indirekt über Dritte («Hinter meinem Rücken!») beklagt als unmittelbar mit dem Konfliktpartner ausgetragen.

- Das Gemeinschaftsgefühl stärken: Dekoration im Lehrerzimmer mit Blumen, Tischdecken usw., Einrichtung eines «pädagogischen Kaffeeklatschs», ab und zu ein gemeinsames Lehrerfrühstück, gemeinsamer Kirmes-, Fest- oder Theaterbesuch, regelmäßige Fachvorträge (warum nicht gleich für die Eltern mit?), u. v. m.

Anhand dieser, sicher nicht vollständigen, Aufzählung wird deutlich, dass es hier weniger um egoistische Motive geht, sondern darum, die eigene Professionalität zu stärken. Je mehr ein Mensch mit sich selbst im Einklang, in der Balance, ausgeglichen ist, desto besser kommt er mit anderen aus und desto hilfreicher kann er für sie sein. Ganz besonders wichtig ist das für Kinder, bei denen es mit dem Lernen nicht klappt, denn sie erregen leichter als die anderen Ungeduld, Ärger und Stress beim Lehrer.

Lehrkräfte, die sich wohl fühlen, können solchen Kindern nicht nur besser bei der Überwindung ihrer Schwierigkeiten helfen, sondern auch besser mit denen kooperieren, die außerschulische Beratung oder Lerntherapie anbieten.

5 Wann und wie Lerntherapie helfen kann

Trotz Hausaufgabenhilfe und Üben, Nachhilfe und spezieller inner-schulischer Maßnahmen stoßen Kind, Eltern und Lehrkräfte häufig an die Grenzen ihrer Möglichkeiten. Jedes Kind hat eine eigene Lebens- und Lerngeschichte, und deshalb fallen auch Lernstörungen sehr un-terschiedlich aus. Sie entwickeln für jedes Kind, in jeder Familie, für die Lehrkraft sowie innerhalb jeder Klasse, aber auch in der Freizeit eine erhebliche Eigendynamik. Hier kann Integrative Lerntherapie vielen Kindern eine neue Perspektive für ihr Lernen und ihren Alltag geben – insbesondere wenn sie Kind *und* Eltern *und* Lehrkräfte einbe-zieht.

Der Schritt in eine außerschulische professionelle Lernförderung oder Lerntherapie fällt in aller Regel nicht leicht: Was sind konkrete An-lässe? Wie schlecht muss es dem Kind oder den Eltern gehen? Macht das überhaupt Sinn, lohnt das, brauchen wir das wirklich?

Wenn ja, zu wem gehen wir dann?

Nur selten spricht man über Lernprobleme, an wen soll man sich also wenden?

Fragen Sie ein Elternbeiratsmitglied oder auch andere Eltern, eventu-ell gibt es eine Selbsthilfegruppe im Ort. Häufig kennen die Lehrkraft bzw. der Beratungsdienst oder der Schulpsychologe eine qualifizierte Einrichtung, die Kinderärztin kann Ihnen meistens eher eine *Ergothera-peutin* (s. S. 211) oder *Logopädin* (s. S. 214) als erste Ansprechpartnerin nennen. Ab dem 7./8. Lebensjahr ist aber sicher eine *Integrative Lern-therapie* die angemessene Form der Unterstützung. Allerdings gibt es zurzeit noch keine einheitlichen Standards für «gute» Lerntherapie. Der Fachverband für Integrative Lerntherapie (s. S. 237) hat als Berufsver-band Kriterien für die Qualifikation der Therapeuten und für professionelle Arbeit entwickelt, und es gibt inzwischen erste grundständige Ausbildungsgänge für «Integrative Lerntherapie» (s. S. 237 f.). Wenn dann erst einmal eine passende Therapeutin gefunden ist, stellt sich schnell die Kostenfrage. In vielen Fällen müssen Sie selber die Kosten tragen – ob in Ihrem Fall auch eine andere Möglichkeit infrage kommt, sollten Sie auf jeden Fall mit dem Therapeuten prüfen. Bei gesundheitlichen Belastungen übernimmt eventuell die Krankenkasse die Kosten (ggf. anteilig), bei drohender seelischer Behinderung ist das Kinder- und Jugendhilfe-Gesetz zuständig (s. Anhang, S. 309 f.).

Wann Lerntherapie?

Der Schritt in die Lerntherapie ist nicht leicht.

– Zunächst muss ich mir eingestehen, dass mein Kind ein Problem hat, das wir – das Kind und ich als Mutter oder Vater – zurzeit nicht aus eigener Kraft lösen können. Bis ich für uns die «richtige», die «passende» Unterstützung finde, muss ich eventuell einen längeren Weg über Ärzte, Ämter, Psychologen zurücklegen. Und dann ist noch zu klären, ob ich diese Förderung selbst bezahlen muss oder finanzielle Unterstützung bekomme.

Prüfen Sie also gut, wie groß Ihr Leidensdruck und der Ihres Kindes ist! Tränen und Sorgen – bei wem auch immer – sowie eine dauerhaft schlechte Stimmung sollten aus meiner Sicht ein entscheidender Grund sein, sich Hilfe zu suchen. Schlechte Zensuren, besonders über einen längeren Zeitraum, geben sicher Anlass zur Sorge. Aber nach meiner Erfahrung sind es selten die Noten alleine, sondern vor allem die schlechte häusliche Stimmung, die das Suchen nach einer professionellen Unterstützung auslöst.

Wenn Sie das erste Mal so etwas wie Lerntherapie in Erwägung ziehen, warten Sie vielleicht noch einmal eine Woche ab und beobachten sich und Ihr Kind aufmerksam: Achten Sie dabei weniger auf eine kleine Notenverbesserung – entscheidend sind die kleinen Gesten, ein resignierter Blick, das Unwohlsein vor der Schule, traurige Augen nach der Schule, wieder ein Nachmittag mit zermürbendem Streit, wenig Appetit, nicht mal beim Lieblingsessen oder beim Eis.

WANN SOLLTEN SIE EINE LERNTHERAPEUTISCHE EINRICHTUNG AUFSUCHEN?

Sie sollten sich mit Fachkräften beraten,
- wenn Sie bei Ihrem Kind – ohne offensichtliche Anlässe – über mehrere Monate oder gar ein Jahr und länger keine Lernfortschritte beobachten;
- wenn Schule bei Ihnen zu Hause ein Dauerthema wird;
- wenn häufig Streit um Schule und andere Themen aufkommt;
- wenn Ihr Kind häufiger in Tränen ausbricht und sich Wut, Unlust, Kopf- oder Hals- oder Magenschmerzen häufen;
- wenn Sie nicht mehr weiter wissen;
- wenn Sie mit Strafen und Verboten reagieren, womöglich gegen Ihre sonstige Einstellung.

Sprechen Sie auf jeden Fall noch einmal mit den Lehrern Ihres Kindes! Vielleicht unterstützen diese Ihren Entschluss!? Möglicherweise raten sie auch ab, erklären Ihre Sorgen für überflüssig, machen weitere schulische Angebote. Prüfen Sie genau: Ist es nach Ihren bisherigen Erfahrungen realistisch, dass die Schule die Vorschläge einhält und Ihr Kind davon profitiert?

Vielleicht bekommen Sie zu hören, alle weiteren Bemühungen seien aussichtslos – «Ihr Kind kann/will es nicht besser». Oder Sie erleben manche Äußerung als Vorwurf: «Üben Sie mehr mit Ihrem Kind», «Sie vernachlässigen Ihr Kind», «Sie nehmen ihm zu viel ab!»

Auch wenn Ihr Ärger und Ihre Abwehr verständlich sind: Versuchen Sie, solche Sätze als Anregung zu nehmen, noch einmal über die gesamte Situation nachzudenken – aber letzten Endes entscheiden dann Sie mit Blick auf Ihr Wohl und das des Kindes über das weitere Vorgehen!

- Wenn das Kind ein so genanntes Risikokind ist – z. B. mit erschwerter Schwangerschaft und Geburt, mit einer bekannten Verzögerung in seiner Wahrnehmungs- und Bewegungsentwicklung, mit Sprach- und Sprechproblemen, mit sozialen Integrationsproblemen vor der Schulzeit. Bei schon bekannten Beeinträchtigungen steigt die Wahrscheinlichkeit, dass es einen Zusammenhang zur aktuellen Lernschwierigkeit gibt. Daher kann eine schnelle Hilfe alle Beteiligten auch schneller entlasten.

- Wenn die Lehrer von sich aus zu einer außerschulischen Hilfe raten. Lehrer können am besten einschätzen, wie Ihr Kind im Vergleich zu den Mitschülern steht, wie es sich in der Schule fühlt, welche besonderen Möglichkeiten zur Förderung die Schule bieten kann – oder auch nicht.

Was Sie und Ihr Kind erwartet

Es gibt kein einheitliches Konzept von Integrativer Lerntherapie. In der einen Einrichtung werden Sie als Eltern zu einem Erstgespräch geladen, eine andere beginnt mit einem Test Ihres Kindes, eine dritte besteht auf einem gemeinsamen Termin mit allen Familienmitgliedern. Im Folgenden beschreiben wir ausführlich unsere Vorstellung von Integrativer Lerntherapie für Kind und Eltern und Lehrkräfte. Unser Konzept heißt in die knappste Form gebracht: «Ganzheitlich und systemisch. Ressourcenorientiert mit Kind und Umfeld». So oder ähnlich haben wir es für uns realisiert, und dies vertreten wir auch in Zusatzausbildungen und Fortbildungen (s. Anhang, S. 237, 238). Wo Sie mit einem vergleichbaren Angebot rechnen können, erfahren Sie ebenfalls im Anhang.

Bei aller Vielfalt der Personen und Konzepte von Lerntherapie gibt es Übereinstimmung darin, alle Beteiligten für die Komplexität und Zusammenhänge von schwierigen Lernsituationen zu sensibilisieren, d. h.:
- mit dem Kind individuell und unter Nutzung seiner Ressourcen/Fähigkeiten zu arbeiten,
- die Kräfte der Familie zu wecken und deutlich zu machen: «Ihre Mitarbeit ist wünschenswert und wirkungsvoll»,
- das Gespräch mit den Lehrkräften zu suchen (sofern Sie damit einverstanden sind), um Absprachen und Entwicklungen abzusichern,
- gegebenenfalls Kontakt zu Ärzten oder anderen Therapeuten aufzunehmen, um weitere Hintergründe zu erfahren und Schritte abzustimmen.
  Diese Prinzipien werden als «ganzheitlich-systemisch» bezeichnet.
- *Ganzheitlich meint* dabei, dass die in Kapitel 1 beschriebenen möglichen Hintergründe und Zusammenhänge in die Arbeit mit dem Kind

eingeflochten werden: Wahrnehmungsförderung, Bewegungsförderung, Entspannung, Hörtraining *und* Sprachförderung *und* direkte Unterstützung für die Schriftsprache, unter Berücksichtigung der Befindlichkeit des Kindes – Integrative Lerntherapie bietet vielfältige Unterstützungsmöglichkeiten und nicht nur eine einzelne Methode.

– *Der systemische Ansatz* hat zwei Auswirkungen: Die grundsätzlich angestrebte Zusammenarbeit mit den Eltern und den Lehrkräften sowie die Überzeugung, dass der Austausch und das Einbringen neuer Sichtweisen gegenüber allen anderen Beteiligten höchst effektiv ist, insbesondere das Konzept der lösungsorientierten Kurzberatung.

– *Ressourcenorientiert* ist die Grundhaltung, die immer auch vorhandenen Fähigkeiten eines Kindes bzw. seiner Eltern bzw. der Lehrkraft konstruktiv mit einzubeziehen. Die Beispiele in diesem Buch spiegeln dies wider.

Mit dieser vielschichtigen Sicht und diesem ganzheitlichen Vorgehen unterscheidet sich Integrative Lerntherapie

– von Nachhilfe, die in aller Regel am aktuell rückständigen Lerninhalt arbeitet;

– von den Entwicklungstherapien wie Ergotherapie, Logopädie, Sensorische Integrationstherapie, Psychomotorik, die vor allem wichtige Voraussetzungen zum Lernen verbessern (Wahrnehmung, Bewegung, auch das Selbstwertgefühl);

– von diversen Psychotherapien, die – z. B. manche Verhaltenstherapien – Ängste, unerwünschtes Verhalten u. Ä. in den Mittelpunkt stellen;

– von Familientherapie, die z. B. durch Auflösung von Konflikten oder die Festigung des Zusammenhalts neue Kräfte, auch für das Lernen aller, freisetzt;

– von der alleinigen Anwendung solcher Verfahren wie NLP, Edukinestetik, Suggestopädie, Hörtrainings (s. S. 211 ff., 219 ff.).

Integrative Lerntherapie bezieht auf den Einzelfall abgestimmt Elemente aus diesen Konzepten ein.

Erstkontakt, Erstgespräch, Diagnostik, Anamnese und Auswertungsgespräch

Sie werden in der Regel *telefonisch* der lerntherapeutischen Einrichtung kurz Ihr Anliegen vortragen und erste Auskünfte erhalten. Bitten Sie auf jeden Fall um einen Prospekt mit näheren Informationen über die Arbeit in der Einrichtung.

Eventuell bietet die Therapeutin Ihnen einen ersten Termin an. Wenn es eben möglich ist, sollten Sie diesen gemeinsam mit Ihrem Lebenspartner wahrnehmen. Oder die Therapeutin möchte Sie mit Ihrem Kind gemeinsam kennen lernen – wenn sie das nicht von sich aus anspricht, fragen Sie nach.

Es kann sein, dass Sie nicht nur ein erstes Gespräch vereinbaren, sondern gleich eine gesamte Eingangsphase von vier oder fünf Terminen. Das ist aus Sicht der Therapeutin und auch für Sie sinnvoll, weil sie sich danach viel besser mit Ihnen und Ihrem Kind beraten kann. Sie sollten sich aber in Ihrem eigenen Interesse vergewissern, dass Sie notfalls nach dem Erstkontakt aus dem Vertrag aussteigen können, falls Sie oder Ihr Kind das wünschen.

Insbesondere, wenn schon an anderer Stelle eine Diagnostik erfolgt ist, könnte sich eine erneute detaillierte Analyse erübrigen – neben den Kosten ersparen Sie Ihrem Kind auch eine Stress-Situation.

Im so genannten *Erstgespräch* sollten Sie folgende Ziele verfolgen:
- Machen Sie sich einen Eindruck von der Person und Ausstrahlung der Therapeutin. Finden Ihr Kind und die Therapeutin einen Draht zueinander?
- Lassen Sie sich Qualifikation und Vorgehen der Therapeutin beschreiben.
- Gemeinsam werden Sie einen ersten Überblick über die wesentlichen Aspekte der schwierigen Situation entwickeln; berücksichtigt wird dabei, dass Vater, Mutter und Kind durchaus unterschiedliche Einschätzungen haben.
- Um zu einer ersten Entlastung zu kommen, sollten Sie mit dazu beitragen, dass eine klare Vereinbarung über das weitere Vorgehen getroffen wird. Vergessen Sie nicht, dass diese Situation auch für Ihr Kind belastend und aufregend ist – es sollte ebenfalls genau informiert werden.

Üblicherweise wird nach diesem Gespräch eine *Lerntherapeutische Diagnostik zur Förderung* vereinbart, also eine genauere Analyse der Lernsituation, wie schon das Gespräch bezogen auf Kompetenzen und Grenzen Ihres Kindes.

Wegen der beschriebenen vielfältigen Zusammenhänge wird dabei Lesen, Schreiben bzw. Rechnen nur einen Teil der Beobachtung ausmachen. Sicher werden Wahrnehmungs-, Bewegungs- und Sprachfähigkeiten sowie die psychische Situation Ihres Kindes mit in Augenschein genommen.

Konkret heißt das: Ihr Kind wird zum Teil sehr spielerisch wirkende Aufgaben erleben wie

– «Stehen wie ein Storch» (Ein-Bein-Stand),
– «Auf einem Bein hüpfen»,
– Gegenstände und Formen fühlen,
– Spiele zur Beobachtung der Beweglichkeit von Hand, Finger, Auge und Mund.

Diese und viele andere Situationen verhelfen einerseits dazu, leichter Kontakt aufzubauen, andererseits geben sie der Therapeutin einen ersten Eindruck über Wahrnehmung, Bewegung und Gleichgewicht.

Eine Ihrem Kind angemessene Lese- und Schreibaufgabe wird zu bewältigen sein – d. h., dass Ihr Kind dabei ein Erfolgserlebnis hat.

– «Schreibe die Buchstaben, die du kennst»;
– ein Wörter-Diktat von z. B. «so», «da» über längere, klar strukturierte Wörter wie «Schokoladeneis» bis hin zu längeren und auch Regelwissen erfordernden Wörtern wie «Schreibmaschine», «Fahrrad», «träumen»;
– die Therapeutin wird vielleicht nachfragen: «Wie bist du darauf gekommen, Fahrrad am Ende mit d zu schreiben? Und wie bist du darauf gekommen, Felt am Ende mit t zu schreiben?»

Durch nach Schwierigkeiten gestaffelte Aufgabenstellungen erhält sie einen Eindruck von Kompetenzen und Grenzen und davon, wie ein Kind mit Aufgabenstellungen umgeht: Akzeptiert es diese überhaupt? Reagiert es blitzschnell, womöglich vorschnell? Denkt es lange, auffällig lange, nach – erfolgreich oder nicht …?

In diesen Stunden geht es der Lerntherapeutin auch darum, eine tragfähige Beziehung zum Kind aufzubauen. Denn eine Zusammenarbeit kann nur dann sinnvoll und hilfreich sein, wenn das Kind Vertrauen in diese anfangs fremde Person gewinnt. Immerhin wird es an seiner schwächsten Stelle angesprochen. Wie auch immer Sie Ihr Kind vorbereitet haben (s. S. 184 f.), es geht mit in der Regel unausgesprochenen Erwartungen und Ängsten in diese Stunden hinein.

Daher wird die Therapeutin das ansprechen: «Weißt du, warum du hier bist?» – und die Antworten sagen schon einiges aus: «Weil ich doof bin», «Weil mich die anderen auslachen», «Weil ich lesen und schreiben lernen will», «Weil meine Eltern mich geschickt haben», «Weil ich mich so viel streite» ...

Vielleicht ergibt es sich, dass das Kind durch seine Lernschwierigkeit seine ganze Person infrage stellt. Eventuell zeigt sich aber auch eine wunderbare Gelassenheit: «Ich bin im Rechnen nicht so gut, aber im Sport bin ich viel besser.»

Fragenschwerpunkte können sein:

– Eindrücke vom Tagesablauf zu erhalten und wie dieser empfunden wird, Auskünfte über Hobbys und besondere Stärken. Später ist die Kreativität aller Beteiligten gefragt, aus solchen Informationen weitere Kräfte zur Unterstützung zu gewinnen. Aus Berichten von inzwischen Erwachsenen mit früheren Lernproblemen wissen wir, dass gerade das Ausüben und Erleben eines Hobbys viel Kraft, Ausgleich und Ermutigung gegeben hat: «Ich kann doch was!»

– Die Therapeutin erhält einen Eindruck über soziale Kontakte, auch hier können Freundschaften und besondere Beziehungen, z. B. im Sportverein, später positiv einbezogen werden.

– So wie die Erwachsenen wird auch das Kind danach gefragt, wie und mit wem es sich in der Familie besonders gut versteht. Wenn es später im Auswertungsgespräch darum geht, neue Perspektiven zu entwickeln, kann die Therapeutin auf diese Informationen zurückgreifen.

– Das gilt auch für Auskünfte über das Gefühlsleben: worüber sich das Kind freut; worüber es lacht; was es traurig macht; was ihm Angst macht; was es ärgert.

Was soll angesichts deiner jetzigen Situation (in der Schule, zu Hause) anders werden? Was willst du dazu tun? Wie kann ich dir dabei helfen? Was denkst du, was können wir hier gemeinsam tun? So lernt Ihr Kind, (s)ein eigenes Ziel zu entwickeln. Es wird von Beginn an in die Suche nach einem Weg aus der schwierig gewordenen Situation mit einbezogen – die Erfahrung zeigt, dass ein Teil der Kinder überrascht ist. Darüber, dass sie überhaupt gefragt werden, und darüber, dass sie sogar eigene Ideen haben – was auch Eltern häufig verwundert. In diesem Einbeziehen und Ernstnehmen liegt ein erstes «Geheimnis» der Veränderung durch Lerntherapie. Manche Kinder äußern z. T. erstaunliche Ideen, sie beschreiben sehr präzise, dass sie am besten am späten Nachmittag lernen können, dass die Therapeutin vor allem Hilfen für das Behalten anbieten soll, dass sie gerne Entspannungsübungen lernen möchten, dass sie eine bestimmte Regel nicht verstanden haben und dafür eine Unterstützung brauchen, dass das Geschwisterkind bei den Hausaufgaben stört, dass sie etwas brauchen, damit die Buchstaben beim Lesen nicht aus den Zeilen springen usw.

In dieser Phase wird ein Gespräch mit Ihnen über die Entwicklungsgeschichte Ihres Kindes stattfinden, die so genannte *Anamnese* – was Sie Wichtiges über Ihr Kind und Ihre eigenen Sorgen oder Empfindungen erinnern. Besondere Ereignisse, z. B. die oben genannten «Wendepunkte» aus den vergangenen Jahren, werden angesprochen.

Dabei zeigen sich wesentliche Belastungsfaktoren und mögliche Auswirkungen auf die jetzige Situation (vgl. S. 20 das Beispiel der Sprachverzögerung). Dies könnte auch bedeutsam werden für eine eventuelle Finanzierung der Lerntherapie durch die Krankenkasse (s. S. 209).

Auch in der Vergangenheit hat es immer schon schwierige Situationen gegeben, die Sie meistern konnten – wie Sie das geschafft haben, interessiert besonders: Haben Sie vielleicht für regelmäßige schöne, gemeinsame Erlebnisse gesorgt wie abendliches Vorlesen, Singen, den

Rücken kraulen, Massage? Haben Sie Freunde und Verwandte für einen Ausflug, Besuch im Zoo o. Ä. gewonnen – zu Ihrer Entlastung, zur Freude Ihres Kindes? Konnten Sie sich mit einem Partner austauschen, Verständnis für Ihre Sorgen gewinnen und Entlastung durch neue Absprachen finden?

Wünschenswert ist, dass schon in dieser Phase auch ein *Gespräch mit den Lehrern* stattfinden kann. Das gelingt in aller Regel besser, wenn diese selber den Schritt der Eltern in die Therapie unterstützt haben. Andernfalls kann es für die Therapeutin schwer sein, einen guten Kontakt zur Schule herzustellen.

Übrigens: Da die Therapeutin unter Schweigepflicht steht, kann das Lehrergespräch nur mit Ihrem schriftlichen Einverständnis stattfinden!

Auf jeden Fall sollte diese Phase mit einem *Auswertungsgespräch* abgeschlossen werden. In den insgesamt drei bis vier oder fünf Stunden, eventuell auch schriftlich mit einem Fragebogen, hat die Lerntherapeutin vielseitige Informationen gewonnen. Sie hat einen Eindruck von dem Leistungsstand Ihres Kindes, von den sensomotorischen und sprachlichen Fähigkeiten, sie weiß von psychischen Aspekten, sie hat einen Eindruck, wie das Kind in die Familie integriert ist, wie (und eventuell wie unterschiedlich) Sie als Eltern die Situation einschätzen, wie viel Energie für Veränderung es gibt, eventuell auch schon, wie die Position des Kindes im Klassenverband ist. Vor diesem Hintergrund lädt sie zu einem Auswertungsgespräch. Wer daran teilnimmt, sollte im Einzelfall besprochen werden, abhängig von der gesamten Situation. Hier gibt es unterschiedliche Möglichkeiten: Bei der einen Therapeutin sind alle Beteiligten eingeladen, zumindest die Eltern und das betroffene Kind. Eine andere spricht mit den Eltern alleine. In diesem Fall sollten Sie abklären, dass die Therapeutin mit Ihrem Kind eine altersgemäß vergleichbare Auswertung gemacht hat. Auf keinen Fall sollte es so etwas wie Geheimnisse geben. Die Therapeutin ist jetzt die Fachfrau für das Lernen – aber Sie bleiben weiter die Fachleute für Ihre Situation, für sich und Ihr Kind!

Wenn Sie nun Informationen bekommen:
- Fragen Sie nach, wenn Sie etwas nicht verstehen.
- Versuchen Sie, die Informationen der Lerntherapeutin auf Ihren Alltag zu beziehen, bitten Sie gegebenenfalls auch um eine «Übersetzung». Aussagen wie «Ich habe Ihr Kind als ängstlich erlebt» könnten sonst leicht verallgemeinert und festgeschrieben werden. Überprüfen Sie, ob Sie Vergleichbares auch schon erlebt haben.
- Lassen Sie sich zusammenfassende Sätze wie «Der Florian kann die Buchstaben noch nicht sicher!» an konkreten Beispielen erläutern.
- Überhaupt sollte die Therapeutin – und darauf können Sie eben auch hinweisen – immer an Beispielen zeigen, wie sie zu ihren Einschätzungen gekommen ist. So können Sie alles besser nachvollziehen, eine eigene Position beziehen, mitdenken, Einschätzungen relativieren.

Falls Sie mit Ihrem Kind gemeinsam den Termin wahrnehmen, achten Sie darauf, dass Ihr Kind in das Gespräch einbezogen bleibt. Die Erwachsenen sollten nicht über das Kind hinweg für dieses unverständliche Dinge erörtern. Die Therapeutin wird sich ebenfalls darum bemühen, aber Sie kennen Ihr Kind und wissen besser, wie es auf bestimmte Äußerungen reagiert.

Die Therapeutin wird Ihnen also ihre Einschätzungen mitteilen – Sie sind aufgefordert, Stellung zu beziehen: Fallen Ihnen beschriebene Zusammenhänge ein? Haben Sie das auch schon so gesehen? Welche neuen Impulse erhalten Sie?

Vergessen Sie nicht, dass auch ein Fachmensch nur seine Sichtweise und – sicher gut begründete – Meinung hat. Daher empfehle ich, alles, was gesagt wird, als Denkanstoß zu sehen – nicht mehr und nicht weniger. Denken Sie auch später zu Hause darüber nach, indem Sie sich untereinander austauschen!

Zum Abschluss des Gespräches werden Sie gemeinsam überlegen, ob und welche Art von Unterstützung für Sie und Ihr Kind sinnvoll sein kann. Die Möglichkeiten dafür sind so vielfältig wie die im Eingangs- und in den Folgekapiteln beschriebenen Möglichkeiten der Belastungen selber.

Die *Integrative Lerntherapie* zeichnet sich dadurch aus, dass *Unterstützung mit und für alle Beteiligten* gesucht wird. Vielleicht hat die Therapeutin schon erste konkrete Ideen und beschreibt sie Ihrem Kind: «Du, Florian, könntest zu mir kommen, damit wir zum Beispiel Buchstaben aus Knete formen, Salzteig herstellen, Fühlspiele machen, diese Rechtschreibregel erarbeiten ...» Eventuell zeigt sie Material und Spielzeug der Einrichtung.

Ihnen als *Eltern* wird sie *begleitende Gespräche* anbieten darüber, wie Sie z. B. schwierige Situationen im Alltag anders auflösen können, oder zur Schullaufbahn oder was Sie abends Hilfreiches unternehmen können ...

Wie Eltern sich vorbereiten können

Wenn Sie einen Termin vereinbart haben, wissen Sie in aller Regel noch wenig von dem, was Sie im Erstgespräch und danach erwartet. Andererseits ist alles, was Sie tun, effektiver, wenn Sie sich gut vorbereitet haben. Hierzu einige Anregungen.

Gespräch mit der Lehrkraft: Sie sollten sich als Eltern letzte, aktuelle Informationen bei einer oder mehreren Lehrern holen. Kinder verändern sich schnell, und wer gestern noch gelangweilt wirkte, kann – beispielsweise bei einem neuen Thema – schon wieder voll dabei sein!

Gespräch mit dem Kind: In aller Regel sollte das Kind von Beginn an einbezogen werden, in die Sorgen (ein wenig) genauso wie in die Bemühungen (auf jeden Fall stärker!), einen Weg aus der schwierigen Situation zu finden. Holen Sie sich auch sein Einverständnis zu dem Gespräch. Eltern können ihr Kind fragen – insbesondere wenn sie ohne das Kind gehen –, was sie in seinem Namen fragen oder sagen sollen. Und ganz wichtig: was sie *nicht* fragen und sagen sollen! Damit nehmen Sie es ernst und zeigen ihm Ihre Wertschätzung. Seine Wünsche und Bedürfnisse und Ängste ernst nehmen ist ein wichtiger Teil von vertrauensbildenden Maßnahmen.

Übrigens: Falls Ihr Kind einen eigenen Kontakt zur Lerntherapeutin ablehnt, sollten Sie dies unbedingt respektieren – Sie können sich dennoch Beratung suchen: für sich selber!

Eigene Fragen und Gedanken: Vorbereiten heißt auch, sich selber Klarheit zu verschaffen, eigene Fragen zu sammeln, insbesondere auch mit dem Partner abzusprechen.

Das bevorstehende Gespräch kann Anlass sein, über die aktuelle und frühere Situation als Eltern, als Vater, Mutter nachzudenken.

Es kann und sollte ein guter Auslöser dafür sein, sich Schönes aus dem bisherigen Zusammenleben in Erinnerung zu rufen, auch was es an früheren Krisen gab und wie diese gelöst wurden:

– Welche angenehmen und welche unangenehmen Erinnerungen an die frühe Entwicklung des Kindes und der Familie gibt es?
– Wie war die familiäre Stimmung rund um die Einschulung, wer war wie aufgeregt, erwartungsvoll, womöglich ängstlich? Wie entwickelte sich dies in den ersten Wochen? Wann gab es erste Hinweise auf Schwierigkeiten? Wem war da was aufgefallen, Mutter, Vater, einem Geschwisterkind, der Lehrkraft?
– Welche Meilensteine gab es, wichtige Einschnitte wie Krankheiten, Abschiede von Freunden, Oma oder Opa, durch viele Umzüge, Trennungen, Tod, vielleicht schon vor der Schule, eventuell während der Schulzeit?
– Wie waren die Schullaufbahn, die ersten Zeugnisse? Gab es in der

Schule wichtige Einschnitte wie Lehrer- und / oder Klassenwechsel – wie wurde all dies vom Kind und den Erwachsenen erlebt?
– Welche Sorgen gibt es, die auf den ersten Blick nichts mit dem Lernproblem zu tun haben? Wessen Sorge – Vater, Mutter, Kind?

Nach solchen und anderen Erlebnissen und Einschätzungen wird die Lerntherapeutin fragen. Vergegenwärtigen Sie sich insbesondere Ihre Zufriedenheit und Freude mit Ihrem Kind z. B. in schulfreien Zeiten, am Wochenende, in Gegenwart seiner Freunde.

Zur Vorbereitung gehört auch, dass Eltern sich ihre Wünsche an die Unterstützung für sich und an die Lernförderung für ihr Kind verdeutlichen. Es hilft sehr, wenn ein konkretes, realistisches Ziel ins Auge gefasst wird. Dieses wird letztlich zwischen Eltern, Kind und Lerntherapeutin in Kenntnis der gesamten Situation vereinbart. Aber je klarer Eltern die aktuelle (Krisen-)Situation und das demgegenüber veränderte Ziel vor Augen haben, desto größer ist die Wahrscheinlichkeit, dass es tatsächlich verwirklicht werden kann.

Neben der üblicherweise erwarteten Verbesserung der Schulleistung (ein sehr langfristiges Ziel!) können das z. B. folgende Ziele sein: eine Verbesserung des Klimas zu Hause («Mehr Lachen, gemeinsame Spiele ...»), eigene Zeit und Zufriedenheit («Ich gehe unbeschwert mit einer Freundin ins Kino»). Finden Sie heraus, was Ihnen wichtig ist!

Kriterien für seriöse Lerntherapie und Kosten

Eine «Checkliste für gute Lerntherapie» ist allemal vom Konzept und Qualitätsanspruch des Autors (und Ausbilders von Lerntherapeuten) geprägt; andere Anbieter können sich dem mehr oder weniger nähern. Die folgende Liste bietet erste Anhaltspunkte.

Zunächst sollten Sie herausfinden, ob für jedes Kind differenzierte Vorgehensweisen vorgesehen sind: Verfügt der Lerntherapeut bzw. die Einrichtung über verschiedene Methoden? Ist für die Eltern Einzelberatung vorgesehen oder gibt es eventuell eine Elterngruppe, in der Austausch mit anderen Betroffenen möglich ist? Aussagen wie «In einem Jahr ist alles gut» oder «Auf jeden Fall hilft es und wird es entscheidende Fortschritte geben» sollten eher skeptisch machen.

Gehen Sie die folgenden Fragen sorgfältig durch:

– *Gibt es einen ausführlichen Prospekt?*

Damit können Sie Förderung auf Nachhilfeniveau ausschalten, denn so viel Mühe gibt sich kein Nachhilfelehrer. Allerdings werben in letzter Zeit etliche bundesweit organisierte Franchise-Unternehmen mit Hochglanz-Prospekten für Nachhilfe und selbst für Lerntherapie. Achten Sie darauf, ob von Nachhilfe oder Integrativer Lerntherapie die Rede ist, fragen Sie auf jeden Fall nach der Qualifikation und Zusatzqualifikation der Mitarbeiter! (Ein kleiner Anhaltspunkt: Der Fachverband für Integrative Lerntherapie und viele Jugendämter erwarten neben einer pädagogischen, psychologischen oder ähnlichen Grundqualifikation mehrere hundert Stunden Zusatzausbildung.)

– *Erhalten Sie frühzeitig verständliche Informationen über Ablauf bzw. Vorgehen?*

Lassen Sie sich schon einmal viele Informationen am Telefon oder am besten schriftlich geben. So können Sie, gemeinsam mit einem Partner, die Konditionen prüfen, statt gleich in einer direkten Gesprächs-situation Entscheidungen treffen zu müssen.

– *Gibt es eine differenzierte Diagnostik zur Förderung?*

Eine intensive und umfassende Eingangsphase nimmt mindestens zwei bis zu vier oder in Einzelfällen fünf Stunden in Anspruch! Manche Anbieter locken damit, Ihr Kind einem kostenlosen Test zu unterziehen. Ein solcher Test von Schulleistungen bestätigt in der Regel das, was der Anlass war, nämlich den bekannt schlechten Stand; er verstärkt für Kind und Eltern das Bild des Versagens und legt selbstverständlich nahe, das Förderangebot wahrzunehmen ...

– *Gibt es ein ausführliches Erstgespräch (mit Eltern bzw. mit Kind und Eltern)?*

Die Problemerfassung und das Abklären der gegenseitigen Erwartungen und Möglichkeiten sind eine wichtige Basis für eine erfolgreiche Zusammenarbeit.

– *Gibt es ein Anamnesegespräch, in dem Fragen zur Entwicklung des Problems besprochen werden?*

Die Lerntherapeutin bekommt einen Eindruck von eventuell bedeutsamen Hintergründen für die aktuelle Situation. Eventuell ergeben sich hieraus sogar für Sie schon erste Denkanstöße und Anregungen für Veränderungen.

– *Sind Lehrergespräche vorgesehen?*

In der Regel sollten Sie dem zustimmen, es sei denn, Ihr Vertrauensverhältnis zu Lehrern ist stark beeinträchtigt.

Noch einmal der Hinweis: Ohne Ihre schriftliche Erlaubnis ist kein Gespräch mit Lehrern statthaft (Schweigepflichtentbindung)!

– *Sind therapiebegleitend weitere Gespräche mit Ihnen vorgesehen? Kosten sie etwas?*

Letzteres ist ein gutes Zeichen, weil dann umfassende Beratungsgespräche zu erwarten sind und nicht nur solche zwischen Tür und Angel. Diese Gespräche machen in aller Regel die Förderarbeit mit dem Kind erheblich effektiver. Prüfen Sie aber auch die Kompetenzen: Hat die Therapeutin Weiterbildungen in Gesprächsführung, lösungsorientierter Kurzberatung o. Ä. absolviert?

– *Findet ein Auswertungsgespräch statt?*

Hier sollten Sie differenzierte Informationen über das bisher Erarbeitete erhalten und vor allem auch nach Ihrer Einschätzung, nach Ihrer Sicht gefragt werden. In der Regel wird ein grober Therapieplan vorgestellt – fragen Sie auch: «Was tun Sie, wenn dieser Plan mit meinem Kind nicht einzuhalten ist?»

– *Erfahren Sie an Beispielen, was und wie mit Ihrem Kind und Ihnen als Erwachsenem «gearbeitet» wird?*

Lassen Sie sich Räume, Material und Förderbeispiele zeigen!

– *Erhalten Sie – auf Anforderung – ein schriftlich niedergelegtes Therapiekonzept der Einrichtung?*

Das sollte inzwischen Standard sein; Krankenkassen und Jugendämter als potenzielle Geldgeber fordern dies zu Recht ein.

– *Gibt es die Möglichkeit (den Regelfall), für den Anfang und bei Bedarf langfristig Einzelförderung zu erhalten?*

Einzeltherapie ist selbstverständlich teurer, aber für viele Kinder in einer Krisensituation erst einmal unumgänglich. Die Gruppenarbeit sollte dann übrigens erheblich preisgünstiger sein (ca. zwei Drittel des Satzes für Einzeltherapie).

– *Sind die Lerntherapeuten interdisziplinär ausgebildet bzw. gibt es ein interdisziplinär besetztes Team? Findet die Arbeit der Therapeuten unter Supervision statt?*

Ein Team bzw. Supervision dienen der eigenen Weiterbildung und Stabilisierung; beides bietet wichtigen Erfahrungsaustausch und bedeutet ständige Fortbildung und Auseinandersetzung mit anderen Professionen und Sichtweisen. Dies kommt dann der Arbeit mit Ihnen und Ihrem Kind zugute.

– *Ist der Vertrag kurzfristig kündbar?*

Kommen Sie oder Ihr Kind mit der Therapeutin nicht zurecht, sollte eine Trennung ohne finanzielle Folgen innerhalb von maximal vier Wochen möglich sein. Dies wird eine professionelle Einrichtung übrigens für sich gleichfalls in Anspruch nehmen für den Fall, dass Sie Ihrerseits Vereinbarungen nicht einhalten (pünktliches und regelmäßiges Kommen, Bezahlung oder auch inhaltliche Absprachen, z. B. «Nichteinmischung» in die Hausaufgaben).

– *Wichtig für Sie: Wie weit ist der Weg zur Praxis, welche zeitlichen und organisatorischen Konsequenzen für die Familie hat eine Lerntherapie?*

Prüfen Sie, wer die womöglich wöchentliche Anfahrt leisten kann!

Wird Ihr Kind eventuell nach einigen gemeinsamen Fahrten alleine die Einrichtung erreichen können?

All diese Fragen sollten Sie sorgsam prüfen, zum Teil gemeinsam mit Ihrem Kind. Immerhin sind Sie die «Kunden». Die «Dienstleistung Integrative Lerntherapie» kann bis zu 2.000,– Euro für ein Jahr kosten – und das will gut überlegt und entschieden sein.

6 Wie Integrative Lerntherapie aussehen kann

Eingangsphase

Frau Kienzle (dieser und alle anderen Namen sind selbstverständlich geändert) wandte sich an mich, als das alltägliche Zusammenleben in ihrer Familie unerträglich geworden war. Außer dass sie selber unter den vielen kleinen und manchen großen Streitigkeiten litt, konnte sie die Klagen über Kopf- und Bauchschmerzen ihres Sohnes Jan nicht mehr ertragen. Jan war 9 1/2 Jahre alt und besuchte die dritte Klasse.

Ich vereinbarte mit ihr, ihrem Mann und dem Sohn einen ersten Gesprächstermin. Darin beschrieb Frau Kienzle übersprudelnd die besonders heiklen Situationen: Das morgendliche Aufstehen führte schon zu ersten heftigen Auseinandersetzungen. Nach ihrer Beschreibung sei Jan einfach nicht wach zu kriegen. Wenn er dann in letzter Minute in die Küche komme, sei es zu spät für ein Frühstück, er klage beinahe täglich über Kopfschmerzen oder Bauchweh. Die ältere Schwester trage zum Streit bei, wenn sie ihn einen Schwächling und einen Angsthasen nenne. Ja, Nina, sei einfach viel patenter, habe keinerlei Probleme auf dem Gymnasium. Sie sei Mitglied einer erfolgreichen Handballmannschaft. *In kurzer Zeit entfaltete also die Mutter all ihre Sorgen und Beschwerden. Erst später kamen wir zu dem nach ihrer Ansicht auslösenden Problem:* Jan sei ein ziemlicher Schulversager, insbesondere im Lesen und Schreiben. Den Stand der dritten Klasse habe er bei weitem nicht erreicht, er sei eher noch wie ein Erstklässler. *Dieses in Gegenwart des Sohnes anzuhören, war für mich nicht leicht. Andererseits war auch ganz schnell deutlich, dass Jan ihre Enttäuschung und wie sie ihr Ausdruck gab, kannte.*

Nachdem Frau Kienzle ihren größten Druck losgeworden war, konnte ich Jan nach seiner Sicht fragen. Mit leiser Stimme, stockend und in kurzen Sätzen beschrieb Jan sich als den schlechtesten Schüler seiner Klasse. Was seine Mutter gesagt habe, sei alles richtig. Allerdings sei er in Mathe und Sport gar nicht so schlecht. Und in Sachkunde wüsste er ganz viel. Aber er komme so wenig zu Wort. Die Kopfschmerzen habe er jeden Morgen, wenn er aufwache. Seine Schwester Nina sei eine alte Hexe und Besserwisserin.

Bisher hatte der Vater bei vielen Äußerungen seiner Frau und auch von Jan genickt, nun fragte ich ihn nach seiner Sicht. Als Erstes bestätigte er, dass Nina in der Tat eine der Besten in der Klasse sei. Er bewundere, wie sie sich durchsetzen könne. Bis zum Schulbeginn sei auch Jan ein «netter Kerl» gewesen. Sein Lispeln habe alle amüsiert. Über die letzten Jahre könne er weniger sagen, weil er meistens auf Montage sei – es sei ein glücklicher Zufall, dass er diesen Termin wahrnehmen könne.

Die Hinweise des Vaters über den «netten Kerl» aufgreifend, fragte ich die Eltern danach, was denn da so nett gewesen sei. Dem folgten im weiteren Verlauf Fragen wie: «Was gibt es denn, was Jan in der Schule gut kann? Welche schönen Episoden zu Hause sind Ihnen in Erinnerung?» So erfahre ich neben weiteren Klagen über die schwierige Situation mit den Hausaufgaben auch, dass Jan und seine Mutter dienstagmittags alleine zusammen essen, was beide sehr schön finden. Herr Kienzle nimmt seinen Sohn zum Fußballspiel mit, «viel zu selten», wie beide sagen. Jan habe dort zwar immer ein wenig Angst, seinen Vater zu verlieren, aber der gemeinsame Ausflug dorthin und der Austausch über das Spiel gefalle beiden gut.

Außer einer Reihe mir nachvollziehbarer Klagen und Sorgen von Frau Kienzle und Jan, weniger von Seiten des Vaters, sehe ich auch Lichtblicke. Ich lasse die Eltern und Jan davon noch mehr erzählen, was ihnen anfangs schwer fällt, aber doch sichtlich gut tut.

Im letzten Teil des ersten Gespräches steht immer an, über die zukünftige Zusammenarbeit eine Vereinbarung zu treffen. Schon zu diesem Zeitpunkt war den Eltern klar, dass ich mit Jan eine Lerntherapie durchführen sollte, damit er seine erhebliche Lese- und Schreibschwäche mildern kann. Jan mochte mir diesen Auftrag noch nicht erteilen. Aber er willigte darin ein, mich in drei Terminen kennen zu lernen. Jetzt wolle er gerne im Nebenraum ein Comic-Heft anschauen. *Nach den bisherigen Informationen wollte ich gerne über die Entlastung für Jan hinaus die Familienstimmung und damit auch die Eltern entlasten. Gleichzeitig versprach ich mir davon umgekehrt auch eine Unterstützung für Jan. Daher kam ich noch einmal auf schwierige Situationen im Alltag zurück.* Aus der Mutter sprudelte es sofort wieder heraus, und der Vater beschwerte sich über die schlechte Stimmung am Wochenende, wenn er dann schon zu Hause sei. Es bedurfte kaum noch meiner Erklärung, dass mehr friedliche Stimmung zu Hause Erwachsenen und Kindern gut tun würde. Daher vereinbarten wir für die Anfangsphase mehrere Gesprächstermine zum Thema «häuslicher Frieden, häusliche Zufriedenheit» – mit einer Ausnahme leider ohne den Vater.

Kompetenzen und Grenzen der Familie

Ich stelle meine Sicht der Situation in zwei Schritten vor und benutze dafür die Umfeldkarte und meine Folgerungen nach dem Schriftsprach-Erwerbsmodell.

Die Umfeldkarte

Diese Karte hält in knapper Form die mir am wichtigsten erscheinenden Informationen fest.

Zwischen einzelnen Familienmitgliedern bilden Linien die Intensität einer Beziehung ab (wer hat mit wem wie viel zu tun?) und zeigen so genannte Beziehungszeichen, Symbole oder Stichworte, meine Eindrücke z. B. von besonders gutem Kontakt oder Konflikten. Entweder teilen einzelne Familienmitglieder diese Zusammenfassung, oder sie nehmen eine solche Zuspitzung zum Anlass, ihre bisherige Sichtweise zu differenzieren: «So war das nicht gemeint, es gibt auch viele andere Situationen ...» Als ich z. B. Jans Vater diese Karte zeigte und ihn auf meine Einschätzung hinwies, dass die Beziehung zu seiner ältesten Tochter mir besonders intensiv erscheine (durch die durchgehenden Linien und das Herz gekennzeichnet), hingegen sein Kontakt zu Jan eher gering, erzählt er gleich von gemeinsamen Schwimmbadbesuchen mit seinem Sohn.

Frau Kienzle ergänzte noch, dass sie beide ja mit viel Spaß und Lachen die ganze Schrankwand im Schlafzimmer zusammengebaut hätten.

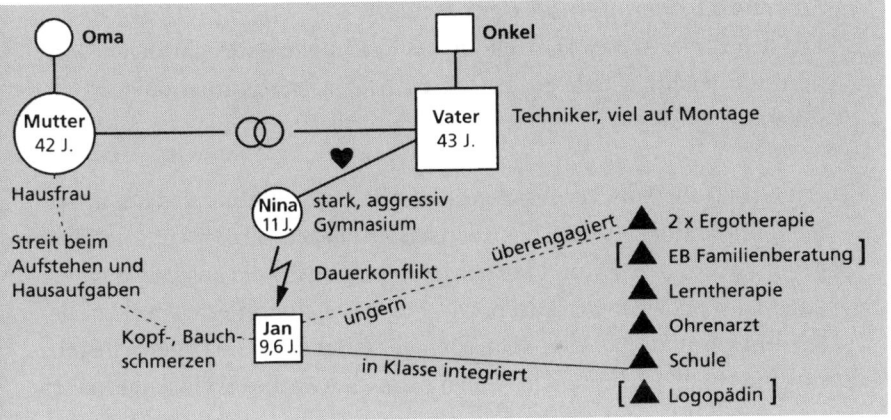

milien- bzw. Umfeldkarte

Der von mir so benannte Dauerkonflikt zwischen Nina und Jan wurde von allen bestätigt, ebenso die Streitigkeiten und das Kopf- und Bauchweh. Das Erstellen der Karte brachte noch zwei weitere Familienmitglieder ins Spiel: die Oma, die allerdings vor allem mit der Mutter Kontakt hatte, und den Onkel, der im Schichtdienst arbeitete und alle 14 Tage fünf Tage am Stück frei hatte. Diesem sollte später eine besondere Rolle zukommen.

Die Dreiecke stehen für außerfamiliäre Kontakte: Neben der Schule ging Jan zweimal zur Ergotherapie; abgeschlossen war eine logopädische Betreuung sowie eine frühere Unterstützung bei der Erziehungsberatung. Außerdem lagen, veranlasst durch die Logopädin, Befunde des Ohrenarztes vor (Ergebnis: Im Tonschwellenaudiogramm war das Hören hoher Frequenzen und infolgedessen die Differenzierung einzelner Laute beeinträchtigt).

Jan war nach Auskunft der Lehrerin gut in die Klasse integriert. Trotz einer gewissen Weinerlichkeit hatte er sich durch guten Einsatz im Sport, besonders beim Fußball, durchaus auch Respekt verschafft. Die Lehrerin gab ihm eine gute Perspektive, sah allerdings auch einen erheblichen Unterstützungsbedarf.

Einschätzungen gemäß dem Modell

Für den Zweck dieser Darstellung sind nicht alle Beobachtungen, sondern nur wichtige Teile aus mehreren Beobachtungssituationen aufgeführt.

Ein Grund für Jans Verunsicherung und Ängste konnte danach in seinem empfindlichen Gleichgewichtssystem liegen: Er bewegte sich insgesamt eher langsam und vorsichtig. Situationen, die ausdrücklich ein gutes Gleichgewicht verlangen, wie z. B. das Stehen auf einem Bein, fielen ihm sehr schwer. Schaukeln, ebenfalls ein starker Gleichgewichtsreiz, mochte Jan überhaupt nicht – eben diese «Schwäche im Gleichgewicht» war auch der Grund, weshalb er seit einem Dreivierteljahr zur Ergotherapie ging. Diese Unsicherheit ist häufig gekoppelt mit einem eher niedrigen, «schlaffen» Tonus, wie es auch bei Jan der Fall war. Häufig stützte er seinen Kopf auf oder legte ihn auf den Arm. Ein Teil seiner traurigen Ausstrahlung kam gewiss von seiner zusammengesunkenen Körperhaltung. Für solche Einschätzungen ist es beinahe unerheblich, was zuerst vorhanden ist: ein schlechtes Gleichgewicht und dann eine unsichere psychische Verfassung oder umgekehrt. Nach solch einem jahrelangen Kreislauf ist dies kaum zu entscheiden. Eine ganzheitliche Förderung sollte ohnehin an beiden Stellen ansetzen.

Im gleichen Zusammenhang sind noch Auffälligkeiten in der grobmotorischen Koordination einzuordnen: Seilchenspringen, der Hampelmannsprung, bei dem gleichzeitig die Arme über dem Kopf zusammengeklatscht und die Beine gegrätscht bzw. zusammengestellt werden, fielen Jan sehr schwer. Insbesondere war auch die allerfeinste Motorik in den Händen deutlich beeinträchtigt: Die Bewegungen wirkten ungeschickt, Knete konnte nicht zu einer Kugel geformt werden, und dazu passte dann auch, dass die Stifthaltung eher klobig wirkte. Dies wiederum führte dazu, dass Jan die Schreibschriftbewegungen noch sehr mühselig vollziehen musste, mit viel mehr Überlegen, Verkrampfen und fehlerhaften Richtungen, als wenn er die Druckschrift benutzte.

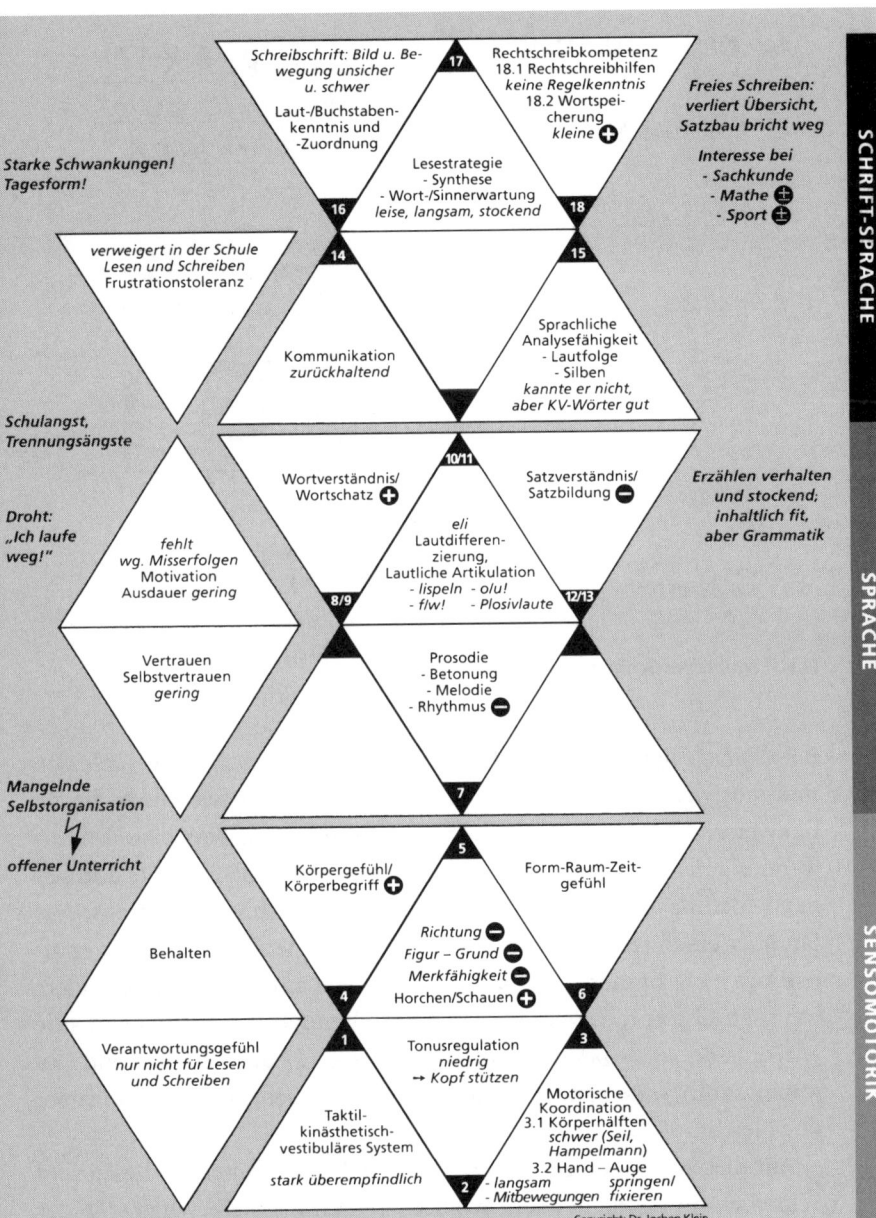

Ganzheitlich-systemisches Schriftsprach-Erwerbsmodell

das _schßimbaß_

der _Fernser_

die Bekerei

die _Spine_

die _Ratschuhe_

der _Schpilplaz_

die _Lüßerin_

JAN FRAKT:
"FOLEN FIR ZU
"Pulizei GEN

JULJA FASUCHT
IN ZU ÖFNEN
ABER SISCHAFT~

(aus: Hamburger Schreibprobe)

Bei all dem zeigte Jan sich in diesen Stunden zunehmend aufgeschlossen und motiviert, sicher auch durch die kleinen Erfolgserlebnisse, die ich ihm verschaffen konnte. Überhaupt war deutlich, dass ein bisschen Zuwendung in der Zweiersituation viele Interessen hervorbrachte und seinen Redefluss deutlich veränderte. Dabei stellte sich schnell heraus, dass Jan über einen reichhaltigen Wortschatz verfügte. Diesen konnte er allerdings nicht immer grammatikalisch korrekt anwenden. Insbesondere wenn er leise sprach, war seine Aussprache unsauber. Ähnliche Laute wie «e» und «i», «o» und «u», «f» und «w», «d» und «t», «g» und «k» waren kaum voneinander abzugrenzen, außerdem lispelte Jan immer noch leicht.

Auf diesem Hintergrund waren seine Schwierigkeiten im Lesen und Schreiben für mich gut nachzuvollziehen: Beim Schreiben gab er in der Tat meistens die Art und Weise wieder, wie er sprach. Die Verschriftung von «Schwimmbad» zu Sfimbat ist abzuleiten von einem gelispelten «s», das das anschließende «w» mit zu viel Luft zu einem «f» werden lässt. Seine Fehlerquote erhöhte sich bei der Schreibschrift, wahrscheinlich wirkte sich hier die feinmotorische Schwierigkeit aus. Insgesamt war es seine Stärke, orientiert an der Silbenstruktur viele Wörter lautgetreu richtig schreiben zu können, und das, obwohl er eine Zergliederung in Silben bis dahin gar nicht kennen gelernt hatte! Stellen in Worten, die gutes Behalten bzw. Orthographie-Kenntnisse verlangen, wie Zeichen für die Dehnung (Beispiel: Brif, Spil) oder Doppelung oder auch das Ableiten (Beispiel: Bäckerei – Bekerei) waren meistens falsch. Im Schreiben von freien Sätzen oder Geschichten verlor Jan, wie auch beim Sprechen, den Überblick und Zusammenhang.

Sein Lesen eines ersten kleinen Satzes war unsicher, leise, mit ratender Stimme. Er schien den Inhalt verstanden zu haben. Andere Sätze zeigten mir, dass er aus einem zentralen Wort auf den ganzen Inhalt schloss. Die einzelnen Buchstaben beherrschte Jan zum größten Teil (bis auf x, y und qu), auch das Zusammenschleifen von zwei Buchstaben (Synthese) gelang weitgehend spontan. Aber bei einem größeren Wortumfang verließen ihn Mut und Können.

Erstaunlich und erfreulich war überhaupt schon, dass Jan sich in der Zweiersituation auf all diese Dinge einließ. In der Schule verweigerte er nämlich das Lesen und Schreiben fast vollständig. Er ging dann schon mit viel Angst in die Schule, auch sonst zeigte er Trennungsängste und war in großer seelischer Not. Er drohte: «Ich laufe weg!» Jans Motivation für das Lesen- und Schreibenlernen und seine Ausdauer waren sehr gering – nicht verwunderlich angesichts all der Anstrengungen und Misserfolge!

Es stellte sich aber heraus, dass Jan bei anderen Tätigkeiten, wie der Versorgung seines Vogels und auch der Erledigung von Hausaufgaben für Mathematik und Sachkunde, sehr verantwortungsvoll und selbständig handelte. Auf Nachfragen ergab sich, dass es lange gedauert hatte, bis er den Vogel verlässlich betreute. Nachdem der Zeitpunkt auf kurz vor dem Abendessen festgelegt worden war, hatte es immer besser geklappt. Jan fiel es zu Hause und, wie dann die Lehrerin auf Nachfrage bestätigte, auch in der Schule schwer, die Zeit einzuteilen bzw. den Wochenplan einzuhalten.

Förderarbeit mit Jan und seinem Umfeld

Die Unterstützung für Jan und seine Familie stand unter der Überschrift «ganzheitlich-systemische Lerntherapie». Deren Kennzeichen sind, kurz gesagt, Unterstützung für das Kind und parallel dazu Zusammenarbeit mit dem Umfeld, also den Eltern, der Schule und in diesem Fall: der Ergotherapeutin.

Das Ihnen inzwischen bekannte Schriftsprach-Erwerbsmodell (s. S. 31) verbindet theoretisch und praktisch die sensomotorische Förderung mit Sprachförderung und mit der Arbeit an der Schriftsprache, dies alles unter Einbeziehung der psychischen Situation des Kindes.

Für Jan und seine Familie ergaben sich daraus die folgenden Schwerpunkte:

– Für Jan in den lerntherapeutischen Stunden:

vorsichtiges Hinführen an Lese- und Schreibsituationen, wichtig dabei war das Einbeziehen von kleinen Handlungs- und Bewegungssituationen: Leiterspiel, Krimskrams, Sil-ben-salz-teig-re-zept (zu den Spielen s. S. 201 ff.),

Vorlesen (als Motivation und Entspannung), mit dem Angebot von Selbstinstruktionen: Einstieg über ein mitgebrachtes Buch von Jan, Geschichten von Grünenstein (Friebel 2001, s. Anhang, S. 240);

Gebärden mit der Hand für Jans schwierigen Laute (s. S. 204; Klein 1993, s. S. 241);

die Hände besser spüren und benutzen: Einstreichen mit Ess-Stäbchen, Gipshand.

– Für Jan in der Schule:

Absprache über Tages- statt Wochenplan.

Für Jan in der Freizeit (zunächst):

Reduzierung der Ergotherapie auf einen Wochentermin.

- Für die Eltern:
  Lösungsorientierte Beratung zu zentralen Themen.
- Für die Familie (später):
  Einbeziehung des Onkels.

Ich bot Jan eine Reihe von Spielen an, die immer wieder neben kleinen Lese- und Schreibanlässen auch Handlungen und damit: Bewegung und Entlastung von der ungeliebten Lese-Schreib-Situation ermöglichten. Solche spielerischen Übungen sind überschaubar und motivieren sehr. Schriftsprache kann damit sinn-voll und mit Freude erlebt werden.

LEITERSPIEL

Das Leiterspiel begann mit einem einfachen Spielplan mit Ereignisfeldern. In den ersten Stunden erdachte ich für Jan kleine Bewegungsaufgaben wie «Hüpfe auf einem Bein, von einer Wand zur anderen» oder «Wie viele Stufen hat die Treppe?».

Das Ergebnis entspricht der Anzahl, die ein Setzstein im Spielfeld weitergehen durfte. Sobald Jan dieses Spielprinzip verstanden hatte, entwickelte er selbstverständlich eigene Ideen, und es war danach nur noch ein kleiner Schritt, diese Ideen schriftlich festzuhalten. Einige Wochen später konnten wir die Aufzeichnungen benutzen, um sie korrekt verschriftet in den Computer zu tippen und dann als «richtige Spielkarten» für andere Kinder auszudrucken.

KRIMSKRAMS

Ein ähnliches Spiel ist «Krimskrams». Hierbei werden, einfach gesagt, beliebige Alltagsgegenstände aus einer Krimskrams-Kiste zum Mittelpunkt einer Aufgabe: Was ist länger – das Stück Draht, das Band, die dicke Kordel? Welche Gegenstände sind magnetisch? Schlage einen Nagel in das Brett ...

SIL-BEN-SALZ-TEIG-RE-ZEPT

Dieses Rezept stellt eine umfassende Lese-, Denk-, Schreib- und Handlungssituation dar. Hier werden je nach Zutat die Angaben in Silben auf farbige Kärtchen geschrieben, also «Elf klei- -ne Löf- -fel Was- -ser» auf grünes Papier, entsprechend alle weiteren Zutaten auf andersfarbiges Papier. Alle Silbenkärtchen werden unsortiert auf einem Haufen präsentiert. Eine spannende Denksportaufgabe beginnt!

Sie endet mit dem Heranschaffen (Absprache treffen und einhalten!), Herstellen (viel Kneten!) und später dem Formen eines Salzteiges.

Elf klei- -ne Löf- -fel Was- -ser
Sie- -ben Sup- -pen- -löf- -fel Salz
Sie- -ben gro- -ße Löf- -fel Mehl
Acht Tee- -löf- -fel Pa- -raf- -fin- -öl
Drei Trop- -fen Pfef- -fer- -minz- -öl

Gerade das Rezept war für Jan eine wunderschöne Anregung sowohl für sein Denken in Silben als auch für seine Feinstmotorik. Beim Mischen der Zutaten und beim Teigkneten machte er ganz neue Erfahrungen und kräftigte zugleich seine Finger.

Später formten wir aus Salzteig Jans «schwierige» Buchstaben. Das Herstellen des Salzteiges und auch der Gips-Handschuh für die Hände blieben schöne Momente in unseren gemeinsamen Therapiestunden.

Diese und die anderen Situationen wurden von Jan gut akzeptiert und bildeten eine wichtige Basis für steigende Sicherheit und Interesse. Der geringe Umfang an Worten bzw. an Silben sowie die kurzen Sätze passten für ihn.

GIPSHANDSCHUH

Sie brauchen: Vaseline (Drogerie) zum vorherigen Einstreichen der Hand und Gipsmullbinden (Apotheke); Schere, Kreppband, Pinsel und Plakafarben.

Die Mullbinden werden in kleine Stücke geschnitten und entsprechend der Gebrauchsanleitung angefeuchtet. Die Stücke werden vom Handgelenk an um die Hand und die Finger gelegt und glatt gestrichen. Nach dem Trocknen werden die Seiten am Handgelenk vorsichtig eingeschnitten, der Handschuh wird abgenommen, die Schnittstellen werden mit Gips oder Tesakrepp (von innen) verklebt. Der Handschuh kann angemalt werden.

Eine andere Anregung griff Jan auch zu Hause auf: Begleitet von einer entspannenden Musik und unterstützt durch eine Geschichte hatten wir unsere Hände mit einem chinesischen Ess-Stäbchen «eingestrichen». Dabei wird mit der Spitze des Stäbchens sorgfältig jeder Millimeter der Haut eingepinselt. Ich kann nur vermuten, dass es der Vergleich der eingestrichenen rechten mit der noch nicht eingestrichenen linken Hand war, der Jan so stark beeindruckt hat, dass er diese Übung auch zu Hause fast jeden Tag mindestens einmal durchführte. Der Unterschied zwischen der «bearbeiteten» und der «unbearbeiteten» Hand kann in der Tat höchst intensiv sein.

Eine gute Unterstützung bedeuteten dabei die Gebärden für die für Jan schwierigen Laute. Bei ihm war es ausreichend, dieses «Hand-Werkszeug» lediglich für diejenigen Buchstaben bzw. Laute einzuführen, die ihm beim Sprechen und beim Verschriften besonders schwer fielen. Er konnte schnell die von mir angebotenen Gebärden behalten.

GEBÄRDEN FÜR LAUTE

Die von mir entwickelten Gebärden verknüpfen eine Bewegung der Hand mit einer Stimm- und Atemübung. Beispielsweise wird beim «F» der Zeigefinger an den Mund genommen. Wenn dann dieser Laut geformt wird, wird der Finger vom Mund weggeführt – wenn man so will: weggepustet. Dadurch kann ein Kind den Laut formen, hören und spüren, in diesem Fall mit dem Mund und sogar auch mit dem Finger (Luftzug).

Ein weiteres Beispiel: Beim «p» bzw. «b» wird die Faust an die Lippen genommen und dann parallel zum Sprechen mit heftigem Schwung bzw. behutsam wegbewegt.

Der Bewegungsfluss unterstützt auch das Zusammenschleifen beim Lesen und Sprechen (Synthese, vgl. Klein 1993).

Ebenfalls von Beginn der Betreuung an bot ich Jan auch «Vorlesen» an, anfangs aus einem von ihm benannten, kleinen Lieblingsbuch. Nach wenigen Sitzungen führte ich dann Geschichten zur Entspannung und mit so genannten Selbstinstruktionen ein.

Durch eine dieser Geschichten kamen wir auf Jans Angst vor Klassenarbeiten zu sprechen. Der Merkspruch «Mut tut gut» war Auslöser dafür. Was dem Drachen in der Geschichte geholfen hatte, sollte Jan auch helfen! Jan kam in unserem gemeinsamen Überlegen darauf, dass er diesen Spruch auf seinen Schreibtisch legen wollte. Zwei Wochen später teilte er mir mit, dass dies überhaupt nichts gebracht habe – als er sich von der Idee schon verabschieden wollte, regte ich an, den Spruch in der Hosentasche mit in die Schule zu nehmen. Seine Idee war es dann, ihn auf einen kleinen Kieselstein zu schreiben, den er bei der Arbeit auf seinen Tisch legen könne. Dieser Stein wurde mehrere Wochen lang ein «Handschmeichler», den er ständig in einer seiner Hände trug.

Schwierige Situationen gab es immer wieder, wenn Jan in der Schule, und dort besonders bei Klassenarbeiten, feststellen musste, dass er weiterhin schlechte Noten erhielt. Auch wenn wir darüber gesprochen hatten, dass es sicher einige Monate dauern würde, bis in der Schule Fortschritte sichtbar würden, war dies für ihn (und auch für seine Eltern) enttäuschend. In der Lerntherapie konnte ich das nur schwer auffangen. *Dies ist übrigens in jeder Lerntherapie eine sehr kritische Phase; die zum Teil über Jahre aufgebauten Lerndefizite und Entmutigungen erfordern einfach einen entsprechend langen Zeitraum. Im Durchschnitt dauert eine Lerntherapie eineinhalb bis zwei Jahre, in einigen Fällen geht es schneller, in anderen kann eine Therapie auch drei Jahre dauern.* Umso wichtiger ist die Zusammenarbeit mit dem Umfeld! Auch die Eltern brauchen in der Regel Ermutigung und Unterstützung. Verständlicherweise möchten sie für ihr Kind und für sich ganz schnelle Entlastung. Der Familienstress dauert oft schon sehr lange bis zur Therapieaufnahme und soll nun möglichst sofort aufhören.

Im Fall von Jan standen zwei wichtige Tagesabschnitte im Mittelpunkt von beratenden Gesprächen. Für das Aufstehen und für das Anfertigen der Hausaufgaben sollten auf Wunsch der Eltern zuallererst Lösungen gefunden werden. *Was sich jetzt für mich beim Schreiben und für Sie beim Lesen als «einfache» Lösung darstellt, hat in Wirklichkeit mehrere Gespräche gebraucht:* Lange Zeit wollte Frau Kienzle (von mir) wissen, was sie denn anders machen könne und müsse. Nachdem sie mir auf meine entsprechende Frage hin aufgezählt hatte, was sie denn schon alles morgens ausprobiert hatte – früher aufstehen, Brote fertig schmieren, Anziehsachen bereitlegen, zur Schule bringen, Bestrafen durch Wegfall des Frühstücks, Fernsehverbot ... –, fragte ich nach, was *Jan* denn schon ausprobiert habe. Diese Frage löste einige Verwunderung aus!

Nachdem die Eltern mir einige andere häusliche Situationen beschrieben hatten, die für sie befriedigend waren (Betreuung des Tieres, Ausräumen der Spülmaschine, «damals das Gießen einer selbst gezogenen Blume ...»), wuchs das Zutrauen, und es entstand die Idee, dass Jan sich von einem Wecker morgens wecken lasse solle. Wir besprachen noch einige Sicherheitsmaßnahmen wie: an den ersten Abenden erinnern, den Wecker zu stellen, und vor allem: Wie wollten sie als Eltern damit umgehen, wenn Jan nicht auf das Wecken reagieren würde?

Eine Ermutigung bedeutete für die Eltern noch mein Hinweis darauf, dass Jan die mit mir getroffenen Absprachen über das Ess-Stäbchen und den Handschmeichler sehr zuverlässig eingehalten habe. Als günstiger Zeitpunkt erwies sich dann eine Klassenfahrt der Schwester. In dieser

Zeit konnte das neue Vorgehen ausprobiert werden, ohne dass ein Misserfolg gleich ein Thema zwischen den Geschwistern werden würde. Da sich diese Gespräche über mehrere Wochen hinzogen, konnte ich die Zeit benutzen, um Jan mit Hilfe eines Eierweckers die zeitliche Strukturierung unserer gemeinsamen Stunden zu übergeben. Er stellte den Eierwecker jeweils auf 20 Minuten ein und achtete sehr darauf, dass unmittelbar nach dem Klingeln die abgesprochene Einheit schleunigst beendet wurde.

So mit allen Familienmitgliedern vorbereitet gelang die Umstellung des Aufstehrituals schon von Anfang an! Die Eltern akzeptierten Jans morgendliche Katzenwäsche, Jan hatte das Gefühl, das Aufstehen selbständig gestalten zu können. Mitunter trödelte er, insbesondere an Tagen mit Klassenarbeiten. Dann nahm er sein Frühstück mit und aß es später.

Neben dieser Arbeit mit Jan selber waren mehrere Gespräche und Absprachen mit den Eltern, der Schule und der Ergotherapeutin von großer Bedeutung:

- Nachdem schon in einem der ersten Gespräche der Onkel erwähnt worden war, fiel mir während der Arbeit mit Jan auf, dass dieser Onkel im Zusammenhang mit gemeinsamen Besuchen des «Hamburger Doms» (Kirmes) wieder auftauchte. Sowohl die Eltern als auch Jan stimmten meiner Anregung zu, dass die beiden regelmäßige Aktivitäten wie Fahrradtouren o. Ä. durchführen könnten. Später erzählte Jan immer wieder begeistert von Ausflügen mit dem Rad und auf dem Boot. Die Situation, in der er ganz viel Aufmerksamkeit bekam, tat ihm sichtlich gut. Ein weiterer Nebeneffekt war, dass die Mutter in dieser Zeit etwas mit ihrer Tochter unternehmen konnte.
- Mit der Lehrerin konnte sehr schnell vereinbart werden, dass sie statt des Wochenplans einen Tagesplan entwickelte – für Jan und gleich für einige andere Klassenkameraden mit, wie sie im zweiten Gespräch berichtete. Jan gelang es bald, die anstehenden Arbeiten in der Schule und auch nachmittags zu Hause (Hausaufgaben!) zu überblicken und besser einzuteilen.
- Mit der Ergotherapeutin konnte Einverständnis erzielt werden, dass die ohne Zweifel sehr sinnvolle und erforderliche Therapie in der sen-

sorischen Integration auf einen Termin pro Woche reduziert werden sollte. Drei «Pflichttermine» erschienen uns allen zu viel. Durch die Veränderung der Bedingungen sowohl in der Schule als auch zu Hause sowie die Angebote zur psychischen und zur Bewegungsentwicklung und dann auch auf der schriftsprachlichen Ebene erzielte Jan erhebliche Fortschritte. Diese kamen ungefähr nach einem Dreivierteljahr so deutlich zum Tragen, dass es auch die Klassenkameraden bemerkten, zuerst daran, dass Jan sich im Unterricht meldete, später erst an verbesserten Noten.

7 Wer und was bei Lernstörungen helfen kann

Anlaufstellen und Finanzierungsmöglichkeiten von Lerntherapie

Integrative Lerntherapie ist im medizinischen und pädagogischen bzw. psychosozialen Versorgungssystem der meisten Bundesländer eher am Rande vorgesehen.

Viele *Schulbehörden* versuchen, über Integrationskonzepte alle Kinder im Rahmen der Schule zu unterstützen. Dieses begrüßenswerte Unterfangen scheitert häufig an den fehlenden finanziellen Mitteln; insbesondere Kinder mit eher punktuellen Schwierigkeiten, z. B. im Lesen, Schreiben und Rechnen, fallen aus solchen Maßnahmen heraus. Allerdings empfiehlt es sich, die jeweiligen schulischen Möglichkeiten durchaus hartnäckig nachzufragen. Dazu gehört es auch, die übergeordnete Schulbehörde anzusprechen.

Wenn das Kind bereits eine intensive Abneigung gegenüber Schule entwickelt hat, ist allerdings die außerschulische Förderung bei einer Lerntherapeutin in der Regel effektiver: Denn die Atmosphäre, die Lehrer, die Räume des Lernorts Schule können eine so starke emotionale Beeinträchtigung bedeuten, dass in manchen Fällen «nichts mehr geht».

Der KREISEL praktiziert z. B. sehr erfolgreich das Projekt «Erste Klasse! Früh fördern macht Schule». LerntherapeutInnen sind in der Vorklasse und in der ersten Klasse von Schulbeginn an einbezogen. Außerdem werden bundesweit Lehrkräfte zu ausgewählten lerntherapeutischen Aspekten weitergebildet.

Wenn das Kind bereits eine intensive Abneigung gegenüber Schule entwickelt hat, ist allerdings die außerschulische Förderung bei einer Lerntherapeutin in der Regel effektiver: Denn die Atmosphäre, die Lehrer, die Räume des Lernorts Schule können eine so starke emotionale Beeinträchtigung bedeuten, dass in manchen Fällen «nichts mehr geht».

Sofern die Schule ihre bisherigen erfolglosen Fördermaßnahmen belegt, hat das *Jugendamt* die Kosten zu übernehmen. Das Kinder- und Jugendhilfegesetz (KJHG) verpflichtet in seinem Paragraphen 35 a die lokalen Jugendämter, für Kinder und Jugendliche mit erheblichen Belastungen im Sinne einer schon eingetretenen oder drohenden seelischen Behinderung entsprechende Lerntherapien zu ermöglichen. Dabei ist nicht die Schwäche im Lesen, Schreiben oder Rechnen der Anlass (!), sondern die womöglich damit einhergehende starke psychische Belastung. Konsequenterweise müssen hier länger anhaltende Probleme vorliegen, die in der Tat eine seelische Behinderung hervorgebracht haben oder eine solche begründet befürchten lassen, wenn keine Hilfsmaßnahme angeboten wird.

Ausführungsbestimmungen zu diesem Gesetz sind vielerorts in Arbeit. Wie in den Schulen empfiehlt sich auch hier hartnäckiges Nachfragen.

Benachbarte Berufe
für Diagnostik und Therapie

Ergotherapie

Die meisten ergotherapeutischen Praxen arbeiten nach dem Konzept der «sensorischen Integration» (SI). Unzureichende Vernetzungen im Gehirn – hier laufen alle Wahrnehmungen und Bewegungen zusammen – sollen positiv angeregt werden. Je früher dies geschieht (Vorschulalter!), desto besser und wirkungsvoller ist es, weil neuronale Vernetzungen sich mit zunehmendem Lebensalter langsamer vollziehen. Und das schulische Lernen nimmt in der 3./4. Klasse, also im 8./9./10. Lebensjahr, an Umfang und Tempo gewaltig zu.

Durch gezielte Reize von Haut, Kinästhesie und Gleichgewicht ändert sich die Muskelspannung und baut sich ein immer besseres Gefühl für den Körper auf, für seine Ausmaße, den angemessenen Krafteinsatz. Das Gefühl für Größe, Proportionen, Entfernungen, für Formen und auch für rechts und links und oben und unten kann angeregt werden.

Die für alle alltäglichen und schulischen Lernprozesse wichtigen Leistungen der feinsten Bewegungssteuerung von Auge (Lesen, Betrachten), Mund (Artikulation) und Hand (Stifthaltung, Handschrift) werden gefördert.

Dies geschieht durch Materialien und Situationen, die
– die Haut stimulieren (diverse Stoffe, Schwämme, Cremes, Wasser),
– der Förderung der Tiefensensibilität dienen (z. B. unterschiedlich schwere Säckchen, Steine, aber auch Massagen),
– das Gleichgewichtsorgan anregen (etwa Schaukeln, Hängematten, Drehkreisel),
– die visuelle und auditive Wahrnehmung fördern (Puzzle, Baupläne umsetzen bzw. Geräuschkassetten, Musik).

Regeln zu verstehen und einzuhalten, Körper-, Raum-, Mengen- und Zeitgefühl zu entwickeln, das schafft ebenfalls verbesserte Grundlagen für die noch anspruchsvolleren schulischen Lernprozesse. Solche Angebote sind alle spielerisch und vor allem auf den individuellen Stand der jeweiligen Kinder abgestimmt. Dadurch können sie sich meistens auf die Therapie gut einlassen, gewinnen schnell Zutrauen zu sich und ihren Fähigkeiten.

Am Anfang steht häufig eine Einzeltherapie, die in der Regel zum passenden Zeitpunkt in eine Kleingruppen-Förderung übergeleitet wird. Besonders wenn ein Kind im basalen Bereich der Sensomotorik (unterste Stufe im Schriftsprach-Erwerbsmodell) erhebliche Probleme hat, kann die Ergotherapie entweder einer Lerntherapie vorausgehen oder – wie das Beispiel von Jan zeigt (s. S. 191) – parallel dazu stattfinden.

Ergotherapeuten arbeiten in freier Praxis (auf Rezept eines Kinderarztes), eventuell in einer gemeinsamen Praxis z. B. mit einer Lerntherapeutin oder Logopädin, oder sie sind bei einem Kinderarzt oder in sozialpädiatrischen Zentren angestellt.

STÖRUNG DER SENSORISCHEN INTEGRATION

Es gibt viele Kinder, die sich trotz einer guten Intelligenz oder sogar besonders hoher Begabung nicht angemessen entwickeln und zu Schulversagern werden. Das kann an einer Störung in der sensorischen Integration liegen: Schon ein Säugling kann «auffällig sein», z. B. wenn er sich beim Weinen nicht beruhigt, auch sonst extrem unruhig ist, oder er findet seinen Essens-, Schlaf- und Wachrhythmus nicht. Das Baby auf den Arm zu nehmen, vergrößert eher das Unbehagen. Andere Kinder erscheinen eher lethargisch, uninteressiert an eigener Fortbewegung, sie krabbeln kaum oder gar nicht; insgesamt vermeiden sie eher Bewegung, selbst so reizvolle Aktivitäten wie Rutschen oder Schaukeln.

Später fehlt diesen Kindern ein Plan, wie das Bastelauto zusammenzusetzen ist; viele Hantierungen wirken unbeholfen, und es passieren

Missgeschicke. Alltagsfähigkeiten wie Anziehen sind nicht ausgereift: Welches Kleidungsstück gehört wann und wie wohin? Der Überblick fehlt, und die Aufmerksamkeit bleibt nur kurze Zeit beim Puzzle oder bei der Geschichte.

Psychomotorik

Wie in der Ergotherapie ist auch in der Psychomotorik das Konzept der «sensorischen Integration» Kern der Therapie. Den äußeren Rahmen bildet meistens eine Halle, gut ausgestattet mit Schaukeln, Matten, eventuell einem Luftkissen – ein Bewegungs-Abenteuerspielplatz mit hohem Aufforderungscharakter. Noch stärker als in der Ergotherapie steht das Material im Mittelpunkt, das anregt zum Klettern, Balancieren, Schaukeln und Springen. Es gibt keine vorgegebenen Spielregeln und auch sonst nur die notwendigen Verhaltensregeln, wie andere zu respektieren und nicht zu gefährden. Die Kinder sollen ihren Körper, ihren Mut, ihre Ideen und Lösungswege entwickeln und ausprobieren dürfen.

Dieses «Ich-selber-Erfahren» und die zugehörigen körperlichen Empfindungen werden im Gehirn registriert und bewertet: «Davor habe ich Angst», «Das traue ich mir zu», «Das hat richtig Spaß gemacht!»

Die psychomotorische Übungsbehandlung versteht sich als neurophysiologische Therapie, die – wie auch die Ergotherapie – Wert legt auf die Beeinflussung von Gehirnfunktionen. Bevor Eltern ihren Kindern Medikamente geben, gegebenenfalls parallel dazu (vgl. S. 226 ff.), sollten sie unbedingt eines dieser beiden Angebote ausprobieren.

Wie schon der Name andeutet, versuchen Psychomotoriker sowohl die motorischen Fähigkeiten zu verbessern als auch das Selbstwertgefühl der Kinder zu stärken. Wenn Selbstwertprobleme ein Hintergrund oder eine Erscheinungsweise ihres Lernproblems sind, kann Psychomotorik eine vorausgehende oder ergänzende Maßnahme zur Lerntherapie sein. Die Lerntherapie ihrerseits wird Elemente aus der sensorischen Integrationsförderung einbeziehen, ohne hier ihren zentralen Schwerpunkt zu setzen.

Aufgrund des attraktiven Rahmens ist die Psychomotorik auch für etwas ältere Schulkinder (bis 13 Jahren) noch interessant. Inzwischen bieten manche Sportvereine, häufig unter dem Etikett «Integratives Angebot», Psychomotorik an. Sonst gibt es freie Praxen oder sozialpädiatrische Zentren. Die Behandlung erfolgt in der Regel auf Rezept.

Unterstützung für ältere Kinder

Für ältere Kinder (ab ca. 10 Jahren) mit intensivem Förderbedarf im Bereich der sensorischen Integration kommen bestimmte Sportarten und Konzepte in Betracht wie

– (Therapeutisches) Reiten: stimuliert die Sinnessysteme; dient dem Aufbau von Beziehungsfähigkeit; gibt Selbstvertrauen; intensive Einzelsituation;

– Judo oder Karate: setzt klare Regeln; bietet echtes Training von Körperkoordination; Gruppenerlebnis;

– Zirkuskünste: ansprechend wegen der Vielseitigkeit von Jonglieren, Balancieren, Einradfahren u. a.; jeder findet etwas zu ihm Passendes; Kreativität; gezieltes Training; Selbstvertrauen; Präsentation vor Publikum;

– Musiktherapie: Hier erhalten Kinder mit Kontaktproblemen eine individuelle Möglichkeit, ihre Persönlichkeit weiterzuentwickeln; Ausdruck und Kreativität; Melodie- und Rhythmusgefühl werden angeregt;

– Feldenkrais: bedeutet ein intensives Training des Körperbewusstseins; insbesondere für Jugendliche, die zu alt sind für die anderen Angebote;

– Eutonie: Hier gilt Ähnliches wie für Feldenkrais. Beides sind sehr effektive Methoden, aber für manche Kinder etwas weniger leicht zugänglich als die anderen Angebote.

Logopädie, Sprachtherapie

Die Förderung von Sprache und Sprechen hat mehrere Schwerpunkte:
– Verbesserung der Artikulation,
– Verbesserung von Wortschatz und Grammatik sowie
– Beseitigung von Störungen des Redeflusses und Redehemmungen (Stottern, Poltern).

Sprache und Sprechen verlangen feinste intakte und aufeinander abgestimmte Wahrnehmungs- und Bewegungsfähigkeiten: Lautstärke, Sprechtempo, Bewegungsplanung für einen Laut bzw. für viele Laute in einem Wort, Betonung und Melodie für ein Wort bzw. einen Satz. Hinzu kommt die inhaltliche Planung eines ganzen Satzes und die daraus resultierende Stellung und Bildung der Wörter im Satz.

Und wie die Sensomotorik spielt auch das Selbstwertgefühl wieder eine entscheidende Rolle! Die Logopädin oder Sprachtherapeutin berücksichtigt beides und bezieht daher Elemente der sensorischen Integrationstherapie ein. Gleichzeitig schafft sie z. B. mit Hilfe von Rollen- und Puppenspielen, Sprüchen und Reimen vielfältige Anlässe fürs Sprechen, für die eigene Entfaltung, auch für das Behalten. Gegebenenfalls unterstützt sie die Anbahnung einzelner Laute – durch Spiele mit der Zunge, den Lippen, den Wangen und gezielt mit Hilfe von Spiegeln, eventuell auch Gebärden – sowie den Aufbau von immer umfangreicher werdenden Satzstrukturen.

Logopäden oder Sprachtherapeuten arbeiten in freier Praxis, eventuell in einer gemeinsamen Praxis mit anderen Entwicklungsberufen oder Lerntherapeuten. Der Kinder- oder der Hals-Nasen-Ohrenarzt kann eine entsprechende Behandlung verschreiben. Falls in Ihrer Nähe eine Stimm- und Atemtherapeutin günstiger erreichbar ist, kann auch dies sinnvoll sein.

Ein besonderer Hinweis: Selbst bei leicht erscheinenden oder bewerteten Problemen mit Artikulation und/ oder Satzbau empfehle ich eine entsprechende therapeutische Unterstützung. Häufig wirken sich frühere Probleme mit der Sprache beim Erwerb und Gebrauch der Schrift-Sprache aus, z. B. Fehler bei der Laut-Buchstaben-Zuordnung oder kurze, verdrehte bzw. unvollständige Sätze bei Aufsätzen.

Orthoptistin

Im Zusammenhang mit einer Lerntherapie sollte eine genaue Abklärung der Sehfunktionen erfolgen, insbesondere wenn Unsicherheiten in visuell-räumlichen Aufgabenstellungen bestehen, oder wenn Kinder z. B. darüber klagen, dass die Augen bei belastenden Tätigkeiten mit intensivem Hinsehen wehtun –nicht nur beim Lesen, auch beim Puzzeln und Ähnlichem Bilder verschwimmen.

Da 80% der Sinneswahrnehmung des Menschen über die Augen aufgenommen werden, ist es bei Störungen verständlich, dass Entwicklungs- und Lernauffälligkeiten ausgelöst oder verstärkt werden können. Die Orthoptistin ist spezialisiert auf besondere Untersuchungen, die über das Bestimmen der Sehschärfe hinausgehen: Augenstellung, Stereosehen, Fehlsichtigkeit werden untersucht, insbesondere diverse Prüfungen mit Schriftzeichen vorgenommen. Immer wieder werden selbst bei zehnjährigen Kindern unglaubliche Belastungsfaktoren entdeckt. Die Zusammenarbeit beider Augen ist von enormer Bedeutung nicht nur für Lesen und Schreiben, sondern auch für das Erkennen der Ziffern, der Reihenfolge bzw. Anordnung. Zeilen werden nicht eingehalten: Kinder berichten häufig, dass die Zeilen tanzen, das Bild unruhig ist, sie sich nicht auf die Buchstaben konzentrieren können bis hin zu Doppelbildern bei Müdigkeit.

Fehlhörigkeit und Hörverarbeitung

In den vergangenen Jahren hat das Thema «Fehlhörigkeit» oder «Störung in der Hörverarbeitung» eine große Bedeutung bekommen. Mehrere Therapiekonzepte dazu sind im Bundesgebiet verbreitet. Die folgenden Ausführungen können lediglich der ersten Information dienen; die Bewertungen sind subjektive Einschätzungen.

- Trainingsprogramm bei Fehlhörigkeit von Barbara Cramer. Dieses kompakte Konzept besteht im Wesentlichen aus zwei Hörkassetten und Trainingsanweisungen.
- Etwas grundlegender und umfassender sind die schriftlich dargestellten Spiel- und Förderideen von Norina Lauer.
- SENSOMOTORIK – SPRACHE – SCHRIFT – SPRACHE. Die Spielekartei von Jochen Klein enthält vielfältige Anregungen zur Verbindung von sensorischer Integration und Sprechen und Hören als Beitrag zum Erwerb der Schrift-Sprache.
- Die Therapeuten nach Volff («Klangtherapie») arbeiten mit sehr geringen technischen Mitteln, während Tomatis, Warnke, AUDIVA und Audilog in ihren Therapien hohen technischen Aufwand mit entsprechend hohen Kosten betreiben.
- Außer dem Tomatis-Konzept und den Trainings der Hörverarbeitung in Rahmen der Lerntherapie können bzw. müssen die Therapi-

en überwiegend zu Hause durchgeführt werden. Hierbei ist für Sie auf jeden Fall zu bedenken, ob und wann Ihr Tagesablauf und Lebensalltag dies möglich macht. Regelmäßigkeit und Konsequenz, letztlich auch in Ihrem Erziehungsverhalten, sind für einen Erfolg dringend erforderlich.

Bevor Sie größere finanzielle Verpflichtungen eingehen und eine solche, Monate andauernde Therapie beginnen, sollten Sie in Zusammenarbeit mit einer Lerntherapeutin bzw. einem Ohrenarzt bzw. Pädaudiologen auf jeden Fall andere, einfacher handzuhabende Konzepte ausprobieren.

Erkundigen Sie sich, welches der Konzepte in Ihrem Umkreis angeboten wird, und nehmen Sie für einen Erfahrungsaustausch Kontakt zu anderen Eltern auf!

Prüfen Sie zunächst die folgenden Möglichkeiten: günstigerer Sitzplatz in der Klasse; Hör-Konzentrations-Spiele; Entspannungsmusik; lerntherapeutische Arbeit z. B. mit Gebärden; logopädische Hilfen. Erst wenn diese keine Fortschritte bringen, sollten Sie eines der Angebote in Erwägung ziehen.

Familientherapie

Hinter dem Begriff Familientherapie verbergen sich unterschiedliche Konzepte. Gemeinsam ist ihnen, dass der Therapeut in aller Regel mit der gesamten Familie arbeitet, weil die ganze Familie betroffen ist und zur Veränderung des unbefriedigenden Zustands beitragen kann.

Üblicherweise sind von dem Lernproblem eines Kindes alle betroffen, die im Haushalt leben. Umgekehrt können auch Krisen in der Familie, wie andauernder Streit oder große, vielleicht existenzielle Sorgen, Auslöser dafür sein, dass einem Kind das Lernen schwer fällt.

Solche Zusammenhänge können in einer «systemischen Familientherapie» gut aufgefangen werden.

In den Sitzungen stehen nicht primär Kind und Lernproblem im Mittelpunkt, eventuell auch überhaupt nicht unmittelbare Probleme Indem alle Familienmitglieder mit ihren Sichtweisen zu Wort kommen, erfahren die anderen, z. T. zum ersten Mal, deren Einschätzungen, Wünsche und Ideen zu den Problemen.

Durch den Therapeuten werden dabei insbesondere hoffnungsvolle und konstruktive, auf eine positive Zukunft bezogene Gedanken gesucht und verstärkt. Entsprechend fragt er alle nach ihren Wünschen für sich und für das Zusammenleben. Die systemische Familientherapie geht nämlich davon aus, dass die Beteiligten selber am besten geeignet sind, für ihre Krise eine Lösung zu finden. Jedes Familiensystem und jedes einzelne Mitglied hat Ressourcen und Selbstheilungskräfte, die vielleicht zurzeit nicht verfügbar sind. Aber die Erinnerung daran – «Wie haben Sie früher ein vergleichbares Problem gelöst?» – und die Eröffnung neuer Sichtweisen und Handlungsmöglichkeiten für hier und jetzt können bedeutende Änderungen hervorbringen.

Neben den Fragen – beachten Sie: nicht Tipps oder Anregungen – werden weitere Techniken eingesetzt wie die «Familienkarte» (eine graphische Darstellung, s. S. 195), «Hausaufgaben» in Form von Beobachtungen («Wann klappt es mit . . . gut?») oder Rituale (Vorlesen) (vgl. auch den Bericht über Jan und seine Familie auf S. 191 ff.) Das entspricht dem genannten Grundgedanken der Selbstorganisation und -heilung. Die Teilnahme und Mitarbeit ist selbstverständlich jedem Familienmitglied freigestellt. Lediglich zum ersten Termin sollten alle kommen.

Wegen der Kosten und einer eventuellen Kostenübernahme durch Dritte müssen Sie den Therapeuten ansprechen. Wenn er nach dem Konzept der Kurzzeittherapie arbeitet, beschränkt sich der Umfang in der Regel auf fünf bis acht Stunden (in unregelmäßigen Abständen).

Alternative pädagogische und therapeutische Ansätze

Schon lange träumen Menschen davon, dass sie quasi im Schlaf lernen könnten oder ihnen der Lehrstoff ohne viel Aufwand eingeflößt werden möge. Besonders stark mag diese Sehnsucht bei Kindern mit Lernschwierigkeiten und Teilleistungsstörungen ausgeprägt sein, aber sicher auch bei ihren Eltern und Lehrkräften. Lehrer beschäftigen sich in den letzten Jahren häufiger mit alternativen Lehr- und Lernmethoden, die leichtes und erfolgreiches Lernen für alle versprechen. Die Sehnsucht ist so groß, dass unbeirrbar Bücher gekauft und Fortbildungen besucht werden, auch wenn die Erfolge in der Praxis eher bescheiden bleiben. Lernen bleibt, mit welcher Methode auch immer, das Überwinden von Fehlern, Schwierigkeiten und Irrtümern.

Die neuen methodischen Ansätze haben teilweise auch Eingang in die Arbeit von Therapeuten gefunden. Sie sind durchaus wirkungsvoll – im Rahmen der objektiv gegebenen Möglichkeiten; zaubern kann aber niemand.

Wir wollen die drei bekanntesten Methoden vorstellen: Suggestopädie («Superlearning»), NLP und Brain-Gym; schließlich sei noch auf den Computereinsatz in der lerntherapeutischen Arbeit hingewiesen.

Suggestopädie

Das «Superlearning» wurde von dem bulgarischen Arzt und Psychotherapeuten Dr. Georgi Lozanov begründet. Er hatte auf Reisen bei Fakiren und Yogis entdeckt, dass sie in völliger körperlicher und geistiger Entspanntheit gedächtnismäßige Höchstleistungen vollbringen konnten. Er schloss aus seinen Beobachtungen, dass gerade diese Entspanntheit die Voraussetzung für ihr «Supergedächtnis» (Hypermnese) sein müsse, und gründete zu Lehr- und Forschungszwecken in den 60er Jahren das Institut für Suggestologie in Sofia.

Die Suggestopädie beansprucht nicht endgültig zu wissen, wie Lernen optimal funktioniert. Doch sie nutzt alle Erfahrungen und Erkenntnisse über erfolgreiches Lernen. Die DGSL (Deutsche Gesellschaft für suggestopädisches Lernen; s. Anhang) zitiert auf ihrer Homepage den antiken Philosophen Plutarch mit dem Satz:

> «Der Geist des Menschen ist kein Gefäß,
> das gefüllt,
> sondern ein Feuer,
> das entfacht werden will.»
> *(Plutarch)*

In diesem Sinne verstehen sich Suggestopäden als «Brandstifter»: Sie versuchen, ein «kreatives Lernfeuer» zu entfachen, indem sie
- alle Sinne der Lernenden ansprechen,
- sie durch die Stärkung positiver Selbsteinschätzungen motivieren,
- Spiel und spontanes Handeln zulassen und fördern,
- An- und Entspannung abwechseln,
- Entspannungsmusik in den Lernprozess einbeziehen, um die Gedächtnisleistung zu erhöhen,
- den Lernraum atmosphärisch anregend gestalten,
- die Zusammenarbeit der Lernenden in Partner- und Gruppenarbeit anregen und
- sich selbst als Lernende begreifen.

Die Suggestopädie sieht Lernen als etwas Lustvolles an, das nicht im Gegensatz zum Sich-wohl-Fühlen steht, sondern im Gegenteil dazu beiträgt. Sie hat im Übrigen auch nichts mit «suggerieren» zu tun, ist also keine manipulative Methode. Das englische Verb «to suggest» (= vorschlagen) trifft eher das Gemeinte, denn das «Superlearning» bietet eine Fülle an Vorschlägen oder Anregungen für das Lernen, aus denen sich jeder seine für ihn wirksamsten methodischen Tricks aussuchen kann.

Suggestopädie ist keine esoterische und keine mit Hypnose arbeitende Methode; in der Suggestopädie bleiben die Lernenden hellwach, und das auf eine Art, die der Funktionsweise des Gehirns gerecht zu werden versucht. Was es heute an pädagogischen Ansätzen in der Lernbehindertenpädagogik und zwischenzeitlich auch in der Grundschularbeit gibt, ob mit Begriffen wie «Ganzheitlichkeit», «Lernen mit allen Sinnen» oder «gehirngerecht» belegt – es ist von der Suggestopädie beeinflusst worden.

Neuro-Linguistisches Programmieren (NLP)

NLP stellt ein System von Techniken dar, mit deren Hilfe zwischenmenschliche Kommunikation verbessert werden kann, und wurde begründet von zwei Amerikanern: Der Mathematiker und Informatiker Richard Bandler sowie der Linguist und Transformationsgrammatiker John Grinder analysierten die Arbeitsweisen besonders erfolgreicher Therapeuten (Milton Erickson, Fritz Perl, Virginia Satier, Gregory Bateson), filterten deren Prinzipien heraus und entwickelten daraus auf der Basis der philosophischen und linguistischen Grundlagen von Alfred Korzybski aus den 30er Jahren des 20. Jahrhunderts ihr NLP-System.

Vielleicht liegt die größte Leistung von Bandler und Grinder darin, dass sie die Fähigkeiten von gewissermaßen «genialen» Therapeuten durch Systematisierung für die Allgemeinheit zugänglich machten. Womöglich liegt darin aber auch das häufig anzutreffende Missverständnis begründet, mit NLP gebe es keine Grenzen für Lernen und Therapie mehr. So ist es natürlich nicht.

Der Name der Methode verweist darauf, was mit ihr möglich ist:

«Neuro» steht für das Nervensystem und damit für alle sinnlichen Wahrnehmungsmöglichkeiten und ihre Verarbeitung im Gehirn.

«Linguistisch» meint Sprache im weitesten Sinn, also sowohl Worte als auch Körpersprache. Mit Sprache drücken wir unsere Wahrnehmungen und Erfahrungen aus, interpretieren sie und tauschen sie aus. Wenn man sich bewusst macht, dass wir die Welt nie so wahrnehmen, wie sie ist, sondern immer nur so, wie wir sie sehen, wird die Bedeutung der Sprache klarer.

«Programmieren» drückt eine besondere Sichtweise von Lernen aus.

Es geht um aufeinander aufbauende Erfahrungen, um die Ergänzung schon bekannter Lernwege durch neue Sichtweisen und Strategien. Für das Speichern und Verankern von Erfahrungen gilt nicht nur das Gehirn als zuständig, sondern der ganze Körper.

NLP

ist «sinnvoll» für die Arbeit mit Menschen, denn es versucht, alle Sinne anzuregen. Es eröffnet neue Perspektiven und ein breites Spektrum an Wahlmöglichkeiten für die Lebensgestaltung, indem es Erfahrungen und Gedanken sowohl erweitert als auch in neue Zusammenhänge stellt («Reframing»). Dafür nutzt das Neuro-Linguistische Programmieren sowohl Sprache, Ausdruck und Imagination als auch verschiedene Techniken für Situations- und Rollenwechsel. Es möchte Menschen dabei helfen, wieder zu ihrer ursprünglichen Lebendigkeit zu finden, ihrer Intuition zu trauen und innere Kraftquellen zu erschließen.

Mit Hilfe präzise beschriebener NLP-Techniken lässt sich das Lernen für Kinder effektiver arrangieren. Wer darin ausgebildet ist, ist besser als andere in der Lage, Schüler in ihren Befindlichkeiten zu erkennen und sich auf sie einzustellen. Mit «Pacing» stellen NLP-geschulte Lehrkräfte eine Art Gleichklang zu ihnen her, wodurch der «Rapport» entsteht, eine emotional harmonische Beziehung. Auf seiner Grundlage lässt sich das «Leading» betreiben, das Führen hin zu einem klar definierten und auf das jeweilige Kind abgestimmten Ziel. Durch «Reframing» lernen Schüler, belastende Dinge neu zu sehen; neue Sichtweisen können dann mit einem «Anker» gefestigt werden. NLP-geschulte Erwachsene erkennen, welche Sinneskanäle bei welchem Kind vorzugsweise zum Einsatz kommen und können sie entsprechend in ihrem Lernprozess unterstützen.

In der Psychotherapie hat sich NLP als eine der wirkungsvollsten Kurzzeittherapien bei Phobien und Traumatisierungen etabliert. Ihr

Methodenrepertoire findet auch in der psychologischen Beratung immer häufiger Anwendung. NLP-geschulte Lerntherapeuten helfen ihren Klienten besonders dabei, eigene Ziele zu entwickeln und in praktikable Teilziele zu zerlegen sowie die individuell am besten passenden Lernstrategien herauszufinden und konsequent anzuwenden. Doch wie bei allen Methoden gilt auch hier: Die Qualität des jeweiligen Lehrers, Beraters oder Therapeuten entscheidet letztlich über ihren Erfolg.

Brain-Gym

Paul und Gail Dennison gelten als die Entdecker der «Edukinestetik», wie man Brain-Gym früher nannte. Die Methode ist das mit dem Thema «Lernen» befasste Teilgebiet der «Angewandten Kinesiologie», die eigentlich ein alternativmedizinisches Heilsystem beschreibt. Über das 1982 gegründete Institut für Angewandte Kinesiologie in Freiburg (IAK, s. Anhang) kann man ausführliche Informationen zur Methode sowie Therapeutenlisten und über den angegliederten Verlag (VAK) auch Literatur erhalten.

Auf Deutsch bedeutet Brain-Gym «Gehirngymnastik»; es geht also um Bewegungsübungen, die in besonderer Weise die Leistungsfähigkeit des Gehirns fördern sollen. Sie wurden in der sonderpädagogischen Arbeit mit gehirngeschädigten Kindern entwickelt und angeregt durch Chiropraktik, Yoga und Akupunktur. Im Wesentlichen lassen sich die Übungsformen (genaue Beschreibungen in der Fachliteratur, vgl. Anhang) in drei Gruppen einteilen:

– Bewegungen, bei denen die vertikale Körpermittellinie überschritten wird, dienen der verbesserten Integration der linken und rechten Gehirnhälfte und ihrer unterschiedlichen geistigen Funktionen («Lateralität»).

– Bestimmte Dehnungsübungen sollen die Kommunikation zwischen Vorder- und Hinterhirn fördern («Fokussieren»). Das ist wichtig, weil das Vorderhirn unter Stress oder in angstauslösenden Situationen «abschaltet», was jeder von uns als Blockierung oder als das berühmte «Brett vor dem Kopf» kennt. Die Fähigkeit, auch unter Stress noch Verhaltensalternativen zu sehen und wählen zu können, wird durch spielerische Übungen gefördert.

– Die dritte Übungsgruppe fördert die Kommunikation zwischen oben und unten, zwischen den oberen Gehirnregionen und dem limbischen System, und will auf diese Weise Konzentration und organisiertes Verhalten fördern («Zentrieren»).

Alle Brain-Gym-Übungen sollen der Entspannung, dem Abbau von Stress und der besseren Konzentrationsfähigkeit dienen. Welche Übungen für ein Kind gerade geeignet sind, macht ein professioneller Behandler über den «Muskeltest» ausfindig, der als eine Art «Bio-Feedback»-Instrument fehlende Balancen des Organismus anzeigt. Man kann die Übungen aber auch nach Erfahrung bzw. nach Bereitschaft des Kindes auswählen, denn falsch machen im Sinne von «schädigen» kann man dabei nichts. Es steht zudem jedem frei, seine Übungen weiterzuentwickeln und zu verändern, wie das auch die Lehrerin Christina Buchner getan und in ihrem Buch «Brain-Gym & Co.» (s. Anhang) beschrieben hat. Brain-Gym ist, und das war auch die Absicht seiner Begründer, ein Selbsthilfeprogramm.

Heute setzen bereits viele Lerntherapeuten Brain-Gym oder zumindest Teile daraus in der Arbeit mit Kindern ein. Es bringt Abwechslung in die Therapiestunde (oder in die Hausaufgaben), sorgt für Bewegung und damit für einen angeregteren Kreislauf und bessere Durchblutung, beugt Stress-Symptomen vor und macht ganz einfach Spaß: Erwachsener und Kind kommen in Interaktion miteinander, das Lachen lässt sich dabei kaum vermeiden. Somit ist die Methode nützlich für Motivation, die Verbesserung der physiologischen (körperlichen) Lernvoraussetzungen und letztlich auch für die Konzentration beim Lernen.

Computer

Der Computer bietet vielfältige Möglichkeiten, sich mit Lesen, Schreiben und Rechnen auseinander zu setzen. Lernprogramme gibt es unzählige, darunter viele gute.

Dabei ist zu unterscheiden zwischen Programmen, die einfach nur gute Leseanlässe – seltener auch: Schreibanlässe – geben und dadurch einen hohen Aufforderungscharakter haben, und solchen, die gezielt als Förderprogramme konzipiert sind.

Leistungen und Pluspunkte der Arbeit mit dem PC sind unter anderem:
- die Steuerung des Nachdenkens und Handelns durch klar strukturierte Programme;
- die bei vielen Kindern andauernde Faszination des Mediums, wodurch Aufmerksamkeit, Lernmotivation und Ausdauer gegeben sind;
- spielerischer Umgang mit Schriftsprache und Rechnen;
die Entlastung von feinstmotorischen Leistungen, z. B. Tastendruck statt handschriftliches Schreiben;
- sofortige Rückmeldung und, sofern das Programm entsprechend gestaltet ist, Verstärkung des Erfolgs sowie (wenn vorhanden) Anregungen zum Weiterdenken;
- folgenloses Ausprobieren (ein Fehler bleibt ein «Geheimnis» von Kind und PC);
- Objektivität, da die anonyme Technik und nicht eine Person die (durchaus ja auch negativen) Rückmeldungen gibt;
- ein Kind oder insbesondere Jugendlicher mit viel Verantwortung und Interesse kann eigenständig arbeiten.

Also: Die lerntherapeutisch durchaus sinnvollen Möglichkeiten des Computers sind vorhanden! Aber große Probleme bereiten die Unübersichtlichkeit des Marktes und das schnelle Tempo der Neuerscheinungen. Außerdem steigt der technische Standard ständig, z. B. wenn Programme mit immer mehr und besserer Sprachgebung und Videoclips u. a. arbeiten.

Reizvoll und ein guter Kompromiss sind Computer-Programme, die parallel zu lerntherapeutischen Förderkonzepten entwickelt wurden, wie KAROLUS zum Kieler Lese- und Rechtschreibaufbau. So etwas kann eine Lehrerin oder Therapeutin in ein Gesamtkonzept einbauen. (Im Anhang finden Sie noch einen Experten-Hinweis.)

Schul- und alternativmedizinische Unterstützung in der Lerntherapie

Wo die Not groß ist und schnelle Hilfe nicht in Sicht zu sein scheint, wächst die Neigung, alternative und Naturheilverfahren auszuprobieren. Trotz großenteils noch fehlender schulmedizinischer «Beweise» der Wirksamkeit ihrer Methoden sind immer wieder Fälle dokumentiert, in denen solche Verfahren erfolgreich waren.

Die folgenden Informationen über drei alternative Ansätze und über den Einsatz von Medikamenten sollen Ihnen verbesserte Möglichkeiten der bewussten und kritischen Entscheidung bieten.

Klassische Homöopathie

Die klassische Homöopathie wurde zu Beginn des 19. Jahrhunderts von dem deutschen Arzt, Apotheker und Chemiker Samuel Hahnemann (1755–1843) entwickelt. Er hatte entdeckt, dass die gleiche Substanz, die in großen Mengen eine Krankheit bzw. ein Symptom hervorruft, in geringsten Dosen verabreicht eben jenes Symptom beseitigt. Nach seinem Leitsatz «Similia similibus curentur» (Ähnliches soll durch Ähnliches geheilt werden) wirkt z. B. ein homöopathisch verdünnter Extrakt aus Küchenzwiebel bei den tränenden Augen und der triefenden Nase eines Erkältungsinfekts.

Die Homöopathie sieht in Krankheitssymptomen nicht die Krankheit selbst, sondern Reaktionen des Organismus auf Störungen. Mit diesen Reaktionen versucht der Körper, sich selbst wieder ins Lot zu bringen.

Der Homöopathie geht es nicht um die Unterdrückung des Symptoms, sondern um die Stärkung der Selbstheilungskräfte. Ein Homöopath würde also nicht die Unruhe eines ADS-Kindes bekämpfen, sondern dem Körper helfen, die Reizfilterschwäche zu überwinden.

Was die Homöopathie seit jeher für traditionell naturwissenschaftlich denkende Menschen suspekt macht (gleichwohl ist sie vom Bundesgesundheitsamt als Therapiemethode anerkannt), ist die Tatsache, dass ihre Medikamente keine oder lediglich in Spuren chemisch nachweisbare Wirkstoffe enthalten. Die Verdünnung der jeweiligen Heilsubstanz ist so extrem, dass diese materiell praktisch nicht mehr existiert. Was dabei jedoch erhalten bleibt und sogar umso stärker wirksam wird, je höher die Verdünnungs-«Potenz» gewählt wird, ist die «Information» des Ausgangsprodukts.

Als Verabreichungsformen homöopathischer Medikamente sind vor allem Tropfen zum Einnehmen, gelegentlich auch zum Einreiben beispielsweise in die Ellbogen-Beuge, sowie «Globuli» üblich: kleine Kügelchen aus Milchzucker, der als Träger der Heilinformation fungiert, indem er mit der Ausgangssubstanz verrieben wurde.

Viele Menschen greifen gerne auf die Homöopathie zurück, weil sie als eine sanfte Alternative gilt, als Methode ohne Nebenwirkungen. Doch man sollte ihre Wirksamkeit nicht unterschätzen. Auch bei Tieren wird sie erfolgreich eingesetzt, und dort spielt der von Kritikern behauptete «Placebo-Effekt» (Wirksamkeit durch den Glauben daran, ohne dass eine wirksame Substanz im Spiel sei) sicher keine Rolle. Entscheidend für ihre erfolgreiche Wirkung ist die genaue Bestimmung des Behandlungsanlasses. In ausführlichen Gesprächen klären Homöopathen die Geschichte ihres Patienten. Das richtige Mittel in der passenden Potenz (Verdünnungsgrad) zu finden, ist die große Kunst des Arztes oder Heilpraktikers und erfordert sehr viel Erfahrung. Bei dieser Zuordnungsleistung werden moderne Homöopathen nicht mehr allein durch dicke Bücher, sondern auch durch Computerprogramme unterstützt.

Alle bei lern- und/oder teilleistungsgestörten Kindern häufigen Symptome (Schlafstörung, Hyperaktivität, Nervosität, Konzentrationsbeeinträchtigung, depressive oder aggressive Verhaltensauffälligkeiten u. a. m.) sind homöopathischer Behandlung zugänglich. Da es sich um eine ganzheitliche Methode handelt, wird natürlich die Lebensweise des Kindes und seiner Familie mit Ernährungs- und Lebensgewohnheiten gleichzeitig mit in den Blick genommen. Somit gilt hier wie bei allen Naturheilverfahren, dass ein großes Maß an Selbstdisziplin für den Behandlungserfolg entscheidend ist. Schließlich geht es nicht um die «Beseitigung» der Krankheit, sondern um die Stärkung der Gesundheit.

Homöopathisch arbeitende Ärzte oder Heilpraktiker kann man leicht über das Branchen-Telefonbuch ausfindig machen; weitere Informationen zur Methode sind beim Laienverband «Hahnemannia e.V.» (s. Anhang) zu erhalten.

Bach-Blüten-Therapie

Bach-Blüten haben nichts mit einem Bachlauf zu tun, sondern sind Tropfen, die aus bestimmten Blüten gewonnen werden, die der englische Mediziner Dr. Edward Bach (1886–1936) in den ersten Jahrzehnten des 20. Jahrhunderts für Heilzwecke entdeckte.

In seinen letzten Lebensjahren beschäftigte er sich intensiv mit der Entwicklung eines einfachen und natürlichen Heilsystems. Er war zu der Erkenntnis gelangt, dass Krankheiten immer der körperliche Ausdruck eines Konflikts zwischen Seele und Geist seien. Negative seelische Eigenschaften wie Hass, Selbstsucht oder Gier sind nach seiner Theorie Ursachen bestimmter Grundkrankheiten. Echte Heilung könne ein Patient nur dann erlangen, wenn er an sich arbeite und diese Eigenschaften überwinde. Bach entwickelte ein System von 38 Charaktertypen, denen er 38 Pflanzenblüten zuordnete. Die Einnahme des entsprechenden Blütenmittels soll der Seele helfen, ihren ursprünglich harmonischen Zustand wieder zu finden.

Bei der Herstellung der Blütenmittel im Dr. Bach Centre in Scotwell unweit von London verfährt man noch heute nach den Anweisungen ihres «Erfinders». Die voll aufgeblühten Blüten müssen an einem sonnigen Tag morgens vor 9.00 Uhr gepflückt und in eine Schale mit frischem Quellwasser gelegt werden. Durch die Einwirkung intensiver Strahlung der hoch stehenden Sonne übertragen sich nach Dr. Bach die «Schwingungen» der Blüten auf das Wasser. Nach Entnahme der Blüten wird das Wasser mit der gleichen Menge Brandy oder Cognac versetzt («Urtinktur») und anschließend im Verhältnis 1:240 verdünnt. Diese Tinktur wird in «Stockbottles» abgefüllt. Bei der Behandlung werden jeweils ein bis drei Tropfen der Grundsubstanz in einem Glas Wasser eingenommen, oder es wird eine entsprechend weiter verdünnte Grundsubstanz zur tropfenweisen Einnahme in Fläschchen gefüllt.

Bach-Blüten stören sich auch, im Unterschied zur Homöopathie, mit keiner anderen Medikation, weshalb sie problemlos neben schulmedizinischer Behandlung eingesetzt werden können.

Kinder mit Lern- oder Teilleistungsstörungen leben oft über lange Zeit in einer krisenhaften Situation und sind erheblichem Stress ausgesetzt. Deswegen empfehlen sich Bach-Blüten nicht nur zur Behandlung der eigentlichen Symptome (z. B. Hyperaktivität oder Aggressivität), sondern vor allem zur Begleitung des gesamten lerntherapeutischen Prozesses, um Ängste, Schlaflosigkeit, Nervosität etc. zu lindern.

Ernährung und diätetische Behandlung

Über Ernährung im Zusammenhang mit Lernstörungen und vor allem als Auslöser hyperaktiven Verhaltens ist schon viel geschrieben worden. Die Meinung, zu viele Phosphate in den Nahrungsmitteln seien für eine Zunahme von Aufmerksamkeitsstörungen verantwortlich, ist heute widerlegt. Und doch spielt die Ernährung eine große Rolle im Zusammenhang mit den Lern- und Leistungsstörungen unserer Kinder, weshalb man auch sie als ein Puzzlestückchen im Therapieplan ansehen muss.

Kinderärzte und Gesundheitsämter berichten schon seit vielen Jahren über alarmierende Erkenntnisse. Danach ist die Quote der Kinder, die bereits bei der Einschulung durch Übergewicht auffallen, enorm gestiegen: Mindestens jedes sechste «I-Dötzchen» leidet darunter. Gleichzeitig weisen sie – wie auch viele Normalgewichtige – Mangelerscheinungen bezüglich der Versorgung mit Vitaminen, Spurenelementen und Mineralstoffen auf.

Ein anderes Alarmsignal stellt die Zunahme von Allergien und Asthma dar, nach Angaben des Deutschen Allergie- und Asthmabundes (DAAB, s. Anhang) ist bereits jedes dritte Schulkind betroffen. Kinder mit Teilleistungs- und speziell mit Aufmerksamkeitsstörungen leiden überproportional häufig unter solchen Störungen. Hier spielen die veränderten Lebens- und Umweltbedingungen eine Hauptrolle, wozu auch die heutigen Ernährungsgewohnheiten gehören.

Die Zusammensetzung der täglichen Nahrung, die ein Kind zu sich nimmt, sowie die Art ihrer Aufnahme sind Faktoren, die für beide Phänomene – Übergewicht wie Allergieproblematik – entscheidend mitverantwortlich sind. Kinder konsumieren oft zu viele Kalorien aus falschen, weil ungesunden Nahrungs- bzw. Genussmitteln (vgl. dazu die Arbeit des aid, s. Anhang).

Vor allem vier Ernährungsfehler werden von Medizinern beklagt:
1. zu viel Zucker,
2. zu viel Auszugsmehl-Produkte und gleichzeitig zu wenig Rohkost, frisches Gemüse und Ballaststoffe,
3. zu viele chemische Zusatzstoffe sowie
4. zu viel Milch und Milchprodukte.

Zucker kann ein Seelentröster sein; Süßigkeiten haben unzweifelhaft Auswirkungen auf Stimmung und seelische Befindlichkeit. So ist es kein Wunder, dass Zucker, ohne dass öffentlich darüber diskutiert würde, Suchtmittel Nummer eins in unserer Kultur ist.

Die Kalorien aus Zucker machen im Durchschnitt bereits ca. 15 Prozent (bei Kindern noch mehr!) unserer Ernährung aus. Zucker ist in Limonaden, Säften und vor allem Saftgetränken («Nektar»), Fertig-«Tees» in Trinkpäckchen, Kakaogetränken, aber auch in Fertigprodukten vom Ketchup über die Dosensuppe bis zur Fischkonserve enthalten. Der Zuckeranteil, der erst seit wenigen Jahrzehnten in unserer Ernährung eine Rolle spielt, stellt eine Überbelastung für Bauchspeicheldrüse und Nebenniere dar. Diese beiden Organe sind hauptsächlich für die Regulierung des Blutzuckerspiegels zuständig; die Bauchspeicheldrüse (Pankreas) z. B. durch die Ausschüttung von Insulin, das den Zuckergehalt im Blut senkt, indem es Zucker in Muskeln und Leber einlagert, während die Nebenniere Zucker dann freisetzt, wenn das Blut es zu energiebedürftigen Zellen z. B. im Gehirn transportieren soll.

Dieses Regulierungssystem wird durch die heute üblichen Zuckermengen aus dem Tritt gebracht. Wenn die Zuckerschwemme einen solch hohen Insulinausstoß provoziert, dass kurz darauf eine «Unterzuckerung» eintritt, die auch durch die «Gegenwehr» der Nebenniere nicht ausgeglichen werden kann, können regelrechte Entzugserscheinungen in Form von Kopfweh, Schwindelgefühlen und Nervosität auftreten (Hypoglykämie-Syndrom). Man kann diesen Effekt leicht an sich selbst beobachten, wenn man lediglich drei Tage lang völlig auf Zucker und Süßigkeiten verzichtet, aber wer kann das schon …

Zucker ist darüber hinaus ein «Vitaminkiller», der die Aufnahme von Vitaminen aus Rohkost und Gemüse behindert. Es ist zwar besser, aber noch lange nicht ausreichend, mehr Salat, Obst und Gemüse zu verabreichen, wenn die Zuckermenge nicht reduziert wird.

Viel an Vitaminen, Spurenelementen und Mineralstoffen enthalten wir uns dadurch vor, dass wir Weißmehlprodukte bevorzugen. Vollkornmehle und ungeschälter Reis bieten sich zum Ausgleich an. Im Zusammenspiel mit reichlich Frischkost sorgen sie auch für eine normal-angeregte Darmtätigkeit und beugen Verstopfungen vor.

Worauf unser Organismus aufgrund seiner Entwicklungsgeschichte neben dem Zuckerkonsum gleichfalls nicht eingerichtet ist, sind die chemischen Lebensmittel-Zusatzsoffe, die in fast allen Fertigprodukten als Konservierungsmittel, Farb- und Aromastoffe eingesetzt werden. Manche werden aus Schimmelpilz-Fermenten gewonnen, die im Übrigen auch bei der Produktion von Obstsaftkonzentrat eingesetzt werden – ein großes Problem für jeden Schimmelpilz-Allergiker! Die Zusammenhänge zwischen diesen Zusatzstoffen und dem Auftreten von Allergien sind noch längst nicht abschließend geklärt; die Erfahrungen in Allergiker-Selbsthilfegruppen sprechen jedoch eine deutliche Sprache: Die geringsten Probleme treten auf bei der Bevorzugung von Frischkost und selbst zubereiteten Gerichten.

Dass auch die Kuhmilch im Zusammenhang mit Ernährungsfehlern gesehen werden muss, mag überraschen, denn sie hat besonders in der Kinderernährung einen hohen Stellenwert. Doch weiß man heute, dass Milch kein Getränk, sondern ein Nahrungsmittel ist. Sie sättigt in hohem Maße und beeinträchtigt damit den Appetit auf Obst, Gemüse, Salat, Brot, Käse und Fleisch- oder Fischprodukte, also auf all die Lieferanten von lebenswichtigen Nährstoffen.

Milch ist ein sehr einseitiges Nahrungsmittel; wenn zudem viel an Milchprodukten (Quark, Joghurt, Käse) konsumiert wird, können Mangelerscheinungen die Folge sein. Das wertvolle Calcium erhält unser Organismus auch durch andere vollwertige Nahrungsmittel. Der Ludwigsburger Kinderarzt Dr. Dietrich Schumann berichtet in einer Elternbroschüre (s. Anhang) von weiteren Symptomen bei Kindern mit hohem Milchkonsum: zu niedriger Eisengehalt des Blutes, unangenehmer Mundgeruch, Neigung zu Verstopfung sowie Fettausschlag auf Kopfhaut und Wangen. Er empfiehlt fettarme Milch und reduzierten Milchkonsum bzw. stattdessen Verzehr von magerem Käse, Quark und Joghurt.

Aus diesen Ausführungen heraus wird es vielleicht verständlich, wenn manche Ärzte grundsätzlich bei einer Aufmerksamkeitsstörung, ob mit oder ohne Hyperaktivität, zu einer Ernährungsumstellung als einem Element der gesamten Therapie raten. Auch ganz «normale» Konzentrationsstörungen können also durchaus mit gesünderer Ernährung positiv beeinflusst werden, selbst wenn das nicht in jedem Fall der Schlüssel zum Erfolg ist.

Medikamente

Mit steigender Tendenz werden inzwischen Medikamente verschrieben, die die Aufmerksamkeit und Konzentrationsfähigkeit eines Kindes verändern sollen, insbesondere so genannte Neurotransmitter-Ersatzstoffe (z. B. mit dem Markennamen «Ritalin»).

Hierbei gibt es zum Teil erstaunlich positive Veränderungen: Durch das Medikament wird das Verhalten des Kindes so gesteuert, dass es sich wieder aktiv an seiner Umgebung und auch an den Lernaufgaben beteiligen kann.

Gleichzeitig ist aber auch festzuhalten, dass bei einer nicht unerheblichen Zahl von Kindern diese gewünschte Verhaltensänderung nicht eintritt. Das scheint vor allem dann der Fall zu sein, wenn die Indikation nicht ausreichend abgeklärt ist. Uns sind von Klienten immer wieder Beispiele von verantwortungslosen Verordnungspraktiken ohne gründliche Diagnostik, z. T. auf telefonische Symptomschilderung hin, und ohne regelmäßige Therapiekontrolle berichtet worden.

Unerwünschte Verhaltensänderungen können sein: Lustlosigkeit, eher depressive Tendenzen, aber auch Aggressionen. Hinzu kommen gelegentlich Nebenwirkungen (körperliche Beschwerden; Appetitlosigkeit; Gewichtsverlust) wegen mangelnder Verträglichkeit oder bei Überdosierung.

Aus diesen Gründen ist eine intensive Betreuung durch den verordnenden Arzt unabdingbar. Regelmäßige Kontrollen, vor allem zu Beginn der Medikamentengabe, um die passende Dosierung herauszuarbeiten, müssen garantiert sein. Da das Medikament je nach Einstiegsalter über etliche Jahre – bis in die Pubertät hinein – gegeben werden muss, ist selbstverständlich weiterhin eine andauernde Kontrolle erforderlich. Keinesfalls sollte einfach ein neues Rezept bei der Sprechstundenhilfe abgeholt werden!

Zugleich sollte auch für die Familie eine regelmäßige Beratung mit dem verordnenden Arzt möglich sein, weil ja die Verhaltensänderung des Kindes auch die bisherigen familiären Umgangsweisen, Einstellungen und Abläufe verändert. Wie überprüft er, ob und wie Ihrerseits bzw. seitens des Kindes das Medikament benutzt wird?

Insbesondere der immer wieder eher nicht kunstgerechte Gebrauch seitens einzelner Ärzte, aber auch seitens der Eltern, macht aus unserer Sicht die Medikamentengabe problematisch. Von daher mein Rat: Erkunden Sie sehr genau, ob und wie eine Betreuung durch den Arzt stattfindet.

Und dann nicht zu vergessen: Das Medikament ist noch keine Therapie! Es kann jedoch unter günstigen Umständen die Erfolgschancen der eigentlichen Therapie erhöhen: heilpädagogische Verhaltenstherapie, Lerntherapie, eventuell Ergotherapie oder Psychomotorik sowie Elterntraining oder Familientherapie.

ZUM UMGANG MIT MEDIKAMENTEN

Für Sie gibt es vor einer Medikamentengabe nach unserer Erfahrung vier weitere Aspekte sorgfältig zu prüfen:

1. Machen Sie sich so kompetent, dass Sie zu Ihrer eigenen Position kommen! Nicht Freunde, Nachbarn oder Fachleute entscheiden, sondern Sie! Und Sie sind es auch, die Ihre Entscheidung gegenüber dem Kind zu vertreten und durchzusetzen haben.

2. Wie stark wollen Sie Ihr Kind in die Entscheidung mit einbeziehen? Im Grunde sollte es selbstverständlich sein, das Kind mitentschei-

den zu lassen, aber das ist auch eine Frage des Alters. Außerdem kann eine Beziehung so verfahren sein und die Dimension der Entscheidung so weitreichend, dass Sie die Verantwortung allein übernehmen müssen!

3. Vergegenwärtigen Sie sich, wie Sie selber bisher mit Medikamenten umgegangen sind – ist es Ihnen z. B. leicht gefallen, eine Medikamentenkur, die sich über sechs Wochen oder gar noch länger erstrecken sollte, durchzuhalten?

4. Wie haben Sie und Ihr Kind etwa vergleichbare Situationen mit harmloseren Ritualen gelöst: Hat Ihr Kind die Verantwortung für das Einhalten regelmäßiger Aktivitäten wie Zähneputzen übernommen? Gab es Konflikte darum, und wie haben Sie sie gemeinsam bewältigt?

Adressen und Literatur

Anlaufstellen für Beratung, Unterstützung und Weiterbildung

ADHS Deutschland e.V.
Bundesgeschäftsstelle:
Postfach 410724, 12117 Berlin
Tel.: 0 30 / 85 60 59 – 02, Fax: - 70
E-Mail: info@adhs-deutschland.de
Internet: www.adhs-deutschland.de
ADHS-Deutschland e.V. bietet
Selbsthilfegruppen und Kontakt-
adressen, Information, Beratung,
Serviceleistungen und Fortbildungs-
veranstaltungen.

Zentrales *ADHS*-Netz
Das zentrale ADHS-Netz ist ein
bundesweites Netzwerk zur Verbesserung der Versorgung von Kindern,
Jugendlichen und Erwachsenen mit
Aufmerksamkeitsdefizit-/Hyperaktivi-
tätsstörungen (ADHS). Es richtet sich
sowohl an Experten als auch an
Betroffene und ihre Angehörigen
sowie an die Öffentlichkeit.
Koordination: Klinikum der Universität zu Köln
Robert-Koch-Str. 10, 50931 Köln
Tel.: 02 21 / 478 – 61 08, Fax: - 39 62
zentrales-adhs-netz@uk-koeln.de
www.zentrales-adhs-netz.de

Deutscher *Allergie- und Asthmabund*
(DAAB) e.V.
Fliethstr. 114,
41061 Mönchengladbach
Tel: 0 21 61 / 8 14 94 - 0, Fax: - 30
info@daab.de
www.daab.de

Arbeitsgemeinschaft *Allergiekrankes
Kind* (AAK) e.V.
Augustsstr. 20, 35745 Herborn
Tel.: 0 27 72 / 92 87 - 0, Fax: - 9
koordination@aak.de
www.aak.de

Bundesverband *Alphabetisierung* e.V.
Berliner Platz 8-10, 48143 Münster
Tel.: 02 51 / 49 09 96 - 0, Fax: - 86
Alfa-Telefon (für Beratung):
02 51 / 53 33 44
bundesverband@alphabetisierung.de
www.alphabetisierung.de

Institut für *Bach-Blütentherapie*
Mechthild Scheffer GmbH
Eppendorfer Landstr. 32,
20249 Hamburg
Tel.: 0 40 / 43 25 77 10, Fax: 43 52 53

235

info@bach-bluetentherapie.de
www.bach-bluetentherapie.de

Aktion *Bildungsinformation (ABI)* e.v.
Lange Str. 51, 70174 Stuttgart
Tel.: 07 11 / 22 02 16 - 30, Fax.: - 40
info@abi-ev.de
www.abi-ev.de

Freiburger *Blicklabor*:
Hans-Sachs-Gasse 6, 79098 Freiburg
Telefon: 07 61 / 38 41 95 - 10, Fax: - 19
E-mail: freiburg@blicklabor.de
Internet: www.blicklabor.de
Die Arbeit des Blicklabors umfasst
persönliche Beratung, Wahrneh-
mungsdiagnostik und -training beim
Verdacht auf Wahrnehmungsstörun-
gen, Störungen der Blicksteuerung,
Legasthenie und/oder Rechenschwä-
che. Es gibt mehrere Stützpunkte in
Deutschland sowie Mobil-Stützpunkte
(www.blickmobil.de).

Deutscher Verband der *Ergotherapeuten* (DVE) e.V.
Postfach 2208, 76303 Karlsbad
Tel.: 0 72 48 / 91 81 - 0, Fax: - 71
info@dve.info
www.dve.info

Auswertungs- und Informationsdienst
für Verbraucherschutz *Ernährung,
Landwirtschaft* (aid) e.V.
Heilsbachstr. 16, 53123 Bonn
Tel.: 02 28 / 84 99 - 0
aid@aid.de
www.aid.de
Der aid bietet jede Menge an Informa-
tionsmaterialien für die schulische
Ernährungserziehung, aber auch
Aktionen wie den «Ernährungsführer-
schein» sowie Tipps für die Kita- und
Schulverpflegung.

Gesundheit und Schule:
Siegfried Seeger
In der Lei 14,
65527 Niedernhausen-Engenhahn
Tel./Fax: 0 61 28 / 95 13 23
si.seeger@t-online.de
www.siegfried-seeger.de
Siegfried Seeger orientiert sich am
Gesundheitsbegriff der Ottawa-Charta
der WHO (Weltgesundheitsorganisati-
on) und arbeitet als freier Bildungsre-
ferent für Gesundheitsförderung und
Schulentwicklung.

Deutscher Verband für *Homöopathie*
und Lebenspflege (Hahnemannia) e.v.
Geschäftsstelle:
Britta Langsam
Hölderlinstr. 2, 74585 Rot am See
Tel.: 0 79 55 / 92 56 07
www.hahnemannia.de
(Mail über Kontaktformular)
Dieser Verein ist der bundesweite
Dachverband der homöopathischen
Laienvereine.

Aktion *Humane Schule (AHS)* e.V.
Bundesgeschäftsstelle:
Dipl.-Päd. Detlef Träbert
Rathausplatz 8,
53859 Niederkassel
Tel.: 0 22 08 / 90 96 89, Fax: 90 99 43
ahs@aktion-humane-schule.de
www.aktion-humane-schule.de
Die Aktion Humane Schule e.V. setzt
sich im Bund wie auch in mehreren
Landesverbänden und Arbeitskreisen
als Lobby für die kindgerechtere und
menschlichere Schule ein. Sie vermittelt Beratungsadressen, benennt
Referenten für Veranstaltungen und
gibt schriftliche Informationsmaterialien heraus.

Institut für Angewandte *Kinesiologie* (IAK) GmbH
Eschbachstr. 5, 79199 Kirchzarten
Tel.: 0 76 61 / 98 71 - 0, Fax: - 49
info@iak-freiburg.de
www.iak-freiburg.de

KREISEL e. V. ... für das Leben mit Kindern
Fortbildungsinstitut für den Bereich Lerntherapie und frühe Kindheit
Leitung: Dr. Jochen Klein, Margarita Klein
Bundesweites Verzeichnis im KREISEL ausgebildeter LerntherapeutInnen im KREISELnetzwerk Lernförderung & Lerntherapie unter www.kreiselhh.de.
Ausbildungsgänge Lerntherapie: ein-, zwei-, dreijährig in Bereichen Dyslexie/ Legasthenie – Lese-Rechtschreibschwäche, Dyskalkulie – Rechenschwäche, Kindertherapeutische Interventionen in der Lerntherapie, Frühe und präventive Lernförderung; Systemische Beratung für Familien mit Säuglingen und Kleinkindern, Entwicklungspsychologische Beratung EPB, Familienhebammen
Zertifizierungen: Dyslexietherapeut nach BVL®, Dyskalkulietherapeut nach BVL®; Titel des Fachverbands für integrative Lerntherapie FiL
Schulprojekt: Erste Klasse! Früh fördern macht Schule
Ausbildungsorte: Hamburg und Heidelberg

LegaKids
Internetseite für Kinder, Eltern und Fachleute
Informationen, Materialien, Therapeutenverzeichnis
www.legakids.net

Bundesverband *Legasthenie* und *Dyskalkulie* e.v.
Postfach 11 07, 30011 Hannover
Tel./Fax: 0700 / 285 285 285
info@bvl-legasthenie.de
www.bvl-legasthenie.de
Der Bundesverband Legasthenie und Dyskalkulie e.v. ist eine große Eltern-Selbsthilfe-Organisation mit Landesverbänden in allen Bundesländern.

Thema «*Lernstörungen*»:
Uta Reimann-Höhn
Liegnitzer Str. 12, 65191 Wiesbaden
Tel.: 01 78 / 3 50 53 08
Fax: 06 11 / 8 61 23
info@lernfoerderung.de
www.lernfoerderung.de
Homepage mit bundesweiter Liste von Lerntherapeuten sowie vielen Informationen rund um Lern- und Teilleistungsstörungen, Hoch- und Sonderbegabung, Linkshändigkeit u.a.m.

Fachverband für integrative *Lerntherapie*
Geschäftsstelle: Christa Meyer
Mittelheide 1,
49124 Georgsmarienhütte
Tel.: 0 54 01 / 36 59 40 – 4, Fax: - 5
www.gstelle@lernfil.de
www.lerntherapie-fil.de

Deutscher Bundesverband für *Logopädie* (dbl) e.V.
Bundesgeschäftsstelle
Augustinusstr. 11 a,
50226 Frechen
Tel.: 0 22 34 / 3 79 53 - 0, Fax: - 13
info@dbl-ev.de
www.dbl-ev.de

Deutscher Berufsverband der
MotopädInnen/MototherapeutInnen
(DBM) e.V.
Hörder Bahnhofstr. 6,
44263 Dortmund
Tel.: 02 31 / 82 93 24
Fax: 02 31 / 4 96 47 71
info@motopaedie-verband.de
www.motopaedie-verband.de

Deutscher Verband für *Neuro-*
Linguistisches Programmieren
(DVNLP) e.V.
Lindenstr. 19, 10969 Berlin
Tel.: 0 30 / 25 93 92 - 0, Fax: - 1
dvnlp@dvnlp.de
www.dvnlp.de

BOD - Berufsverband der Orthoptis-
tinnen Deutschlands e.V.
Josephsplatz 20, 90403 Nürnberg
Tel.: +49 911 22 00 1
Fax: +49 911 205 96 12
bod.orthoptistinnen@gmx.de
www.orthoptistinnen.de
Es gibt eine Liste der spezialisierten
Orthoptistinnen.

ak'p -- Aktionskreis *Psychomotorik* e.V.
Kleiner Schratweg 32, 32657 Lemgo
Tel.: 0 52 61 / 97 09 - 70, Fax: - 72
akp@psychomotorik.com
www.psychomotorik.com

Initiative zur Förderung *rechenschwa-*
cher Kinder (IFRK) e.V.
Margret Schwarz (1. Vors.)
Badstr. 25, 73776 Altbach
Tel.: 0 71 53 / 2 74 48
od. 0 72 32 / 86 92
M.Schwarz@ifrk-ev.de
www.ifrk-ev.de

Die IFRK e.V. ist eine Eltern-Selbst-
hilfe-Initiative. Sie führt Informations-
veranstaltungen durch, gibt Informationsmaterialien heraus und berät
bundesweit.

Schubs®-Schulberatungsservice
Dipl.-Päd. Detlef Träbert
Rathausplatz 8, 53859 Niederkassel
Tel.: 0 22 08 / 90 19 89, Fax: 90 99 43
info@schulberatungsservice.de
www.schulberatungsservice.de
Detlef Träbert bietet mit Schubs®
Elternschulung durch Vorträge und
Workshops sowie *Fortbildung* für
Lehrkräfte, Erzieher/-innen und
Therapeuten an. Außerdem ist er als
freier Journalist und Autor tätig.

Deutsche Gesellschaft für *suggestopädi-*
sches Lehren und Lernen (DGSL) gem.
e.V.
Poigenberger Str. 1, 85669 Pastetten
Tel.: 0 81 24 / 44 41 – 11, Fax: - 12
info@dgsl.de
www.dgsl.de

Schulpsychologische Beratungsstellen
Bundesweite Kontaktadressen über
Internet: www.schulpsychologie.de
Die Homepage bietet E-Mail-Beratung
an und hilfreiche Informationen für
Schüler, Eltern und Lehrer.

Deutsche Gesellschaft für *Systemische*
Therapie und *Familientherapie* (DGSF)
– Geschäftsstelle:
Christophstr. 31, 50670 Köln
Tel.: 02 21 / 61 31 33
Fax: 02 21 / 9 77 21 94
info@dgsf.org
www.dgsf.org

Literaturhinweise

Allgemein

Bechen, Rita; Kinzinger, Werner; Seger, Suse:*LRS-Ratgeber. Lese-Rechschreib- und Rechenschwäche – Ratgeber für den Weg zur Selbsthilfe (Ausg. 2003)*, herausgegeben von und zu beziehen bei: Aktion Bildungsinformation Stuttgart e.V. (s.o., Anlaufstellen)

Brügelmann, Hans: *Kinder lernen anders: vor der Schule – in der Schule*, 2. Aufl., Lengwil/CH 1997 (Libelle)

DIFF (Deutsches Institut für Fernstudien): *Fernstudienlehrgang Ausbildung zum Beratungslehrer*, Studienbrief 6: Schülerbeurteilung und Schullaufbahnberatung, Teil 2, 3.

Furman, Ben: *Ich schaffs! Spielerisch und praktisch Lösungen mit Kindern finden*, Heidelberg 2005 (Carl-Auer)

Miller, Reinhold: *Beziehungsdidaktik*, 4., korr. Aufl., Weinheim 2002 (Beltz)

Pousset, Raimund: *Schafft die Schulpflicht ab! Warum unser Schulsystem Bildung verhindert*, Frankfurt/M. 2000 (Eichborn)

Schaub, Horst; Zenke, Karl G.: *Wörterbuch Pädagogik*, stark erw. u. akt. Neuausgabe, München 2007 (dtv)

Schröder, Birgit: *Das Schulrecht. Was Eltern und Schüler heute wissen sollten – und wo sie Hilfe finden*, 2., überarb. u. erw. Aufl., Berlin 2005 (Logos)

Singer, Kurt: *Die Würde des Schülers ist antastbar. Vom Alltag in unseren Schulen – und wie wir ihn verändern können*, Reinbek 1998 (Rowohlt)

Träbert, Detlef (Hg.): *Erfolgreiche Elternarbeit in der Schule*, Loseblattsammlung, Augsburg 1995-2003 (Kognos Verlag)

Träbert, Detlef: *Starke Eltern - erfolgreiche Schüler*, 2. Aufl., Reinbek 2004 (Rowohlt; Restexemplare über www.traebert-materialien.de)

Ulich, Klaus: *Schule als Familienproblem. Konfliktfelder zwischen Schülern, Eltern und Lehrern*, Frankfurt/M. 1993 (Fischer)

Waldrich, Hans-Peter: *Der Markt, der Mensch, die Schule. Selektionsmaschine oder demokratische Lerninstitution?* Köln 2007 (PapyRossa)

Wallrabenstein, Wulf (Hg.): *Gute Schule - schlechte Schule. Ein Schwarz-Weiß-Buch*, Reinbek 1999 (Rowohlt; Restexemplare über www.traebert-materialien. de)

Zu speziellen Themen

ADHS (Aufmerksamkeits-Defizit-Hyperaktivitäts-Störung)
Fitzner, Thilo; Stark, Werner (Hrsg.): *ADS: verstehen – akzeptieren – helfen. Das Aufmerksamkeitsdefizitsyndrom mit Hyperaktivität und ohne Hyperaktivität,* 3. Aufl., Weinheim 2001 (Beltz)
Klein, Margarita; Klein, Jochen (Hrsg.): *Bindung, Selbstregulation und ADS. Eltern und Kinder in Krisen mit Zutrauen begleiten,* Dortmund 2004 (verlag modernes lernen)
Neuhaus, Cordula: *ADHS bei Kindern, Jugendlichen und Erwachsenen. Symptome, Ursachen, Diagnose und Behandlung,* Stuttgart 2007 (Kohlhammer)
Aust-Claus, Elisabeth; Hammer, Petra-Marina: *Das A.D.S.-Buch. Aufmerksamkeits-Defizit-Syndrom. Neue Konzentrationshilfen für Zappelphilippe und Träumer,* Ratingen 1999 (Oberstebrink)

Bewegung
Beins, Hans J.: *Kinder lernen in Bewegung,* mit DVD, Dortmund 2007 (borgmann media)
Fit zu Hause. Fitness-Check für die ganze Familie, Broschüre der Bundesarbeitsgemeinschaft Haltungs- und Bewegungsförderung e.V., zu bez. über www. bag-haltungundbewegung.de

Brain Gym (Gehirngymnastik)
Buchner, Christina: *Brain-Gym und Co.: kinderleicht ans Kind gebracht,* 6. Aufl., Kirchzarten 2007 (VAK)

Entspannung
Friebel, Volker; Friedrich, Sabine: *Entspannung für Kinder. Stress abbauen. Konzentration fördern. Mit Entspannungskurs und Audio-CD,* 3. Aufl. der Neuausgabe, Reinbek 2002 (Rowohlt)

«Gehirngerechtes» Lernen
Birkenbihl, Vera F.: *Stroh im Kopf? Vom Gehirn-Besitzer zum Gehirn-Benutzer,* 47. Aufl., Speyer 2007 (Gabal)
Birkenbihl, Vera F.: *Trotzdem lernen,* 3. Aufl., Heidelberg 2006 (mvg)
Buchner, Christina: *Stillsein ist lernbar,* Freiburg 1994 (VAK)

Konzentration
Träbert, Detlef: *Was tun? So lernt mein Kind ganz konzentriert. Das Schritt-für-Schritt-Erfolgsprogramm,* Lichtenau 2006 (AOL-Verlag; nur noch erhältlich über www.traebert-materialien.de)

Legasthenie
Schwark, Rita: *Stichwort Legasthenie,* München 1999 (Heyne)

Soremba, Edith M.: *Legasthenie muss kein Schicksal sein. Was Eltern tun können, um ihren Kindern zu helfen,* 6. Aufl., Freiburg 2003 (Herder Spektrum)

Träbert, Detlef: *Richtig schreiben lernen. Die Schritt-für-Schritt-Selbsthilfemethode. Erfolgreich gegen Rechtschreibschwäche. Für alle Altersstufen,* Reinbek 2004 (Rowohlt; nur noch erhältlich über www.traebert-materialien.de)

Lerntherapie und Schule
Klein, Jochen: *Rahmenbedingungen für Lerntherapie in Schule,* Eigenverlag, KREISEL, Ehrenbergstr. 25, 22767 Hamburg; www.kreiselhh.de

Massagen für Kinder
Klein, Margarita: *Schmetterling und Katzenpfoten. Sanfte Massagen für Eltern und Kinder,* 6. Aufl., Münster 2000 (Ökotopia)

Mundmotorik
Adams, Iris; Struck, Veronika; Tillmanns-Karus, Monika: *Kunterbunt rund um den Mund. Materialsammlung für die mundmotorische Übungsbehandlung,* 8. Aufl., Dortmund 2006 (verlag modernes lernen)

Monschein, Maria: *Die 50 besten Spiele zur Sprachförderung,* 2. Aufl., München 2007 (Don Bosco Medien)

NLP (Neuro-Linguistisches Programmieren)
Blickhan, Daniela: *Mit Kindern wachsen. NLP im Alltag,* 4. Aufl., Paderborn 2003 (Junfermannsche Verlagsbuchhandlung)

Offener Unterricht
Wallrabenstein, Wulf: *Offene Schule - Offener Unterricht. Ratgeber für Eltern und Lehrer,* Reinbek 1995 (Rowohlt)

Rechenschwäche
Schwarz, Margret; Stark-Städele, Jeanette: *Elternratgeber Rechenschwäche. Wie sie Dyskalkulie sicher erkennen. Wie Ihr Kind wieder Spaß an Mathe bekommt,* München 2005 (Knaur)

Wunderlich, Gabriele; Bares, Hannelore: *Wo Kinder rechnen lernen. Zu Hause,* Embsen-Oerzen 2000 (Der Kleine Verlag)

Sensorische Integration
Kiesling, Ulla; Klein, Jochen (Hg): *Inge Flehming – Sensorische Integration. Ein bewegendes Leben für eine sinnvolle Kindheit,* Dortmund 2002 (verlag modernes leben)

Suggestopädie (Superlearning)
Bröhm-Offermann, Birgit: *Suggestopädie. Sanftes Lernen in der Schule,* 3., erw. Aufl., Göttingen 1994 (Die Werkstatt)

Zentrale Hörwahrnehmungsstörungen
Lauer, Norina: *Zentral-auditive Verarbeitungsstörungen im Kindesalter. Grundlagen, Klinik, Diagnostik, Therapie,* 3., vollst. überarb. Aufl., Stuttgart 2006 (Thieme)

Zur Vertiefung und für Fachkräfte

Breuer, Helmut; Weuffen, Maria: *Lernschwierigkeiten am Schulanfang – Lautsprachliche Lernvoraussetzungen und Schulerfolg. Eine Anleitung zur Einschätzung und Förderung lautsprachlicher Lernvoraussetzungen,* 7., akt. Aufl., Weinheim 2006 (Beltz)

Dummer-Smoch, Lisa; Breuer, Helmut; Weghauen, Maria: *Ratgeber Legasthenie. Für Eltern, Lehrer und alle, die diagnostisch und therapeutisch für das Kind Verantwortung tragen,* Stand Juni 2000 (Dudenverlag)

Dummer-Smoch, Lisa; Hackethal, Renate: *Kieler Leseaufbau,* Kiel 1994 (Veris Verlag)

Klein, Jochen: *Sensomotorik – Sprache – Schriftsprache. Spielekartei zur ganzheitlichen Lernförderung,* 3. Aufl., Hamburg 2002 (Bezug über KREISEL e. V. – s. Adressen.)

Klein, Jochen: *Gebärden für Laute und ein Baukasten für Wörter,* Hamburg 1993 (Bezug über KREISEL e. V. – s. Adressen.)

Herrmann, Ulrich: *Neurodidaktik. Grundlagen und Vorschläge für gehirngerechtes Lehren und Lernen,* Weinheim 2006 (Beltz)

May, Peter: *Hamburger Schreib-Probe (HSP),* Hamburg 2002 (verlag für pädagogische medien)

Milz, Ingeborg: *Neuropsychologie für Pädagogen. Neuropädagogik für die Schule,* 5. Aufl., Dortmund 2006 (borgmann publishing)

Träbert, Detlef: *Konzentrationsförderung in der Grundschule. Grundlagen – Evaluation – praktische Übungen,* Lichtenau 2007 (AOL-Verlag)

Träbert, Detlef: *Konzentrationsförderung in der Sekundarstufe I. Grundlagen – Evaluation – praktische Übungen,* Lichtenau 2007 (AOL-Verlag)

Bewegungsfreundliches Schulmobiliar

Sowohl höhen- als auch neigungsverstellbare Tische samt höhenverstellbaren Stühlen mit beweglicher Sitzfläche bietet das Schulmöbelprogramm «Aluflex»:
Conen GmbH + Co.KG
Conen-Str. 4, 54497 Gonzerath
Tel.: 0 65 33 / 75 - 300, Fax: - 603
Internet: www.aluflex.de

Eine preiswerte Alternative stellen Luftpolsterkissen zum Auflegen auf einen konventionellen Stuhl dar. Beschreibung und Bezugsmöglichkeit: *www.traebert-materialien.de*

Register

ADS → Aufmerksamkeitsstörung 75, 95, 226

Aktion Bildungsinformation e. V. (ABI) 141 f.

Allergien 229

Alternativmedizin 226 ff.

Anamnese 181

Angst 65 f., 96, 168, 229

Anker 222

Anlauttabelle 67

Anstrengungsbereitschaft 73, 82

Arithmasthenie 110

Artikulation 43, 44

Asthma 229

Audilog 216

AUDIVA 216

Aufmerksamkeit 94, 96, 128

Aufmerksamkeitsdefizit 17, 53

Aufmerksamkeitsstörungen 75, 95, 119, 226, 229, 232

Auge-Hand-Koordination 36

Augenarzt 58

Aussprache 35

Auswertungsgespräch 182 f.

Autogenes Training 101

Automatisation 30, 46 ff.

Bach, Dr. Edward 228

Bach-Blüten-Therapie 228 f.

Bandler, Richard 221

Beratung 19, 139, 151

Beratungslehrer 132, 137, 145, 157

Beratungslogistik 161

Beurteilungsfehler 154 ff.

Bewegung 32, 33

Bewegungsanregungen 116, 149 ff., 223 f.

Bewegungsbedürfnis 74, 149, 150

Bewegungsdrang 74

Bewegungskoordination, Förderung von 151

Birkenbihl, Vera F. 147

Blicksprünge 104

Blockade 66

Blutdruck 97, 101

Brain Gym 88, 97, 223 f., 149

Brügelmann, Hans 145

Buchner, Christina 117, 224

Buchstaben-Laut-Zuordnung 20, 67

Burn-out-Syndrom 167

Computer 224 f.

Computer-Lernprogramme 224 f.

Cramer, Barbara 216

Dennison, Paul und Gail 223

Diagnostik, lerntherapeutische 104, 178

Diät 229 ff.

Dyskalkulie 110

Edukinestetik 149, 223

Elternängste 152

Elternengagement 128

Eltern-Lehrer-Beziehung 79 f., 126 ff.

Eltern-Lehrer-Gespräch 69 f., 129 ff., 161 f.

Elternschulung 152

Entspannungsmusik 149, 168, 220

Ergotherapie 211, 233

Ernährung 68, 229 ff.

Erstgespräch 178

Erziehungspartnerschaft 126

Erziehungsstil 165 ff.
Eselsbrücken 147
Ethos, pädagogisches 163
Eutonie 214

Familienkarte 195
Familientherapie, systemische 217 f., 233
Fehler, Recht auf 63, 108, 114, 122
Fehleranalyse 158, 198
Fehlhörigkeit 216 f.
Fehlsichtigkeit 59
Feinmotorik 100
Fokussieren 223
Förderung, sensomotorische 200
Formgefühl 39
Formkonstanz 58
Funktionsecken 74
Funktionstraining 101

Gedächtnisübungen 100
Gehirnforschung 146
Gehirnintegration 223
Gesprächsplanung 130 ff.
Gesprächstaktik 131 f.
Gesprächsunterstützung 134 f.
Gestik 27, 63
Gesundheit 128
Gleichgewichtssinn 34, 53
Globuli 227
Grinder, John 221
Grobmotorik 100, 196
Grundgesetz 126

Hahnemann, Samuel 226
Halo-Effekt (= Hofeffekt) 155
Hausaufgaben 20, 78, 79, 84 ff., 129
Hausaufgaben-Ablaufschema 87 f.
Hausaufgabendauer 85
Hausaufgabenheft 90 ff.
Hausaufgabenpausen 82, 88
Hausaufgaben-Verwaltungsvorschriften 84 f.
Hausaufgaben-Wochenplan 86
Homöopathie 226 ff.
Hören, dichotisches 56
Hörverarbeitung 21

Hörverarbeitungsstörungen 17, 54
Hörverarbeitungstraining 216 f.
Hörwahrnehmungsstörungen, zentrale 75
Horchen 38
Hyperaktivität 17, 227, 229
Hypermnese 220
Hypoglykämie-Syndrom 230

Impulsivität, kognitive 119
Intelligenzquotient (IQ) 109

Judo 214
Jugendamt 210

Karate 214
Kinästhesie 32
Kinder- und Jugendhilfegesetz (KJHG) 210
Kinesiologie 149, 223
Klein, Jochen 216
Kognition 37
Kommunikation 45, 128, 164 f., 221
Kommunikationstechniken 164
Kommunikationstheorie 164
Kommunikationstraining 164 f.
Kompetenz, didaktisch-methodische 76
Konzentrationsförderung 93 ff., 98 ff., 129, 224
Konzentrationsschwäche 95
Konzentrationsstörungen 53, 94, 95 f., 232
Körpergefühl 37
Korzyboki, Alfred 221
Krankenkassen 209
Kulturtechniken 66

Lateralität 223
Lauer, Norina 216
Laut-Buchstaben-Zuordnung 45
Lautdifferenzierung 44, 48, 54
Lautgebärden 20
Leading 222
Lebensmittel-Zusatzstoffe 231
Legasthenie 103
Lehrerrolle 140, 166
Leistungsbeurteilung 73, 154 f.
Leistungsstandards 73

Leistungsstörungen 23 ff., 156
Lern- und Arbeitstechniken 66
Lern- und Leistungsstörungen, Therapie 105
Lernbegleiter 68
Lernbiologie 85
Lerndefizite 139
Lerndiagnostik 156 ff.
Lernen, Bewegung beim 82, 101 f.
Lernen, gehirngerechtes 146, 147 ff.
Lernen, häusliches 68, 82, 114 ff.
Lernen, mehrkanaliges 147 ff.
Lernen, Rahmenbedingungen 68
Lernen, Selbständigkeit 68, 85, 90
Lernen, Wochenplan 86, 107
Lernen, Zeiteinteilung 86
Lernentwicklung 160
Lerngymnastik 88, 149
Lernhandicap 73, 75, 76, 81
Lernkompetenz 83
Lernmethode 219 ff.
Lernpausen 82
Lernprozess, personale Störungen 76
Lernprozess, systembedingte Störungen 72
Lernstörung, didaktische Ursachen 71, 111 f.
Lernstörung, multikausale 111
Lernstörung, organisch-neurologische Ursachen 111 f.
Lernstörung, psychisch-sozial-emotionale Ursachen 111 f.
Lernstörungen, Diagnostik 161
Lerntherapie, alternative Ansätze 219 ff.
Lerntherapie, Anlass 174 f.
Lerntherapie, Dauer 205
Lerntherapie, ganzheitliche und systemische 176 ff., 200 ff.
Lerntherapie, integrative 209
Lerntherapie, Kosten 190
Lerntherapie, Kriterien für seriöse 187 ff.
Lesen durch Schreiben (LdS) 67
Lese-Rechtschreib-Schwäche 103, 132
Lesestörungen 17
Liquorkreislauf 150

Loci-Methode 147
Logopädie 20, 214 f.
Lozanov, Dr. Georgi 219

Mathematisieren 118
Mimik 27, 63
Mittelohrentzündungen 55
Mnemotechniken 147
Mobiliar 74
Motivation 20, 73, 89 f., 96, 106, 115, 128, 138, 139, 224
Musiktherapie 214
Muskeltest 224
Muskeltonus 150

Nachhilfe 136 ff.
Nachhilfe, Kriterien für gute 139 f.
Nachhilfe-Institute 142 f.
Nachhilfekurse, schulinterne 143
Nachhilfemarkt 136
Neuro-Linguistisches Programmieren (NLP) 221 ff.
Neurophysiologie 75
Neurotransmitter-Ersatzstoffe 232

Offener Unterricht 72, 74
Ordnungsschwelle 56
Orthographiearbeit, lerntherapeutische 21
Orthoptistin 216 f.

Pacing 222
Pädagogik, Schwarze 65
Pädagogische Diagnostik 153 ff., 156 ff.
Pädaudiologie 54, 56
Phantasiereisen 101, 168
Phonem-Graphem-Korrespondenz 45
Phosphate 229
Piaget, Jean 69
Placebo-Effekt 227
Potenz, Verdünnungs- 227
Produktorientierung 96
Prosodie 40
Prozess, diagnostischer 162
Prozessorientierung 96
Psychodiagnostik 137, 157
Psychomotorik 213 f., 233
Pygmalion-Effekt 154 f.

Rapport 222
Raumgefühl 39
Rechenprobleme 109 ff.
Rechenschwäche 109, 110 ff.
Rechensprache 114, 158
Rechenstörungen 17
Rechnen 43
Rechtschreiben, Denkstrategie 121
Rechtschreiben, Reflexivitätstraining
   119 ff., 122 f.
Rechtschreibregeln 49, 50, 67
Rechtschreibstrategie 121
Rechtschreibtraining 148
Rechtschreib-Übungsstrategie 107 f.
Reflexivitätstraining → Rechtschreiben
   119 ff.
Reframing 222
Regelverständnis 49
Reiten, therapeutisches 214
Reizüberflutung 128
Risikokind 175
Ritalin 232

Schauen 38
Schimmelpilz-Fermente 231
Schlüsselqualifikationen 66
Schreibstörungen 17, 19
Schriftsprache 54
Schriftsprach-Erwerbsmodell 31
Schule, Kommunikation 70, 128
Schulfähigkeit 71
Schulfähigkeit von Eltern 67, 71
Schulleistungstests, standardisierte 157 f.
Schulpsychologe 132, 137, 139, 145, 238
Schulsystemkritik 72
Schulunlust 80
Schumann, Dr. Dietrich 231
Sehschärfe 59
Selbstbewusstsein 69, 113
Selbstheilungskräfte 226
Selbstwertgefühl 20, 61, 165
Selektionsfunktion (der Schule) 73
Sensomotorik / Förderung 17, 24, 29, 32,
   37, 43
Sensorische Integration 38, 211
Signalgruppen 47, 48

Silben 47, 48
Singer, Prof. Dr. Kurt 76
Sitzen, ergonomisch richtiges 150
Sitzgrößen-Check 74
Sitzordnung 74
SKILL-Autorenteam 148
Sozialpädiatrisches Zentrum 104, 111
Spiele, lerntherapeutische 201 ff.
Sprachtherapie 214 f.
Sprechprobleme 44
Stille-Übungen 88, 101, 168
Strafandrohung 65
Stress 65, 74, 137, 152, 167, 224, 229
Strukturierungsfähigkeit, alphabetische
   48
Suggestopädie 219 ff.
Superlearning 219 ff.
Supervision 76, 189
Synthesefähigkeit 50

Taktilität 33
Taktil-Kinästhesie 32, 111
Taktil-kinästhetisch-vestibuläres System
   31, 32
Tast- und Hauteindrücke 100
Teilleistungsstörung 109, 110, 128, 145,
   163, 229
Testverfahren 69, 137, 157
Teufelskreis Lernstörungen 61, 77, 80
Tomatistherapie 216
Tonschwellendiagramm 56, 195
Tonus 35, 150
Tonusregulation 35

Ulich, Klaus 68
Umfeldkarte 195
Unterricht, adaptiver 156 f.
Unterricht, Differenzierung 76, 113, 128,
   132
Unterricht, Rhythmisierung 75

Veranschaulichung 76
Verarbeitungsstörung, visuelle 57, 58
Verhalten 156
Verhaltensauffälligkeiten 156, 227
Verhaltensbeobachtung 158 ff.

Volff-Klangtherapie 216
Vorstellungsfähigkeit, visuelle 117

Warnke, Fred 216
Wochenplan 86, 107
Wortschatz, aktiver / passiver 31, 42

Zeiteinteilung 86, 88, 90
Zeitgefühl 39, 89
Zentrieren 224
Zirkus 214
Zivilcourage 139